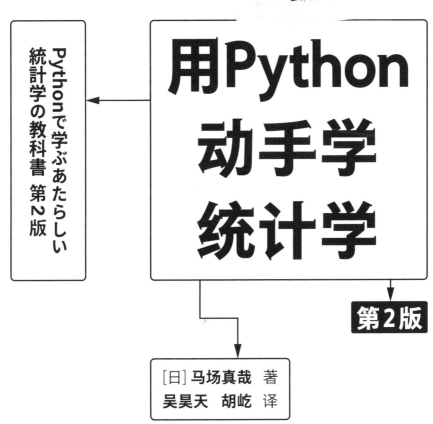

Pythonで学ぶあたらしい
統計学の教科書 第2版

# 用Python
# 动手学
# 统计学

第2版

[日] 马场真哉 著

吴昊天　胡屹 译

人民邮电出版社

北　京

**图书在版编目（CIP）数据**

用Python动手学统计学：第2版／（日）马场真哉著；
吴昊天，胡屹译. -- 北京：人民邮电出版社，2025.
（图灵程序设计丛书）. -- ISBN 978-7-115-67381-7

Ⅰ. C819

中国国家版本馆CIP数据核字第2025CN5342号

## 内 容 提 要

　　本书是统计学的入门书，对同一个知识点分别使用文字说明、数学式和Python
示例代码进行讲解，循序渐进地介绍了统计学和Python的基础知识、描述统计、
统计推断、假设检验、正态线性模型和广义线性模型等统计模型，以及机器学习等。
通过阅读本书，读者不仅可以深刻理解统计学术语、统计分析方法和预测方法等，
还可以学到前沿的机器学习知识，以及如何使用Python实现数据可视化和建模等。

　　本书结构清晰、直观易懂，适合统计学和Python的初学者及对数据科学和机
器学习感兴趣的读者使用，也可作为高等院校计算机、统计学等专业的学生的入
门书。

◆ 著　　　　[日] 马场真哉
　　译　　　　吴昊天　胡　屹
　　责任编辑　王军花
　　责任印制　胡　南
◆ 人民邮电出版社出版发行　　北京市丰台区成寿寺路11号
　　邮编　100164　　电子邮件　315@ptpress.com.cn
　　网址　https://www.ptpress.com.cn
　　三河市中晟雅豪印务有限公司印刷
◆ 开本：880×1230　1/32
　　印张：15.75　　　　　　　　2025年6月第1版
　　字数：454千字　　　　　　　2025年6月河北第1次印刷
　　著作权合同登记号　图字：01-2023-1959号

定价：99.80元
**读者服务热线：(010)84084456-6009　印装质量热线：(010)81055316**
**反盗版热线：(010)81055315**

# 版 权 声 明

## 本书示例的运行环境和示例程序

本书基于 Windows 10（64 位）环境进行讲解，使用 Anaconda Individual Edition（Anaconda3-2021.11-Windows-x86_64.exe）安装 Python 及所需的库。

示例程序在下表所述环境中运行无误。

| 示例程序的运行环境 | |
| --- | --- |
| 环境 | 版本 |
| 操作系统 | Windows 10（64 位） |
| Python | 3.9.7 |
| Anaconda Individual Edition | Anaconda3-2021.11 |

本书中使用的示例文件可以从以下网址下载。
ituring.cn/book/3128[①]

---

① 请至"随书下载"处下载本书源码文件。

# 前　言

## 本书特点

本书是统计学的入门书，介绍如何运用 Python 实现统计分析。

本书的初版（《用 Python 动手学统计学》）多次重印，并得到广大读者的认可。为了让初学者更易上手，本书这一版在坚持初版基本思想的基础上进行了大幅升级，不仅调整了章节结构，还增添了许多全新的章节，内容更加新颖丰富。

本书主要解释以下 3 点。

- 如何分析数据？
- 为什么使用某种方法进行分析更为有效？
- 如何使用 Python 进行数据分析？

本书将用大量篇幅讲解统计学的基础知识，尽量避免介绍对初学者意义不大的经验和技巧。

本书也将详细介绍如何用 Python 进行统计分析。Python 的语法比较简单，可以通过简短的代码实现复杂的分析。作为一种流行的编程语言，Python 的相关资料也易于获取。

本书的第 1~6 章为统计学入门内容，涵盖描述统计、概率论与概率分布，以及统计推断和假设检验的基础知识。从初版开始，我们就对结构进行了仔细审视和调整，使得统计学的初学者也能够轻松地自学。

从第 7 章开始，本书将讲解用于统一处理回归分析和方差分析的统计模型。读者可以借助统计模型深入掌握统计推断的理论并完成相关实践，还可以基于统计模型技术一窥机器学习的奥秘——立足统计学的基础，踏入机器学习的世界。

## 编写方针

为了避免读者因不理解术语、看不懂数学式、难以理解比喻表达等而感到困惑，本书将从文字说明、数学式和 Python 示例代码这 3 个维度来讲解相同的内容，以帮助读者加深理解。

学习统计学的一大难点是需要理解很多概念，还要理解各概念之间的联系。本书特别注重术语之间的关联性。在目录中，很多节标题前带有"术语"或"实现"标记，这样就把术语的定义、术语之间的联系，以及编程方法明确区分开来，从而避免读者在阅读时感到混乱。目录十分详尽，读者可以直观地把握自己的学习进度。

此外，本书不仅介绍用于描述数据的分析方法，还将讲解用于预测数据的分析技术。本书的目标之一是让读者了解统计学的全貌，因此个别内容的表述可能不够严谨。为此，本书将适时地给出引用的参考文献（读者可在 *ituring.cn/book/3128* 下载参考文献列表），旨在为读者搭建通往高难度文献的桥梁。

## 读者对象

本书面向初次接触统计学的读者，或者曾经在学习统计学时遭遇挫折，想重新学习的读者。第 1 章将详细介绍学习统计学的乐趣，希望读者在阅读第 1 章之后决定继续阅读本书。

本书非常适合想在动手分析数据的同时学习理论知识的读者。读者可以使用流行的 Python 语言学习数据分析的实际操作方法。即使是从未用过 Python 的读者，也能通过第 2 章的入门讲解顺利学习。

本书的一大特色是通过 Python 程序模拟帮助读者直观地理解概率和统计的理论。有些读者可能知道如何计算，但不知道为什么要那样计算，通过阅读本书便可以解开类似的疑惑。

本书不只讲解统计学的入门知识，还介绍如何使用统计模型进行预测，同时对作为预测技术的机器学习方法与统计模型的关联进行解读。对于不想单纯地调用机器学习库的读者，本书是理想的选择。

对于希望深入了解统计学的数学内容和深度学习等高级机器学习技术的读者，本书可能并不适合。

## 本书结构

建议读者按章节顺序阅读本书。即使在目录中见到陌生的术语也不必担心，因为本书在进入正文前会先解释术语。

第 1 章将介绍统计学的基本思路和学习统计学的好处，激发读者的学习兴趣。这一章还将提及只关注均值的简单分析方法及其不足之处。

第 2 章将介绍 Python 语言。这一章从安装方法开始，详细讲解编程工具 Jupyter Notebook 的用法。同时，从简单的四则运算到较复杂的控制语句，全面介绍 Python 的基础语法。这一章还将引入 numpy 和 pandas 等便于进行数据分析的库。

第 3 章将介绍用于进行数据汇总的描述统计技术。首先解释一些与数据相关的术语，然后介绍 Σ 符号和相关数学式的读法，随后引入频数分布和直方图、单变量数据的统计量、多变量数据的统计量，并讲解如何使用 Python 进行计算。这一章后半部分介绍分层分析，它是按组进行分析的方法。最后介绍数据可视化库 matplotlib 和 seaborn，以及如何用它们绘制精美的图形。这些都是有助于实践的技术。

第 4 章作为统计推断的序章，将初步讲解概率论与概率分布。这一章从集合的基本术语开始，逐步讲解概率论的基础知识。这一章将介绍两个具有代表性的概率分布：二项分布和正态分布。在讲解概率分布时结合程序模拟，以帮助读者直观地理解。

第 5 章将更加深入地探讨统计推断。这一章在解释术语的同时，结合程序模拟介绍统计推断的基本思路，讲解对总体均值和总体方差的估计方法。后半部分假设总体服从正态分布，讨论样本的统计量所服从的分布，并利用样本分布进行区间估计。

第 6 章将介绍假设检验，它是基于数据进行相关判断的手段。这一章将讲解总体的单样本 $t$ 检验、均值差检验、列联表检验，并介绍解读假设检验的结果的注意事项。

第 7 章将引入统计模型，详细讲解其基本知识和建模的方法。首先介绍统计模型的相关术语和思维方式，然后讲解估计模型参数的两种主要方法：最大似然法和最小二乘法，最后介绍模型的评估方法和模型参数的选择方法。

　　第 8 章将系统介绍线性回归分析及其发展。首先介绍一元回归和方差分析这两种基础的分析方法,然后讲解用于处理多元模型的协方差分析,并阐述为什么在有多个变量时不推荐使用简单比较,以及改进分析的方法。

　　第 9 章将介绍可以使用非正态分布的广义线性模型。在引入相关概念后,介绍用于分析“是 / 否”这类二值数据的逻辑斯谛回归,以及用于分析“0 个、1 个、2 个……”这类离散数据的泊松回归。此外,还将介绍特别实用的广义线性模型的残差评估方法。

　　第 10 章将初步介绍机器学习。在引入相关术语后,介绍 Ridge 回归和 Lasso 回归,它们都是简单线性回归的扩展。然后,阐述神经网络的基础知识及神经网络和广义线性模型的关系。

　　统计学是便利的工具,讲解统计学的书也应该是便利的工具。

　　希望本书能够成为读者的得力助手。

马场真哉

# 目　录

第 **1** 章

开始学习统计学

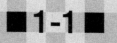

# 统计学

据《统计学词典》所述，**统计学**是收集、展示和分析数据的科学（Upton and Cook (2004)）[1]。在笔者看来，统计学是寻找更好的数据应用方法的学科。不过统计学的范围非常广泛，无法用几句话解释清楚。这里先进行概述，为第 3 章及后续的核心内容做好铺垫。

本节将介绍统计学的两大分支——描述统计和统计推断，并说明二者的特点和目的。

## 1-1-1　描述统计

为了整理、归纳现有数据而产生的统计学分支叫作**描述统计**。

在研究数据时有两方面的问题：一方面，单纯地观察 {1, 5, 3, 6, 4} 之类的数值集合，无法从中得到任何信息；另一方面，如果这样的集合里有 10 000 个数值，那么即便是单纯地观察，也很难做到。

在这种情况下，统计学就派上用场了。我们可以基于统计学计算出能够代表这些数值的指标。比如，可以计算上述数值的平均数，结果为 3.8。逐一核查大量的数值确实是一种认真负责的做法，但这会耗费大量时间。整理和归纳可以帮助我们更方便地理解数据。

然而，如果我们只看归纳的结果，可能会忽视原始数据的许多特征。

---

[1]　本书使用"作者名（年份）"的方式表示引用的参考文献，如 Upton and Cook (2004) 表示由 Upton 和 Cook 合著的，于 2004 年出版的书。书名详见 ituring.cn/book/3128 上的参考文献列表。

简单来讲，描述统计的目的就是找到合适的方法来简化数据的解释和比较，同时尽可能避免丢失信息。1-2 节将更深入地讨论这个问题。

## 1-1-2　统计推断

为了估计我们尚未获得的未知数据而产生的统计学分支叫作**统计推断**。像"明天的销量"这种未来的数据就属于未知数据。

处理未知数据非常困难，但是若对未知数据一无所知，那么进行数据分析的意义便大打折扣。

以红鞋和蓝鞋的销量为例，假设直到今晚都是红鞋卖得好，而卖家却对明天的销量这个未知数据毫无头绪："到今天为止，红鞋的销量一直很好，但谁知道明天哪种会卖得好呢。"

真希望他能灵活地应用数据啊！因为根据历史数据，红鞋卖得好，所以明天也应该增加红鞋的库存。

以上建议就是基于历史数据的推断：因为现有数据显示红鞋的销量好，所以即便我们还不知道明天的销量，也能估计明天红鞋会卖得好。这也算是一种销量估计。

能够使用现有数据推断未知数据，这可以说是学习统计学给我们带来的最大好处。本书将从第 5 章开始探讨这类问题。

# ■ 1-2 ■

# 描述统计的必要性

为了整理、归纳现有数据而产生的统计学分支叫作描述统计。本节将介绍描述统计的作用。第 3 章及后续章节将讨论具体的技术内容。

## 1-2-1    为什么需要描述统计

描述统计的理论价值在于，在简化数据解释和数据之间的比较的同时，尽可能地减少信息损失。

庞大的数据不止成千上万行，逐一查看这些数据是非常低效的。通常，我们会选择使用几个便于运用的指标来掌握数据的特征。这些指标就是数据的**代表值**，也叫**概括统计量**，简称**统计量**。理解这些统计量的定义并学会如何使用它们是关键。

利用图表来概括数据就是数据**可视化**。图表有助于阐述数据，我们不妨在获取数据后积极地将其可视化。我们还要理解不同图表的特征，并在此基础上有见解地制作合适的图表。

## 1-2-2    均值存在的问题

均值是常见的代表值。即便有 10 000 条数据，通过计算均值，也可以把这些数据归纳为 1 条，简化对数据的观察。

不过，在研究数据时不能只关注均值。假设为了判断是否需要进行经济援助而调查村民的存款，得到以下数据。

- 村民 A：1 亿日元
- 村民 B：0 日元
- 村民 C：0 日元
- 村民 D：0 日元

这 4 个人的平均存款是 2500 万日元，如果据此判定这里不需要经济援助，就是不合理的。显然村民 B、村民 C 和村民 D 完全没有存款，是需要援助的。

由上例可知，只关注一个代表值可能得出错误的结论。有人反过来利用这一点，为了自己的观点选取有利的代表值，或者隐瞒不利的代表值。

如今，电视新闻、社交网络服务（SNS）等媒体公开的数据急剧增加。这些数据会让大众不自觉地产生消息可信的感觉。能够批判性地审视带有倾向性的消息是非常重要的能力。学习统计学不仅有助于数据分析，还有助于解读分析结果。

## 1-2-3　使用均值以外的指标

为了防止错误解读，我们不能只使用均值这一个指标。这并非意味着不可以使用均值，而是指不要在所有场景下只计算均值。要根据不同情况选择合适的代表值。此外，同时列出多个代表值也是有效的手段。

第 3 章将根据数据的种类介绍各种代表值。

## 1-2-4　数据可视化

本书将数据可视化与描述统计结合起来进行讲解。通过运用各种图表，我们可以发现很多仅靠均值无法呈现的内容。

使用 Python 可以轻松地绘制精美的图表。第 3 章将结合示例讲解数据可视化的具体方法。

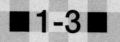

# 1-3

# 统计推断的必要性

为了估计我们尚未获得的未知数据而产生的统计学分支叫作统计推断。本节将介绍统计推断的作用。第 5 章及后续章节将介绍具体的技术内容。

## 1-3-1　为什么需要统计推断

在讨论尚未获得的未知数据时，我们需要统计推断的相关知识。

调查大体分为**普查**与**抽样调查**两种。不略过每一个对象的调查就是普查，如人口普查。抽样调查则只调查总体的一部分。

例如，在选举中的票站调查就是一种抽样调查。票站调查会询问选民的意向，但不会询问所有选民的意向。即便如此，利用统计推断的知识，我们也可以在开票率很低的早期推断选举结果。

统计推断的应用范围十分广泛。例如，商店想了解顾客的情况，但不可能询问每一名顾客；学者想研究某一动物物种的生态，但不可能观察到这种动物在世界每个角落的所有个体。

统计推断在商业调查、学术研究等很多领域中是不可或缺的重要技术。

## 1-3-2　术语　总体与样本

为了便于读者理解，本书在解释每个术语时都会单列一节。

所有要研究的对象叫作**总体**，总体的一部分叫作**样本**。

样本是通过某种方式取得的、可以代表总体的数据。总体是包含样本和非样本的全体集合。

我们将实际获取的样本称为数据。统计推断的目的就是只利用我们获取的数据来研究总体。请牢记这一点。

在选举的票站调查的例子中，所有选民构成总体，受邀票站调查的选民是样本，调查所得的结果就是数据，依据调查结果推测选举结果需要进行统计推断。

## 1-3-3 术语 样本容量

样本的大小或现有数据的个数叫作**样本容量**。例如，钓到 1 条鱼，则样本容量是 1；对 10 个人进行问卷调查，则样本容量是 10。

样本容量是指样本的大小，所以我们一般使用"大"和"小"描述样本容量，而非"多"和"少"。

在大多数情况下，抽样调查中的样本容量与总体的大小相比极小。

## 1-3-4 推断的形象描述

通过样本来推断总体，换言之，通过部分来推断全体，就是统计推断。当解释统计推断的概念时，经常使用"品尝汤的味道"的例子来说明。若想知道汤的浓淡，只需盛出一点儿品尝即可，而没必要喝完整锅汤。这就是样本调查（盛出一点儿品尝）和统计推断（判断汤的浓淡）的形象描述。

不过，这个例子看起来合理，实则还有需要注意的地方。比如锅底的汤可能比上层的汤更浓，若只尝了上层的汤就认为整锅的汤淡了，则有误判的风险。保证样本之间不会有大的偏差是非常重要的。例如，只研究特定平台用户的言论就认为世人都如此所想，很可能是错的。

我们应当注意获取数据的方式，避免样本之间产生太大的偏差。本书预设获取的样本没有偏差。

## 1-3-5　样本的随机偏差与区间估计

统计推断的一个重要作用是评估推断所得值的偏差。例如，在一个有很多条鱼的湖中钓鱼，从中钓出 10 条并测量它们的体长，然后放生。算得样本的均值是 20 cm。

之后在同一个地方用同样的方法再钓 10 条鱼并测量，我们却不能保证这次的均值与上次的完全相等。

举一个更直白的例子。假设一个黑箱中有 1000 张便笺，其中 100 张是中奖便笺。有多个人进行抽签，每人抽 10 张，确认结果后放回。在这种情况下，有的人没有抽到中奖便笺，有的人抽到 1 张中奖便笺，有的人抽到 2 张中奖便笺……可见，即使在相同的条件下抽签，不同的人得到的结果也有可能不同。

手游抽卡也与此类似。在相同的游戏中抽卡，可能朋友都抽中了，自己却一直没抽中（或者反之）。这种结果随机变化的现象在日常生活中经常出现。

我们把可能得到不同结果的情况表述为存在偏差。例如，在同样条件下进行抽样调查会得到不同的结果，通过样本计算得到的均值也是随机变化的。研究这些偏差就是统计推断的一项职责。

使用区间估计可以把偏差考虑进去，并最终得到一个表示估计值的范围。第 5 章将详述相关知识。

## 1-3-6　判断与假设检验

有时我们需要根据数据来做出判断。比如想判断在"购买"按钮的旁边添加偶像的照片或者小猫的图片是否影响销量等。这时常用的方法就是**假设检验**。第 6 章将详述相关知识。

## 1-3-7　模型与推断

在学习统计推断时，学习概率论是很重要的。因为样本随机变化，所以我们要用概率的语言来描述样本的偏差,以及学习如何计算概率。

这里就要用到**模型**了,它是对现实世界的一种抽象。用概率的语言描述的模型叫作**概率模型**,基于数据建立的概率模型叫作**统计模型**(详见第 7 章)。二者没有明显的区别,不同的文献可能会做出不同的区分。当难以区分或没必要区分时,可以简单记作"模型"。构建模型的工作叫作**建模**。我们可以基于模型来计算各种概率。

通过学习统计推断,我们可以掌握区间估计和假设检验的方法。使用 Python,我们可以将繁杂的计算交给计算机来完成,从而非常便捷地得到结果。

不过,我们不应全盘接受计算结果,因为它们只是模型给出的结论。模型终究只是人类设想的真实世界的简化或抽象表示,如果模型与现实世界的差异很大,那么模型给出的结论便不那么可信。因此,我们不仅要学习模型的相关知识,更要将区间估计和假设检验的知识作为后盾。

本书将在第 4 章和第 5 章中借助计算机的模拟来学习基础模型。不过,简单的模型有时难以解释复杂的世界,本书将从第 7 章开始介绍更高级的模型。

学习建模不仅有助于我们理解区间估计和假设检验等技术,还能为更复杂现象的数据分析提供有效的工具。

## 1-3-8 从线性模型到机器学习

第 7~9 章将讲解线性回归模型和广义线性模型等基础且实用的统计模型。它们不仅出现在统计学的教材中,也频繁出现在机器学习的著作中。统计学与机器学习是分不开的,通过学习统计模型,我们可以更深入地理解统计学与机器学习之间的关联。

本书不深入探讨机器学习的细节,只是简单介绍神经网络这个具有代表性的机器学习方法及它与线性模型的关系。关于神经网络的内容,我们将在第 10 章详细介绍。

希望读者可以通过本书系统地学习各种方法。

第 **2** 章

# Python 与 Jupyter Notebook 基础

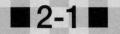

# 环境搭建

本章将介绍编程语言 Python。在本节中,我们将介绍如何在个人计算机上安装 Python。所谓环境搭建,是指在计算机上创建可以用于编程的"环境"。

本书以 Windows 操作系统为实践环境。在撰写本书时,笔者所用的开发环境如下。

- Windows 10(64 位)
- Python 3.9.7(Anaconda3-2021.11)

下面先介绍一些术语,再讲解安装流程和注意事项。

## 2-1-1 〔术语〕 Python

Python 是一种可以免费使用的编程语言。Python 的语法简单易学,需要记忆的内容较少。由于该语言极受欢迎,因此有丰富的学习资源,特别适合初学编程者选用。

Python 在数据分析方面极为强大。使用 Python 能够以简短的代码完成统计分析、机器学习等编程任务。

## 2-1-2 〔术语〕 Anaconda

Anaconda 是 Python 的一个著名的发行版,它在 Python 的基础上添加了大量有助于数据分析的组件。

虽然可以先安装 Python,再单独安装用于数据分析的包,但是这个

做法略显烦琐，笔者推荐直接安装 Anaconda。虽然直接安装 Anaconda
也有一定的缺点，但笔者认为这对初学者来说是最简单的环境搭建
方式。

## 2-1-3  术语  Jupyter Notebook

Jupyter Notebook 是编写程序时要用到的工具。安装 Anaconda 后
便可使用 Jupyter Notebook。启动 Jupyter Notebook 时，系统会自动调
用默认浏览器（如 Google Chrome 等）打开交互式编程界面，用户可以
在此界面中编写程序。

## 2-1-4  安装 Anaconda

根据自己使用的计算机系统，从 Anaconda 的官方网站选择相应的
版本下载并安装。

这里以选择 Windows 系统下的 64-Bit Graphical Installer（64 位图
形安装程序）为例进行讲解。下载文件 Anaconda3-2021.11-Windows-
x86_64.exe（下载的文件可能因为时间的不同而有所差异）。双击该文件
即可安装 Anaconda。

安装时，只需依次单击 I Agree（我同意）按钮和 Next（下一步）按
钮，无须进行 PATH（路径）设置等操作。

## 2-1-5  安装早期版本的 Anaconda

本书使用 Anaconda3-2021.11-Windows-x86_64.exe 文件来安装 Anaconda。
随着时间的推移，可能出现新版本的 Anaconda。推荐使用最新版本，
但使用最新版本得到的结果可能与本书有所出入。若想重现本书内容，
可以下载相同版本的 Anaconda。

## 2-1-6　术语　Python 编程术语

下面列出了编写 Python 程序时经常遇到的术语，以及在网上搜索相关内容时经常出现的术语等，以供读者参考。

- 实现：编写程序，有时简称编程。
- 代码：编写完成的程序[①]。
- 源代码：和代码基本同义。
- 包、库：可以理解为 Python 的插件。在安装 Anaconda 时也会安装与数据分析相关的库，如 numpy、pandas、matplotlib、seaborn、scipy、statsmodels 和 scikit-learn 等。
- 模块：包含 Python 定义和语句的文件。多个模块组成包。用户可以加载包中指定的模块。多个包组成库。
- pip：包管理器。Anaconda 基本不使用它。
- conda-install：在 Anaconda 中多用于安装和更新包。由于 Anaconda 几乎内置了所有需要的包，因此无须使用该工具。
- 编辑器：用于编写程序的软件，在使用 Jupyter Notebook 的情况下可忽略。
- IDE：集成开发环境，具有很多有助于编写大型程序的方便功能（如语法检查等）。著名的 IDE 有 PyCharm、Visual Studio Code 等。在使用 Jupyter Notebook 的情况下可忽略，不过了解 IDE 的用法有助于编写 Python 应用。阅读本书时不需要使用 IDE。
- 交互界面：输入程序后可立即显示结果的界面。在使用 Jupyter Notebook 的情况下可忽略。
- IPython Notebook：Jupyter Notebook 的旧称。
- 2系和3系：Python 主要分为 2系（Python 2）和 3系（Python 3）两大版本。Python 2 较早，许多在 Python 2 上运行的代码无法在 Python 3 上正常运行。本书使用的是 Python 3。目前的主流版本为 Python 3，但在阅读旧版教材时仍需注意版本差异。

---

[①] 代码和程序在概念上有所关联，但不完全一样。为简化说明，本书不对二者进行严格区分。

# 2-2

# 认识 Jupyter Notebook

本节将介绍 Jupyter Notebook 的基本用法，作为学习 Python 语法的预备知识。

本书自始至终坚持这样一种模式：在 Jupyter Notebook 里编写程序并立即执行得到结果。通过 Jupyter Notebook，我们可以方便地确认计算结果。

在介绍完 Jupyter Notebook 之后，本节还将简单介绍 Anaconda Prompt 工具的用法。

## 2-2-1　启动 Jupyter Notebook

安装 Anaconda 之后即可使用 Jupyter Notebook。Windows 10 用户可以在搜索框中输入 Jupyter Notebook 并按 Enter 键来启动。

启动 Jupyter Notebook 后，屏幕上会出现一个命令提示符窗口（默认为黑色），之后系统的默认浏览器（如 Google Chrome、Edge 等）将启动，并打开如图 2-2-1 所示的界面。我们可以像使用社交网络软件一样在这个界面编写程序。

图 2-2-1　Jupyter Notebook 的初始界面

接下来，我们将在 Jupyter Notebook 上进行操作。请注意，实际运行界面可能因为软件版本的不同而与书中界面截图有所差异。

## 2-2-2 创建新文件

根据安装时的设置，Jupyter Notebook 启动后会显示"C:\Users\ 用户名"文件夹中的内容。

我们来创建一个用于数据分析的新文件夹。选择界面右上方的 New▼→ Folder（见图 2-2-2），将创建一个名为 Untitled Folder 的文件夹。

图 2-2-2　创建文件夹

选中 Untitled Folder 文件夹左边的复选框，单击界面上方的 Rename，可以重命名这个文件夹，比如我们将其命名为 PyStat。

双击 PyStat 文件夹的名称，可以进入该文件夹。选择界面右上方的 New▼→ Python 3 (ipykernel)，就会出现编写程序的界面（见图 2-2-3）。我们可以在左边写着 In [ ] 的地方编写程序。为便于说明，我们称其为单元格。

图 2-2-3　编写程序的界面

### 2-2-3　执行代码

在单元格中输入半角字符 1 后，按 Shift+Enter 键就会出现左边写着 Out[1] 的运行结果。本例的结果就是刚刚输入的 1。

### 2-2-4　保存执行结果

单击界面左上方的 Untitled，可以更改当前文件的名称（见图 2-2-4）。我们把它命名为"2-2　认识 Jupyter Notebook"。

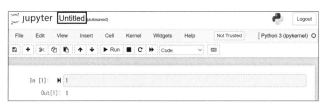

**图 2-2-4　更改文件名**

按 Ctrl+S 键即可保存这个文件。现在 PyStat 文件夹中有名为"2-2　认识 Jupyter Notebook.ipynb"的文件。

选择界面左上方菜单中的 File → Download as → HTML (.html)，可以将执行结果以 HTML 文件的形式下载（见图 2-2-5）。在与他人共享结果时，这一操作很方便。

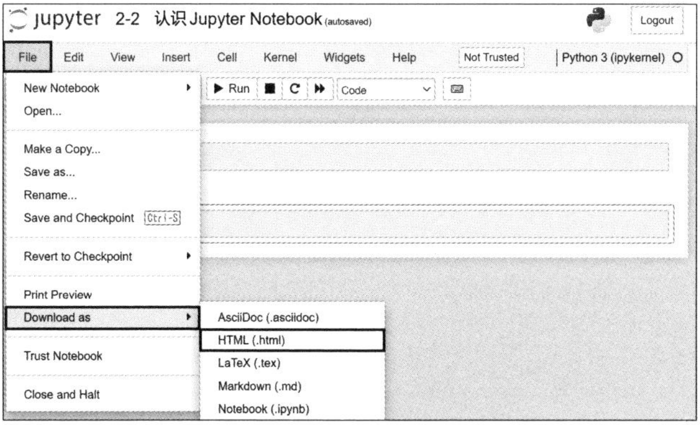

**图 2-2-5　保存为 HTML 文件**

## 2-2-5 使用 Markdown 功能

Jupyter Notebook 不仅可以进行计算，还可以把计算结果总结成报告的形式。制作报告时需要撰写标题、创建项目列表等，这时使用 Markdown 功能会很方便。

将鼠标光标移至左侧写着 In [ ] 的单元格中，在上方写着 Code 的下拉列表框中选择 Markdown，就可以切换为 Markdown 模式（见图 2-2-6）。

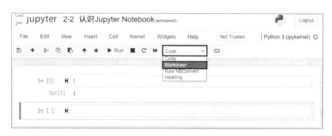

图 2-2-6 使用 Markdown 功能

在 Markdown 模式的单元格中可以方便地创建标题和项目列表等。在行首输入 "#" 并紧跟一个半角空格，这一行就会成为标题。单个 "#" 代表字号最大的标题，随着 "#" 增多（如 "##"），标题字号会逐渐变小。

在行首输入半角连字符 "-" 并紧跟一个半角空格，即可制作无序列表。在行首依次输入数字、半角句点和一个半角空格（如 "1."），即可制作有序列表。

和编写 Python 程序一样，编辑完 Markdown 的单元格后按 Shift+Enter 键，即可生成结果（见图 2-2-7）。

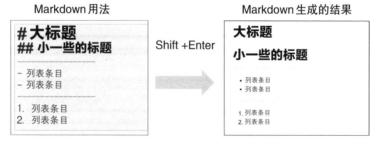

图 2-2-7 Markdown 生成的结果

双击单元格，可以再次编辑已经写好的内容。如果读者感觉编程比较困难，可以直接下载本书的示例代码。但笔者更推荐时间充裕的读者亲自编写代码。

## 2-2-6　退出 Jupyter Notebook

回到 Jupyter Notebook 的初始界面（参见图 2-2-1，注意不是编写程序的界面），单击右上角的 Quit 即可关闭 Jupyter Notebook。

## 2-2-7　使用 Anaconda Prompt

安装 Anaconda 之后还可以使用 Anaconda Prompt。我们可以通过 Anaconda Prompt 来启动 Jupyter Notebook。使用 Anaconda Prompt 可以让进入文件夹等操作更方便。

本节将介绍 Anaconda Prompt 的用法。如果读者感到困难可以跳过。

### 1. 什么是 Anaconda Prompt

启动 Anaconda Prompt 后，会弹出一个没有按钮、只接受文字输入的纯黑色窗口。在 Anaconda Prompt 中可以输入相应的命令来完成各种操作。

例如，输入 `jupyter notebook` 命令并按 Enter 键，可以启动 Jupyter Notebook，这和使用 2-2-1 节所述的启动方法效果相同。

### 2. 文件夹的移动

`cd` 命令用于切换当前工作目录。如果 Jupyter Notebook 正在运行，请先将其关闭，再执行下面的操作。

以 Windows 操作系统为例。如果在 C 盘中创建了 PyStat 文件夹，使用 `cd C:\PyStat` 命令即可进入该文件夹。之后输入 `jupyter notebook` 命令，就可以在 PyStat 文件夹中启动 Jupyter Notebook。

## 3. 使用交互环境

通过 Anaconda Prompt 可以直接执行 Python 代码（本书不使用这种方式）。如果 Jupyter Notebook 正在运行，请先将其关闭，再执行下面的操作。

直接输入 python 命令并按 Enter 键即可使用 Python 功能。在当前状态下输入 1 + 1 并按 Enter 键，程序会返回结果 2。若要退出，输入 quit() 并执行即可。

一些 Python 入门教程会讲解通过**交互式终端**来使用 Python 的方式。使用 Anaconda Prompt 可以执行类似的操作。

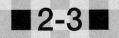

# Python 编程基础

本节将讲解 Python 编程的基础知识。前半部分主要介绍基本语法，读者无须记住所有内容，如果在应用时忘记，可以重新查看。不过，请务必仔细阅读 2-3-12 节的内容，掌握编写易用程序的技巧。

## 2-3-1  实现  四则运算

首先介绍四则运算的执行方法。书中关于代码实现的标题前有"实现"字样。

本书配合实际界面，使用灰底框代表 In [ ] 部分，使用白底框代表结果（Out [ ] 部分）。

执行加法运算时，使用"+"符号。

```
1 + 1
```

执行上式，得到如下结果。

```
2
```

减法运算使用减号"－"。

```
5 - 2
```
```
3
```

乘法运算使用星号"*"。

```
2 * 3
```
```
6
```

除法运算使用斜杠"/"。

```
6 / 3
```
```
2.0
```

注意，在进行除法运算时，计算结果出现了小数。

## 2-3-2 实现 其他运算

乘方运算使用两个星号"**"。以下代码表示计算 2 的 3 次方，即 $2 \times 2 \times 2 = 8$。

```
2 ** 3
```
```
8
```

当要舍弃小数点及其后数字时，使用两个斜杠"//"。

```
7 // 3
```
```
2
```

计算余数时使用"%"符号。

```
7 % 3
```
```
1
```

## 2-3-3 实现 注释

在行首输入"#"，表示这一行为**注释**。

```
# 1 + 1
```

上面这行代码只是注释，按 Shift + Enter 键后不会出现任何结果。

## 2-3-4　实现　数据类型

虽然数值"1, 2, 3"和字符串"A, B, C"都是数据，但是它们的处理方式是不一样的。下面介绍各种数据类型及其用法。

### 1. 字符串型

**字符串型**用于处理字符串。可以使用单引号或双引号将字符包裹起来表示字符串型。虽然没有严格规定使用哪种引号，但是统一使用一种形式会使代码更加整洁。下例使用的是双引号。

```
"A"
'A'
```

使用单引号也不会改变结果。使用两种引号都是正确的，本书主要使用单引号。

```
'A'
'A'
```

使用函数 type 可以输出数据类型的名称。

```
type('A')
str
```

str 是 string 的缩写，代表函数的参数是字符串。

### 2. 整型和浮点型

数值有**整型**和**浮点型**两种。两者的区别在于有无小数部分。

整型也叫 int 型。

```
type(1)
```

```
int
```

浮点型也叫 `float` 型。

```
type(2.4)
```

```
float
```

## 3. 布尔型

用 True 表示真，用 False 表示假的数据类型叫作**布尔型**。注意 True 和 False 的首字母大写，其他字母小写。

```
type(True)
```

```
bool
```

False 也是布尔型。

```
type(False)
```

```
bool
```

## 4. 不同类型数据之间的运算

不同类型的数据之间进行运算可能出错。

```
'A' + 1
```

```
---------------------------------------------------------------------
-----
TypeError                                    Traceback (most recent call
last)
~\AppData\Local\Temp/ipykernel_9880/2400233845.py in <module>
----> 1 'A' + 1

TypeError: can only concatenate str (not "int") to str
```

## 2-3-5　实现　比较运算

要比较数值的大小关系等，需要使用**比较运算符**。比较运算符的计算结果是布尔型。

```
1 > 0.89

True
```

表达式不正确时会返回 False。

```
3 < 2

False
```

比较运算符有以下几种。

| | |
|---|---|
| > | 大于 |
| >= | 大于或等于 |
| < | 小于 |
| <= | 小于或等于 |
| == | 相等 |
| != | 不相等 |

## 2-3-6　实现　变量

值不会改变的量叫作**常量**。

相对地，值可能发生改变的量叫作**变量**。下面的代码把 100 赋值给变量 x。这里的等号"＝"不表示相等，它是**赋值运算符**。

```
x = 100
```

这样，变量 x 的值就成了 100。输入 x 并执行，输出的结果就是它的值 100。

```
x
```

```
100
```

变量 x 的值可以被改变。下面的代码可以将 x 的值变成 293。

```
x = 293
x
```

```
293
```

注意，执行像 100 = 293 这样的代码会发生错误。另外，使用未被赋值的变量也会报错。例如，以下示例出错的原因为 name 'y' is not defined（y 没有被定义）。

```
y
```

```
--------------------------------------------------------------------
-----
NameError                          Traceback (most recent call
last)
~\AppData\Local\Temp/ipykernel_9880/3563912222.py in <module>
----> 1 y

NameError: name 'y' is not defined
```

定义 y 之后就不会报错了。

```
y = 50
y
```

```
50
```

变量之间可以进行计算。

```
x + y
```

```
343
```

变量可应用于许多场景，它们具有让计算更高效等优点。

## 2-3-7 　实现　 函数

**函数**用于保存计算逻辑。计算逻辑多被称为**过程**。

### 1. 写一个函数

例如，将某个值加上 2 后乘以 4，代码如下。

```
(y + 2) * 4
```

```
208
```

把 50 赋值给 y 可以得到 $(50+2) \times 4 = 52 \times 4 = 208$。

当需要把这个过程应用在更多数据上时，如果每次都写一遍，就会非常烦琐。这时我们可以把计算过程保存在函数里。

```
def sample_function(data):
    return (data + 2) * 4
```

在创建函数时，需要遵照下述规则（以下代码无法运行）。

```
def 函数名 (参数):
    过程
```

注意，在第 1 行的行首输入 def，并在行尾输入冒号。这是 Python 语法的规定，必须牢记。

从第 2 行起，在每行的行首插入空格，这称为**缩进**。如果忘记了缩进，代码就无法正常运行。

计算结果使用 return 返回。请牢记这个规则。

### 2. 调用函数

传递给函数的对象叫作**参数**。通过改变参数，函数可以对不同的数据执行完全相同的计算逻辑。

把 y 作为参数传入函数并执行。

```
sample_function(data=y)
```
```
208
```

在调用函数时，可以省略"data＝"，这样做结果不变。

```
sample_function(y)
```
```
208
```

改变参数再执行一次。

```
sample_function(3)
```
```
20
```

相应的计算为 $(3+2) \times 4 = 5 \times 4 = 20$。

函数的返回结果也可以参与运算。

```
sample_function(y) + sample_function(3)
```
```
228
```

函数的方便之处在于，可以直接使用他人设计好的计算逻辑。在对数据进行统计分析时经常需要完成复杂的计算。独立编写计算逻辑费时费力，而使用他人写好的函数，可以使用简单的代码高效地完成任务。

## 2-3-8　实现　常用的函数

下面介绍本书常用的一些函数。

### 1. print 函数

print 函数用于将计算结果打印出来（显示在屏幕上）。例如，下面的代码打印 1 ＋ 1 的结果。

2-3 Python 编程基础 | 29

```
print(1 + 1)
```
```
2
```

不使用 print 函数也能得到上面的结果。不过，使用 print 函数可以更方便地打印复杂的结果。例如，通过 print 函数可以同时打印字符串和计算结果。

```
print('接下来完成计算: 结果为', 1 + 1)
```
```
接下来完成计算: 结果为 2
```

在同一个单元格内完成多个计算，只有最后一个结果会被打印出来。

```
1 + 1
1 + 3
```
```
4
```

使用 print 函数可以打印出这两个计算的结果。

```
print(1 + 1)
print(1 + 3)
```
```
2
4
```

## 2. round 函数

本书将进行各种各样的计算。使用 round 函数可以去掉数值的小数部分。把要处理的数值作为参数传入，round 函数可以将该数值变为整数。

```
print('1.234去掉小数部分为', round(1.234))
print('1.963去掉小数部分为', round(1.963))
```
```
1.234去掉小数部分为 1
1.963去掉小数部分为 2
```

通过传入 ndigits 参数，可以指定保留小数点后几位。

```
round(1.234, ndigits=2)

1.23
```

round 函数的处理方式与常规的四舍五入不同。当数值恰好为两个可能的值的中间值时，这个函数会选择偶数作为结果。

```
print('2.5去掉小数部分为', round(2.5))
print('3.5去掉小数部分为', round(3.5))

2.5去掉小数部分为 2
3.5去掉小数部分为 4
```

## 2-3-9 实现 类与实例

本节将介绍类与**实例**这两个概念。我们不对其进行深究，只介绍一些有助于数据分析的内容。如果觉得难以理解，可以暂且略过。

### 1. 定义一个类

使用类可以同时定义数据结构和计算逻辑。

下面介绍如何定义一个类。本书的后续内容不会进行这方面的实践，而是直接调用已经写好的类。读者只要知道什么是类及如何使用类即可。

首先，定义一个名为 Sample_Class 的类。

```
class Sample_Class:
    def __init__(self, data1, data2):
        self.data1 = data1
        self.data2 = data2

    def method2(self):
        return self.data1 + self.data2
```

在定义类时，需要遵照下述规则（以下代码无法运行）。

```
class 类名:
    def 函数名1 (参数):
        函数名1的过程

    def 函数名2 (参数):
        函数名2的过程
```

函数不限于 2 个，可以是 3 个、4 个，甚至更多个。

上面名为 __init__ 的函数是一个特殊函数，叫作**构造函数**，用于类的初始化。我们使用构造函数将数据（如这里的 data1 和 data2）存放于类中。

## 2. 生成实例

通过生成实例，可以将数值真正放入类中。下面生成名为 sample_instance 的实例。

```
sample_instance = Sample_Class(data1=2, data2=3)
```

在实例 sample_instance 中，data1 存储 2，data2 存储 3。在构造函数的参数列表中，self 指类本身，可以不赋值。

如果要获取实例中的数据，需要使用点操作符。

```
sample_instance.data1
```
```
2
```

如果要使用类中的函数，也需要使用点操作符。

```
sample_instance.method2()
```
```
5
```

调用函数的方式有两种。一种是直接指定函数名，如 sample_function(y)；另一种是使用类的实例中的函数，如 sample_instance.method2()。要注意这两种用法的区别。

代码里实际应用的是真正存放了数据的实例。想获取实例的内容（数据、计算逻辑），需要使用点操作符。在阅读本书时，只要记住这两点即可。

　　严格来说，实例是类的实体。如果说类是设计图，那么实例就是基于设计图制作出来的物品。

　　在进行数据分析时，把类粗略地看作定义数据结构的模板而不是设计图，或许能更好地理解什么是类。

## 2-3-10　实现　基于 if 语句的程序分支

　　若要实现"如果××，则执行××"这样的程序分支，可以使用 if 语句。

　　一般而言，if 语句的写法如下所示（以下代码无法运行）。

```
if (条件):
    符合条件时的操作
else:
    不符合条件时的操作
```

　　设计一段代码，当 data 小于 2 时打印"数据小于2"，否则打印"数据不小于2"。

```
data = 1
if(data < 2):
    print('数据小于2')
else:
    print('数据不小于2')
```
```
数据小于2
```

　　这里 data = 1，比 2 小，所以会显示上述结果。

　　下面验证一下不符合条件时的结果。

```
data = 3
if(data < 2):
    print('数据小于2')
else:
    print('数据不小于2')
```
```
数据不小于2
```

## 2-3-11　实现　基于 *for* 语句的循环

当需要反复执行同一计算时，可以使用 `for` 语句。

指定循环的范围很简单，方法也很多。这里使用 `range` 函数来指定范围。

```
range(0, 3)

range(0, 3)
```

`range(0, 3)` 代表从 0 开始数 3 个数，也就是 0, 1, 2。

下面的代码以 i 为变量，让 i 在 `range(0, 3)` 中变化，并反复执行 `print(i)`。

```
for i in range(0, 3):
    print(i)

0
1
2
```

如果把第 2 行改为 `print("hello")`，那么 hello 将连续显示 3 次。

```
for i in range(0, 3):
    print('hello')

hello
hello
hello
```

使用 `for` 语句既可以反复执行完全相同的处理，也可以不断改变数据来执行相似的处理。组合使用 `if` 语句和 `for` 语句，可以完成多种操作。本书从第 4 章开始，在进行程序模拟（以下简称为模拟）时将使用这些方法。

## 2-3-12　编写易用程序的技巧

Jupyter Notebook 允许从任意一个单元格开始执行计算。但如果出现必须先执行第 5 个单元格才能执行第 2 个单元格的情况，会严重影响使用体验。

因此，**请保证所写的程序在从上到下依次执行时能得到正确结果**。这样做还能大大提升程序的可读性。

此外，**不要重复编写同样的程序**。如果要反复进行相同的计算，可以将其整合为函数，或者利用 for 语句执行。

还有一点需要注意，不仅限于 Python，在使用任何语言编写程序时，最重要的原则是**确保他人能够快速理解实现意图**。

例如，不建议将变量名设为 A 这样的单个字符。因篇幅有限，本书有时也会使用简短的变量名，但读者在实际应用中最好使用便于理解、能表明数据含义的变量名（for 语句里的 i 代表 index，这种单字母变量名很常见）。

函数名和类名也要体现它们的用途。另外，适当添加注释也是一个好习惯。

无论是个人学习还是团队协作，确保编写的程序**他人可读**（其他开发者能理解程序的实现逻辑）和**未来可懂**（自己 3 个月后再看也能理解）至关重要。

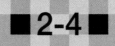

# 认识 numpy 与 pandas

借助 numpy 和 pandas 等库，能大幅简化数据处理。

本节首先介绍 numpy 与 pandas 的基础知识，接着介绍一个无须借助外部库的数据结构——列表，随后依次讲解 numpy 和 pandas 的具体用法。

## 2-4-1 实现 导入外部功能

导入库后可以调用各种函数和类，这可以大幅简化数据分析。

要导入库，只需执行以下代码即可。

```
import numpy as np
import pandas as pd
```

这样就导入了 numpy 和 pandas 两个库。本书后面章节将导入更多的库，不过如果只是对数据进行整理、统计，这两个库足以满足需求。

在导入库时，笔者分别赋予 numpy 和 pandas 别名 np 和 pd，因为输入 np 比输入 numpy 更简便。在使用 numpy 的功能时，以 np. 开头，如"np.函数名"；在使用 pandas 的功能时，以 pd. 开头。

一般而言，我们使用"import 库名"导入库。通过"from 库名 import 模块名 . 函数名"，可以导入某个库中特定的模块或函数。

## 2-4-2 术语 numpy 与 pandas

numpy 和 pandas 都是用于导入数据并对其进行整理、统计的库。至于如何选用 numpy 和 pandas，读者可以根据自己的习惯决定，本书介绍的用法只是示例。

numpy 主要使用 array（实际上是 ndarray）类来存储数据。它的矩阵运算功能十分强大。

pandas 主要使用 DataFrame 类，这个类专门用于管理数据。本书主要使用 pandas 的 DataFrame。

## 2-4-3 实现 列表

在使用 numpy 和 pandas 之前，我们先学习 Python 的标准数据类型作为预备知识。如下例所示，把多个数据放在一起的数据类型叫作**列表**（list）。

使用半角方括号将多个数据括起来，就形成了列表。这里，我们把列表赋值给一个变量。若要显示列表的内容，只需在第 2 行写上变量名即可。

```
sample_list = [1,2,3,4,5]
sample_list
```

```
[1, 2, 3, 4, 5]
```

需要注意的是，对列表进行运算需要一些特殊处理技巧。执行像 sample_list + 1 这种直接给列表加 1 的代码会报错。

使用稍后将要介绍的 numpy 中的 array 和 pandas 中的 DataFrame 可以简化许多计算。当然，具体使用哪种数据结构要看具体情况，list 也同样有用武之地。

## 2-4-4 实现 行与列

在继续讲解之前，我们先介绍一组非常重要的术语，即行与列。

**行是横向的。**

**列是纵向的**。

有时使用 row 表示行，使用 column 的缩写 col 表示列。按照行号、列号的顺序表示数据的方式很常见。

重申一遍，混淆行和列的顺序可能引发严重错误，请务必注意。

4 行 3 列的表如下所示。

|  | col 1（第 1 列） | col 2（第 2 列） | col 3（第 3 列） |
|---|---|---|---|
| row 1（第 1 行） |  |  |  |
| row 2（第 2 行） |  |  |  |
| row 3（第 3 行） |  |  |  |
| row 4（第 4 行） |  |  |  |

我们也可以参考汉字的笔画来理解："行"字横向的笔画较多，"列"字竖向的笔画较多（见图 2-4-1）。

图 2-4-1 理解行和列的方法

## 2-4-5 实现 数组

下面来学习 numpy 的用法。这里介绍以 numpy 中的数组存储数据的方法。数组可以使用列表生成。由于要使用 numpy 这个外部库里的类，因此输入 `np.array`。

```
sample_array = np.array([1, 2, 3, 4, 5])
sample_array
```
```
array([1, 2, 3, 4, 5])
```

一个数组只能存储相同类型的数据。如果同时存储数值型和字符串型的数据,则所有数据都会被当成字符串处理。

```
np.array([1 ,2, 'A'])
```
```
array(['1', '2', 'A'], dtype='<U11')
```

## 2-4-6  实现  数组的运算

对数组进行的运算会作用在数组的所有元素上。例如,加法运算的结果如下所示。相同的方法用在 list 上就会出错。

```
sample_array + 1
```
```
array([2, 3, 4, 5, 6])
```

乘法运算等也同样如此。

```
sample_array * 2
```
```
array([ 2,  4,  6,  8, 10])
```

## 2-4-7  实现  二维数组

使用列表也可以生成二维数组,只需把嵌套的列表作为参数输入即可。

```
sample_array_2 = np.array(
    [[1, 2, 3, 4, 5],
     [6, 7, 8, 9, 10]])
sample_array_2
```
```
array([[ 1,  2,  3,  4,  5],
       [ 6,  7,  8,  9, 10]])
```

获取行数和列数的方法如下。

```
sample_array_2.shape
```

```
(2, 5)
```

本例的答案是 2 行 5 列。

## 2-4-8 实现 生成等差数列的方法

除了将参数指定为列表，还有其他方法来生成数组。

我们先介绍**等差数列**的生成方法。像 {1, 2, 3, 4, 5} 这种前后元素之差相等的数列就是等差数列，前后元素之差叫作公差。在这个例子中，公差是 1。同样，{0.1, 0.3, 0.5, 0.7} 也是等差数列，公差是 0.2。

### 1. 使用 arange 函数

首先，生成 {1, 2, 3, 4, 5}。这个数列的首项和公差均为 1。这里使用 np.arange 函数。

np.arange 函数有 3 个参数，分别是 start（起始位置）、stop（结束位置）和 step（公差）。结束位置表示"一到这里就结束"，生成的结果不含结束位置的元素。例如，要生成从 1 到 5 的数列，结束位置就是最后一个数加上 1，也就是 6。

```
np.arange(start=1, stop=6, step=1)
```

```
array([1, 2, 3, 4, 5])
```

接下来，生成 {0.1, 0.3, 0.5, 0.7}。

```
np.arange(start=0.1, stop=0.8, step=0.2)
```

```
array([0.1, 0.3, 0.5, 0.7])
```

2-3-7 节讲过，在调用函数时，可以省略"start ="等显式标记。也就是说，写成 np.arange(0.1, 0.8, 0.2)，结果不变。

## 2. 使用 linspace 函数

使用 np.linspace 函数也可以生成等差数列。np.arange 函数是指定等差数列的公差，np.linspace 函数则是指定数列的项数。在事先知道项数时，使用 np.linspace 函数更方便。

例如，生成从 1 到 5 的数列。

```
np.linspace(start=1, stop=5, num=5)

array([1., 2., 3., 4., 5.])
```

start=1, stop=5, num=5 表示生成从 1 到 5 的等差数列，等差数列包含 5 项。注意，这个函数的 stop 值是被包含在内的。

接下来把从 1 到 5 的数进行 11 等分。

```
np.linspace(start=1, stop=5, num=11)

array([1., 1.4, 1.8, 2.2, 2.6, 3., 3.4, 3.8, 4.2, 4.6, 5. ])
```

最后生成 {0.1, 0.3, 0.5, 0.7}。

```
np.linspace(start=0.1, stop=0.7, num=4)

array([0.1, 0.3, 0.5, 0.7])
```

## 2-4-9 实现 各类数组的生成

要生成元素相同的数组，可以使用 np.tile 函数。例如，生成含有 5 个字母 A 的数组，代码如下。

```
np.tile('A', 5)

array(['A', 'A', 'A', 'A', 'A'], dtype='<U1')
```

np.tile 函数也可以生成包含多个相同数字的数组，比如存储 4 个 0 的数组。

```
np.tile(0, 4)
```
```
array([0, 0, 0, 0])
```

在生成只有 0 的数组时，使用 np.zeros 函数更简便。它的参数是数组的元素个数。

```
np.zeros(4)
```
```
array([0., 0., 0., 0.])
```

np.zeros 函数也可以生成二维数组，将元素个数按 [ 行数 , 列数 ] 的形式传入即可。

```
np.zeros([2,3])
```
```
array([[0., 0., 0.],
       [0., 0., 0.]])
```

使用 np.ones 函数可以生成只有 1 的数组。这个函数的参数也可以是列表。

```
np.ones(3)
```
```
array([1., 1., 1.])
```

## 2-4-10  实现  切片

使用**切片**技术，可以轻松地从数组或列表中取出数据。

### 1. 一维数组的例子

首先生成一个一维数组。以下代码从对象 d1_array 中取出元素。

```
d1_array = np.array([1, 2, 3, 4, 5])
d1_array
```
```
array([1, 2, 3, 4, 5])
```

在取出数据时使用方括号。例如，要取出一维数组 d1_array 的第1个元素，可以写成 d1_array[0]。注意，索引是从 0 开始的。

```
d1_array[0]
```
```
1
```

如果要取出多个元素，则把所需的索引值放在列表后再传入。作为参数的列表也使用方括号，这样看起来就是双重方括号。

```
d1_array[[1, 2]]
```
```
array([2, 3])
```

要取出一定范围的数据，则需使用冒号。例如，[1:3] 表示取出索引为 1 和 2 的元素。

```
d1_array[1:3]
```
```
array([2, 3])
```

## 2. 二维数组的例子

在二维及更高维度的数组中，也可以使用同样的方法取出数据。首先生成二维数组。

```
d2_array = np.array(
    [[1, 2, 3, 4, 5],
     [6, 7, 8, 9, 10]])
d2_array
```
```
array([[ 1,  2,  3,  4,  5],
       [ 6,  7,  8,  9, 10]])
```

按照行索引、列索引的顺序指定元素位置。注意索引从 0 开始，以下代码取出第 1 行第 4 列的数据。

```
d2_array[0, 3]
```
```
4
```

使用冒号可以取出多个元素。例如，以下代码取出第 2 行中的第 3
个和第 4 个元素。

```
d2_array[1, 2:4]
```

```
array([8, 9])
```

## 2-4-11 实现 数据帧

下面介绍 pandas 的**数据帧**（DataFrame）的用法。

数据帧有多种生成方法，我们可以轻松地通过数组或列表生成。注
意在写代码时不要忘了方括号。

```
sample_df = pd.DataFrame({
    'col1' : sample_array,
    'col2' : sample_array * 2,
    'col3' : ['A', 'B', 'C', 'D', 'E']
})
print(sample_df)
```

```
   col1  col2 col3
0     1     2    A
1     2     4    B
2     3     6    C
3     4     8    D
4     5    10    E
```

在定义数据帧时，列名和列中的数据按照 'col1' : sample_
array 的格式指定。与数组不同，在数据帧中，不同的列保存的数据
类型可以不同。

上例在显示数据帧的内容时使用了 print 函数，但也可以不使用
该函数。如果将 print(sample_df) 写成 sample_df 也不会报错，
只不过输出结果的外观稍有不同。具体采用哪种风格完全取决于使用
者。本书将使用两种方式，不特别进行区分。不使用 print 函数时的
输出结果如下所示，可以看出外观有一定的变化。

```
sample_df
```

| | col1 | col2 | col3 |
|---|---|---|---|
| 0 | 1 | 2 | A |
| 1 | 2 | 4 | B |
| 2 | 3 | 6 | C |
| 3 | 4 | 8 | D |
| 4 | 5 | 10 | E |

## 2-4-12　实现　读取文件中的数据

数据帧既可以由用户自行创建，也可以从文件中读取，后者十分常用。

假设调查数据存放在 CSV 文件里，这个文件在工作文件夹中，那么可以通过以下方式读取文件中的数据（以下代码无法运行）。

```
存放数据的变量名 = pd.read_csv("文件名")
```

例如读取名为 2-4-1-sample_data.csv 的文件。读出的数据将以数据帧的形式呈现。

```
file_data = pd.read_csv('2-4-1-sample_data.csv')
print(file_data)

   col1 col2
0     1    A
1     2    A
2     3    B
3     4    B
4     5    C
5     6    C
```

## 2-4-13 〔实现〕 连接数据帧

把数据帧连接在一起，可以生成新的数据帧。

首先生成两个 3 行 2 列的数据帧。

```
df_1 = pd.DataFrame({
    'col1' : np.array([1, 2, 3]),
    'col2' : np.array(['A', 'B', 'C'])
})
df_2 = pd.DataFrame({
    'col1' : np.array([4, 5, 6]),
    'col2' : np.array(['D', 'E', 'F'])
})
```

下面使用 pd.concat 函数在纵向上连接两个数据帧，连接结果是 6 行 2 列的数据帧。

```
print(pd.concat([df_1, df_2]))

   col1 col2
0    1    A
1    2    B
2    3    C
0    4    D
1    5    E
2    6    F
```

接着在横向上连接两个数据帧。这时要添加参数 axis=1。连接结果是 3 行 4 列的数据帧。

```
print(pd.concat([df_1, df_2], axis=1))

   col1 col2  col1 col2
0    1    A     4    D
1    2    B     5    E
2    3    C     6    F
```

pd.concat 函数还有许多其他的连接方法。pandas 的数据帧和用于数据库操作的 SQL 有相似之处。如果了解 SQL，就可以完成更复杂的操作。

## 2-4-14 　实现　取出指定的列

数据帧有很多用于提取数据等的函数。下面介绍常用的几个。

这里对 2-4-11 节生成的 `sample_df` 进行操作，它有 3 列数据。

```
print(sample_df)

   col1  col2 col3
0    1    2    A
1    2    4    B
2    3    6    C
3    4    8    D
4    5   10    E
```

要按列名提取数据，可以使用点操作符。这里取出 col2。

```
print(sample_df.col2)

0     2
1     4
2     6
3     8
4    10
Name: col2, dtype: int32
```

也可以像下面这样使用方括号。

```
print(sample_df['col2'])

0     2
1     4
2     6
3     8
4    10
Name: col2, dtype: int32
```

另外，还可以提取多列。在方括号中以列表的形式指定多个列名即可。

```
print(sample_df[['col2', 'col3']])
```
```
   col2 col3
0     2    A
1     4    B
2     6    C
3     8    D
4    10    E
```

使用 drop 函数可以删除指定的列。

```
print(sample_df.drop('col1', axis=1))
```
```
   col2 col3
0     2    A
1     4    B
2     6    C
3     8    D
4    10    E
```

## 2-4-15 实现 取出指定的行

下面介绍几种取出指定的行的方法。

### 1. 取出上面的行

例如，使用 head 函数提取 sample_df 上面的 3 行。参数 n 指定行数。

```
print(sample_df.head(n=3))
```
```
   col1  col2 col3
0     1     2    A
1     2     4    B
2     3     6    C
```

### 2. 限定查询条件

使用 sample_df 的 query 函数可以更灵活地提取数据，比如只获取第1行。

```
print(sample_df.query('index == 0'))

   col1  col2 col3
0     1     2    A
```

query 函数很实用,可以按照各种各样的条件提取数据。例如,只获取 col3 列中值为 A 的行。

```
print(sample_df.query('col3 == "A"'))

   col1  col2 col3
0     1     2    A
```

注意单引号和双引号的区别。在本例中,查询条件 col3 == "A" 需要作为字符串传入。这里的字符串 A 已经使用了双引号,那么查询条件就不能再使用双引号,而应当使用单引号,以避免产生歧义。

查询还可以指定多个条件。例如,query('col3 == "A" | col3 == "D"') 表示按照"col3 是 A 或 D"的条件提取数据。"或"也叫作 OR 条件。

```
print(sample_df.query('col3 == "A" | col3 == "D"'))

   col1  col2 col3
0     1     2    A
3     4     8    D
```

query('col3 == "A" & col1 == 3') 表示按照"col3 是 A 且 col1 是 3"的条件提取数据。"且"也叫作 AND 条件。本例中的数据不符合这个条件。

```
print(sample_df.query('col3 == "A" & col1 == 3'))

Empty DataFrame
Columns: [col1, col2, col3]
Index: []
```

最后,同时指定行和列的条件。

```
print(sample_df.query('col3 == "A"')[['col2', 'col3']])

   col2 col3
0     2    A
```

除了 query 函数，还有很多方法可以提取行，不过初学者只掌握这种方法就可以应对大多数问题。

## 2-4-16 **实现** 序列

从数据帧里取出一列，该列数据会转换为一种名为**序列**（Series）的数据类型。

首先看一下 sample_df 的类型名，现在是 DataFrame。

```
type(sample_df)
```
```
pandas.core.frame.DataFrame
```

接下来，只取出其中的一列，并查看其类型。可以看到类型变成了 Series。

```
type(sample_df.col1)
```
```
pandas.core.series.Series
```

由于从数据帧中提取一列后，该列数据会自动变成序列，因此在数据分析中，Series 类型很常见。

序列和 numpy 的数组的用法基本相同，只是序列在与行和列相关的运算上不像数组一样简便。将序列作为函数 np.array 的参数，就可以将序列转换为数组。

```
type(np.array(sample_df.col1))
```
```
numpy.ndarray
```

调用序列的 to_numpy() 函数也可以得到数组。

```
type(sample_df.col1.to_numpy())
```

```
numpy.ndarray
```

## 2-4-17 　实现　函数文档

　　我们很难记住函数的所有用法。Python 准备了十分方便的 help 函数。例如，要查询 query 函数的用法，可以执行下列代码。

```
help(sample_df.query)
```

```
Help on method query in module pandas.core.frame:
...
```

　　文档是用英语写的，里面也给出了代码示例。如果不太熟悉英语，可以参考代码示例。

第 **3** 章

# 描述统计

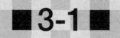

# 3-1

# 数据的种类

掌握数据的种类是进行数据分析的基础。本节将列出处理数据的相关术语。术语比较多，读者没有必要一次性全部记住。本节将介绍所有与数据的种类相关的术语，如果在后面的章节中遇到了陌生的术语，可以查阅本节内容。

## 3-1-1　术语　观察、变量

在调查中观测到的个别对象叫作**观察**，也叫作**个体**、**案例**。

调查的项目叫作**变量**。注意，统计学中的变量与程序中的变量含义不同。

例如，以湖中的鱼作为样本调查的对象，结果如下表所示。

| 鱼的种类 | 体长（cm） |
| --- | --- |
| A | 2 |
| A | 4 |
| B | 8 |
| B | 9 |

鱼的种类和体长就是变量。个别对象，如鱼的种类为 A、体长为 2 cm 或鱼的种类为 B、体长为 8 cm 就是观察，或者称为个体、案例。

把变量作为表的列名，观察作为表的行，这样整理数据易于处理。通过 pandas 中的数据帧管理数据时也应当使用这样的方式。我们在 3-6 节处理整洁数据时将详述这一点。

## 3-1-2　术语　定量数据、分类数据

从现在开始，我们将介绍变量从不同角度的分类。

首先根据数据是否为定量的，即能否被计量来分类。可计量的数据，其数值之间的差距所代表的意义是等价的，重点在于数值之间的差是否有意义。我们将在稍后的示例中进行解释。

能够定量表示的变量叫作**定量变量**，描述的是**定量数据**。鱼的体长就是定量数据。

不能定量表示的变量叫作**分类变量**，描述的是**分类数据**。鱼的种类就是分类数据。

我们不能简单地根据数据是否看起来是数值来判断数据的类型。例如，有时为了方便，把青鳉表示为 1 号，把金鱼表示为 2 号，把金枪鱼表示为 3 号。若因为 1+2=3 就认为青鳉加上金鱼可得金枪鱼，显然是错误的。

在上面的例子中，青鳉和金鱼之间的数值差是 1，金鱼和金枪鱼之间的数值差也是 1，但二者的含义完全不同。所以，即便用数值来表示鱼的种类，鱼的种类也不是定量数据。

## 3-1-3　术语　离散型数据、连续型数据

定量数据可分为两种。

鱼的条数，如 1 条、2 条这种只取整数的数据叫作**离散型数据**。

鱼的体长，如 2.34 cm、4.25 cm 这种可以取到小数点之后的值且变化连续的数据叫作**连续型数据**。

## 3-1-4　术语　二值数据、多值数据

分类数据可分为两种。

硬币只有正反两面，像这种只包含 2 个种类的数据叫作**二值数据**。

鱼的种类可以取 3 及以上的值，这种数据叫作**多值数据**。

## 3-1-5　**术语** 名义尺度、顺序尺度、间距尺度、比例尺度

从其他角度可以把分类数据和定量数据各分为两种。分类数据可以分为名义尺度和顺序尺度，定量数据可以分为间距尺度和比例尺度。

### 1. 名义尺度

**名义尺度**只区分数据是否相同。

例如，把青鳉表示为 1 号，把金鱼表示为 2 号，把金枪鱼表示为 3 号，这里的数字不能进行运算，也没有排序关系，只用于区分数据是否相同。因此，鱼的种类属于名义尺度。

### 2. 顺序尺度

**顺序尺度**的数值存在大小关系。但如果明确表示数据是顺序尺度，那么数值之间的差是不可对比的。

例如，把金枪鱼的体长分为小（1 号）、中（2 号）、大（3 号）、特大（4 号）4 类，这里的 1、2、3、4 显然有顺序关系，但小和中的差距未必等于大和特大的差距。这样的数据属于顺序尺度。

又如，问卷调查中使用的 5 种选项（反对、部分反对、中立、部分赞同、赞同）也经常被归为顺序尺度。

### 3. 间距尺度

在**间距尺度**中，数值有大小关系，数值的差也有意义。0 在其中是相对的值，没有特殊意义。

例如，摄氏温标属于间距尺度。"昨天的气温是 1 ℃，今天的气温是 2 ℃"不代表今天比昨天热 1 倍。难以找到倍数关系的数据属于间距尺度。

### 4. 比例尺度

在**比例尺度**中，数值有大小关系，数值的差也有意义。0 在其中是绝对的值，有特殊意义。

例如，鱼的体长属于比例尺度。我们可以说 2 cm 的青鳉的体长是 1 cm

的青鳉的体长的 2 倍。把绝对零度定义为 0 的热力学温标也属于比例尺度。

## 5. 小结

分类数据可以用数值表示，正如用 1 号来代表青鳉的例子。不过，可以用数值表示不代表该数据为定量数据。许多数据看起来是数值，对它们进行正确分类有助于我们的工作。掌握这 4 个尺度能让我们不被数据的表象所左右，从而正确地处理它们。

不同尺度的数据，其适用的处理方法也不同。例如，对于名义尺度，计算均值没有意义，如 1 号青鳉和 3 号金枪鱼取均值，并不会得到 2 号金鱼。

## 3-1-6　术语　单变量数据、多变量数据

下面不考虑数据是否定量，从另一个角度来看数据的分类。

只有一个变量的数据叫作**单变量数据**。例如，只测量鱼的体长，这就是单变量数据；只判断鱼的种类，这也是单变量数据。

有两个或两个以上变量的数据叫作**多变量数据**。例如，同时测量鱼的体长并判断鱼的种类，这就是多变量数据。只有两个变量的数据也可以叫作双变量数据。测量鱼的体长、鱼鳍大小、鱼的体重这 3 个变量所得的数据叫作三变量数据。

在分析多变量数据时，研究变量之间的联系也是重要的课题。

## 3-1-7　术语　时间序列数据、横截面数据

数据可以根据获取的方式分类。

随时间变化的数据叫作**时间序列数据**，即对同一个对象在不同时刻测得的结果。时间序列数据的一大特征是其排列顺序具有意义。例如，销量是 {1, 2, 3} 这样递增的还是 {3, 2, 1} 这样递减的，所代表的含义是完全不一样的。

从不同对象获取的数据叫作**横截面数据**。例如，某连锁店的负责人要分析 2000 年 1 月 100 家门店的销量，这 100 家门店的销量数据就是横截面数据。

# 3-2

# 读懂数学式

本节将讲解使用数学式表示数据的方法。学习统计学不可避免地要接触数学式。逃避数学式是舍近求远的低效学习方法。

本书充分考虑到不擅长数学的读者，书中的数学式仅作为表达方式来处理。本节将介绍一些基础知识，避免读者在遇到数学式时手足无措。

## 3-2-1 数学式作为表达方式

本书几乎不涉及高深的数学知识，也基本省略了数学式的变形和证明，但经常使用数学式，因为这种表达方式简洁而准确。

本书着重阐释数学式背后的含义，为此会牺牲部分严谨性。本书不要求读者体会数学的美丽与神奇，只希望大家把数学式当作一门语言，掌握阅读数学式的方法。

## 3-2-2 用数学式表示样本

我们先看一下如何用数学式表示样本。设样本容量为 $n$，则样本记作：

$$\{x_i\}_{i=1}^n = \{x_1, x_2, \cdots, x_n\} \tag{3-1}$$

每个数据使用带下标的符号 $x_i$ 表示。例如，第 2 项数据使用符号 $x_2$ 表示。

上面的数学式使用了字母 $x$，也可以使用 $y$ 等其他字母。例如，当需要同时表示鱼的体长和体重这两个变量时，可以分别记作 $x_i$ 和 $y_i$。

样本容量经常使用 number 的首字母 $n$ 来表示。如果有多个样本且样本容量不同，也可以使用其他字符。

## 3-2-3　为什么要使用数学式

为什么要特意使用数学式来表示样本？主要有两个原因。

第一个原因是能够灵活应对数据的变化。

例如，调查结果为"从湖中钓到了 3 cm、6 cm 和 5 cm 的鱼"，那么数据可以记作 {3, 6, 5}；调查结果为"从湖中钓到了 8 cm、7 cm 和 12 cm 的鱼"，那么数据可以记作 {8, 7, 12}。花括号中的数值发生了变化。

当我们想把数据一般化时，可以将其记作 $\{x_1, x_2, \cdots, x_n\}$。这样就把数据可能发生变化的情况也考虑在内，实现对数据的一般化讨论。

例如，在解释计算均值的方法时，仅用 $(3+6+5) \div 3$ 来说明显然是不够的。如果调查所得的鱼的体长变了，那么计算的对象也会发生变化。因此，为了解释计算均值的通用方法，需要使用 $x$ 等字符来表示。

第二个原因是能够简便地处理样本容量较大的数据。

例如，调查结果是钓了 1000 条鱼，若把这些数据都记下来会花费大量的篇幅。使用数学式可以简化相应的记录，写作 $\{x_1, x_2, \cdots, x_n\}$，$n = 1000$ 即可。

使用具体的数值可能陷入海量数据的漩涡，而使用抽象的数学式可以简洁地表达意图。在本书后面的内容中也经常出现这样的对比。当处理大规模的数据时，如果无法理解数学式将非常困难，因此希望读者学会数学式的解读方法。

在学习的最初阶段，只需读懂数学式，仅靠这一点就可以大幅降低学习难度。

## 3-2-4　加法与 $\sum$ 符号

在完成使用数学式表示样本后，下面我们学习如何用数学式表示与样本相关的计算。

例如，数据为"钓到了 3 cm、6 cm 和 5 cm 的鱼"，若要求体长的和，使用 3+6+5 计算即可。但是如果钓到了 1000 条鱼，直接写和的算式则非常繁杂。这时可以使用 $\sum$ 符号：

$$样本的和 = \sum_{i=1}^{n} x_i \tag{3-2}$$

其中，$\sum$ 符号右边的 $x_i$ 的下标是 $i$，$\sum$ 符号下边是 $i=1$，上边是 $n$。它的含义是，将下标 $i$ 从 1 增加到 $n$，并把 $x_i$ 相加。

例如，有样本容量 $n=5$ 的数据 $x_1=3, x_2=6, x_3=5, x_4=8, x_5=7$，样本的和的计算方法如下：

$$
\begin{aligned}
样本的和 &= \sum_{i=1}^{n} x_i \\
&= x_1 + x_2 + x_3 + x_4 + x_5 \\
&= 3+6+5+8+7 \\
&= 29
\end{aligned}
\tag{3-3}
$$

第 2 行展开了 $\sum$ 符号，第 3 行把具体数值代入了 $x_i$。不熟悉 $\sum$ 符号的读者只需记住第 2 行是如何展开的即可。

## 3-2-5　用数学式表示样本均值

用数学式表示均值：

$$\bar{x} = \frac{1}{n} \sum_{i=1}^{n} x_i \tag{3-4}$$

样本 $x$ 的均值（**样本均值**）多记作 $\bar{x}$，这里也沿袭了传统。

例如，有样本容量 $n=5$ 的数据 $x_1=3, x_2=6, x_3=5, x_4=8, x_5=7$，样本均值的计算方法如下：

$$\overline{x} = \frac{1}{n}\sum_{i=1}^{n} x_i$$

$$= \frac{x_1 + x_2 + x_3 + x_4 + x_5}{n}$$

$$= \frac{3+6+5+8+7}{5} \qquad (3\text{-}5)$$

$$= \frac{29}{5}$$

## 3-2-6 乘法与 Π 符号

加法使用 $\Sigma$ 符号，乘法也有对应的符号，即 $\Pi$：

$$\prod_{i=1}^{n} x_i = x_1 \cdot x_2 \cdot \cdots \cdot x_n \qquad (3\text{-}6)$$

这个符号将在本书后半部分出现。

# 频数分布

本节将讲解频数分布的相关内容和用于可视化频数分布的直方图，并在最后介绍实用的核密度估计。

要突破仅依赖均值这一个指标的数据分析方法，借助频数分布表和直方图是值得推荐的解决方案。它们都可以使用 Python 轻松地生成，解读也非常方便，很适合初学者。这些看起来简单直接的方法用途十分广泛，富有对数据的洞察力，是非常实用的分析手段。

## 3-3-1 为什么要学习多种统计方法

正如 1-2 节所说，我们不能只使用均值这一个指标来统计数据。回顾一下调查存款的例子。

- 村民 A：1 亿日元
- 村民 B：0 日元
- 村民 C：0 日元
- 村民 D：0 日元

这 4 个人的平均存款是 2500 万日元，但绝不能因此认为"这些人都很富裕"，因为 4 个人中有 3 个人没有存款，是贫困的。

为了避免只使用均值这一个指标进行统计，本节将介绍频数分布表和直方图。3-4 节还将引入多个指标，讲解如何利用均值以外的指标统计数据。

## 3-3-2 术语 频数、频数分布

**频数**是指某个数据出现的次数。例如，钓到了 4 条雄鱼，那么雄鱼的频数就是 4；钓到了 1 条 3 cm 的鱼，那么 3 cm 的鱼的频数就是 1。

**频数分布**是指数据的频数的排列。例如，钓到了 4 条雄鱼、6 条雌鱼，可以把多个分类的频数列出来表示；钓到了 1 cm、2 cm、3 cm……的鱼，可以把各体长的鱼的频数列出来表示。列出频数分布的表格叫作**频数分布表**。

在 3-3-1 节的存款数据中，1 亿日元的频数是 1，0 日元的频数是 3。通过频数分布表我们可以知道"3 个人的存款是 0 日元，生活困顿"。这个统计方法很简单，却非常实用。

## 3-3-3 术语 组、组中值

对于分类数据，获取频数很容易，只需记录每个分类被观察到的次数即可。

然而，对于定量数据，获取频数则需要一些技巧，尤其是在连续型数据中很难出现数值完全相等的情况。我们经常会看到数值被分成几个范围，这些范围就叫作**组**。

代表组的值叫作**组中值**，通常取组的最大值和最小值之间的中间数值。例如，在"$1.5 \leq$ 体长 $< 2.5$"这个组中，组中值就是 2。在定量数据中，记录数据落在相应分组的次数就是频数分布。

## 3-3-4 实现 环境准备

要利用 Python 求出频数分布，需要导入所需的库。

```
# 用于数值计算的库
import numpy as np
import pandas as pd
```

## 3-3-5　**实现**　频数分布

下面使用 Python 来计算频数分布。

### 1. 分类数据的频数分布

首先计算分类数据的频数分布。读取记录鱼的种类的数据。

```
category_data = pd.read_csv('3-3-1-fish-species.csv')
print(category_data)

  species
0    A
1    A
2    A
3    B
4    B
5    B
6    B
7    B
8    B
9    B
```

使用 pandas 的序列中的 value_counts 函数，可以轻松地得到频数分布。

```
category_data.species.value_counts(sort=False)

A    3
B    7
Name: species, dtype: int64
```

从数据帧 category_data 中提取 species 列，得到的结果为分类数据（参见 2-4 节）。把这一列导入 value_counts 函数。指定 sort=False 可以避免自动排序，不指定 sort 参数则默认按降序排列。结果显示，A 种鱼有 3 条，B 种鱼有 7 条。

### 2. 定量数据的频数分布

下面求定量数据的频数分布。读取记录鱼的体长的数据。

```
numeric_data = pd.read_csv('3-3-2-fish-length.csv')
print(numeric_data)

   length
0    1.91
1    1.21
2    2.28
3    1.01
4    1.00
5    4.50
6    1.96
7    0.72
8    3.67
9    2.55
```

因为不存在完全相等的数据，所以直接使用 value_counts 不会得到想要的结果。

```
numeric_data.length.value_counts()

1.91    1
1.21    1
2.28    1
1.01    1
1.00    1
4.50    1
1.96    1
0.72    1
3.67    1
2.55    1
Name: length, dtype: int64
```

通过指定 bins=3，可以把数据分成 3 个组，从而得到频数。

```
numeric_data.length.value_counts(bins=3)

(0.715, 1.98]    6
(1.98, 3.24]     2
(3.24, 4.5]      2
Name: length, dtype: int64
```

大于 0.715 且小于或等于 1.98 的数据有 6 个，大于 1.98 且小于或等于 3.24 的数据有 2 个，大于 3.24 且小于或等于 4.5 的数据也有 2 个。
注意，结果给出的组不包括下限而包括上限。

我们也可以直接指定组的下限和上限。比如按从 0 到 5 的等差数列
来设置组。

```
np.arange(0, 6, 1)

array([0, 1, 2, 3, 4, 5])
```

把上述分组传给 bins 参数来计算频数。这里把结果存为变量 freq
以便于后续使用。

```
freq = numeric_data.length.value_counts(
    bins=np.arange(0, 6, 1), sort=False)
freq

(-0.001, 1.0]    2
(1.0, 2.0]       4
(2.0, 3.0]       2
(3.0, 4.0]       1
(4.0, 5.0]       1
Name: length, dtype: int64
```

这里有一个"恰好 1 cm"的数据，它属于 (−0.001, 1.0] 这个分组。

## 3. 使用 numpy 的函数

使用 np.histogram 函数也可以得到频数分布。先计算分成 3 组
的频数。

```
np.histogram(numeric_data.length, bins=3)

(array([6, 2, 2], dtype=int64), array([0.72, 1.98, 3.24, 4.5 ]))
```

输出了 2 个数组。第 1 个数组 array([6, 2, 2], dtype＝int64)
表示频数，第 2 个数组 array([0.72, 1.98, 3.24, 4.5 ]) 是
组的下限和上限的排列。

若只想获得频数，可以指定索引，即 np.histogram(numeric_
data.length, bins＝3)[0]，它的结果是一维数组。

可以为 bins 指定组的上限和下限。

```
np.histogram(numeric_data.length, bins=np.arange(0, 6, 1))
```
```
(array([1, 5, 2, 1, 1], dtype=int64), array([0, 1, 2, 3, 4, 5]))
```

在本书使用的版本（Anaconda3-2021.11）中，np.histogram 函数和 value_counts 函数的结果不同。因为 np.histogram 函数的分组包含下限而不包含上限，所以对"恰好 1 cm"的数据的处理方式不一样。在其他情况下，二者是一致的。

## 3-3-6　（术语）频率分布、累积频数分布、累积频率分布

设总体为 1，频数占总体的比例的排列叫作**频率分布**。频数除以样本容量就是频率。

频数的累积值叫作**累积频数分布**。频率分布的累积值叫作**累积频率分布**，也是常用的指标。

## 3-3-7　（实现）频率分布、累积频数分布、累积频率分布

下面以 3-3-5 节得到的体长数据的频数 freq 为对象，求频率分布、累积频数分布和累积频率分布。

### 1. 频率分布

计算频率分布的方法很多。首先依定义计算，即频数除以样本容量等于频率。

```
rel_freq = freq / sum(freq)
rel_freq
```
```
(-0.001, 1.0]     0.2
```

```
(1.0, 2.0]      0.4
(2.0, 3.0]      0.2
(3.0, 4.0]      0.1
(4.0, 5.0]      0.1
Name: length, dtype: float64
```

将 value_counts 函数的参数 normalize 设置为 True 可以自动计算频率。

```
numeric_data.length.value_counts(bins=np.arange(0, 6, 1),
                                 sort=False,
                                 normalize=True)
```
```
(-0.001, 1.0]   0.2
(1.0, 2.0]      0.4
(2.0, 3.0]      0.2
(3.0, 4.0]      0.1
(4.0, 5.0]      0.1
Name: length, dtype: float64
```

np.histogram 中对应的参数设置是 density=True。

```
np.histogram(numeric_data.length, bins=np.arange(0, 6, 1),
             density=True)
```
```
(array([0.1, 0.5, 0.2, 0.1, 0.1]), array([0, 1, 2, 3, 4, 5]))
```

## 2. 累积频数分布

使用 cumsum 函数计算累积值，从而得到累积频数分布。

```
freq.cumsum()
```
```
(-0.001, 1.0]    2
(1.0, 2.0]       6
(2.0, 3.0]       8
(3.0, 4.0]       9
(4.0, 5.0]      10
Name: length, dtype: int64
```

对于 np.histogram 函数的结果，我们可以先通过指定索引得到频数，再使用 np.cumsum 函数来计算。

```
freq_np = np.histogram(numeric_data.length,
                       bins=np.arange(0, 6, 1))[0]
np.cumsum(freq_np)
```

```
array([ 1,  6,  8,  9, 10], dtype=int64)
```

## 3. 累积频率分布

计算频率分布的累积值，即可得到累积频率分布。

```
rel_freq.cumsum()
```

```
(-0.001, 1.0]    0.2
(1.0, 2.0]       0.6
(2.0, 3.0]       0.8
(3.0, 4.0]       0.9
(4.0, 5.0]       1.0
Name: length, dtype: float64
```

## 3-3-8　术语　直方图

将频数分布可视化后得到的图形叫作**直方图**。在稍后的例子中，图形的横轴表示体长数据，纵轴表示频数（根据不同的设置，纵轴也可能不是频数，详见 3-3-10 节）。

通过观察直方图，我们可以直观地感受各类数据的分布情况。

## 3-3-9　用于绘图的 matplotlib、seaborn

为了绘制直方图，我们引入两个用于绘图的库，如下所示。

```
# 用于绘图的库
from matplotlib import pyplot as plt
import seaborn as sns
sns.set()
```

matplotlib 是基本的图形绘制库。`from matplotlib import pyplot` 指定只加载 matplotlib 库中的 pyplot 模块。随后指定了其缩写为 plt。

seaborn 是一个用于绘制精美图形的实用库。这里指定了其缩写为 sns。本书将频繁地使用 seaborn。执行 `sns.set()` 可美化 pyplot 等生成的图形的外观。3-7 节将详细介绍绘图的相关内容。

## 3-3-10  实现  直方图

本书将频繁地使用 seaborn。由于 seaborn 和 matplotlib 的兼容性很好，我们也可以借助 matplotlib 中的功能美化图形。

seaborn 中有多种绘制直方图的函数，这里使用 `sns.histplot`。参数 `x='length'` 和 `data=numeric_data` 表示选择 `numeric_data` 的 `length` 列并绘制直方图。参数 `color` 用于设置颜色，`bins` 用于设置分组。

```
sns.histplot(x='length', data=numeric_data, color='gray',
             bins=np.arange(0, 6, 1))
```

借助直方图，我们可以直观地感受数据的分布。图 3-3-1 所示的直方图的纵轴表示频数，大于或等于 0 且小于 1 的数据有 1 个，大于或等于 1 且小于 2 的数据有 5 个，以此类推。这与频数分布的含义相同。图形结果与 `np.histogram` 函数的计算结果一致。

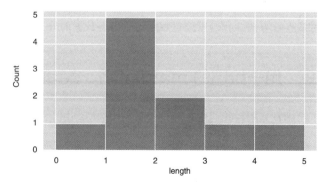

图 3-3-1　seaborn 生成的直方图

把直方图的柱子面积标准化就可以得到表示频率的直方图（见图 3-3-2），只需指定 `stat = 'density'` 即可。

```
sns.histplot(x='length', data=numeric_data, color='gray',
             bins=np.arange(0, 6, 1), stat='density')
```

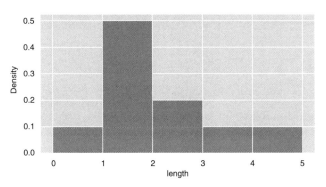

图 3-3-2　用图形面积表示频率的直方图

## 3-3-11　实现　组的大小不同的直方图

之前我们将参数 `bins` 设置为宽度相等的组，由于这个参数没有限制，因此我们还可以将其设置为不等宽的组。下面设置组 [0, 1)、[1, 2) 和 [2, 5)，最后一个组较宽，同时指定 `density = True`。

```
np.histogram(numeric_data.length, bins=np.array([0, 1, 2, 5]),
             density=True)

(array([0.1       , 0.5       , 0.13333333]), array([0, 1, 2, 5]))
```

[2, 5) 中有 4 个数据，所以频率应该是 0.4。但这个组中的数据对应的柱子高度是 0.13333333，把它绘制成直方图就能理解这种数字的含义（见图 3-3-3）。

```
sns.histplot(x='length', data=numeric_data, color='gray',
             bins=np.array([0, 1, 2, 5]), stat='density')
```

直方图的面积可以表示频率。例如，组 [2, 5) 的数据占总体的 40%，这个组对应的直方图的柱子宽度是 3。计算柱高 × 柱宽，即 0.13333333 × 3，约等于 0.4，即 40%。需要注意的是，如果设置了不等宽的组，np.histogram 与 sns.histplot 的调用方法将稍显复杂。

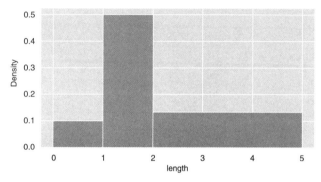

图 3-3-3　组的宽度不同的直方图

## 3-3-12　术语　核密度估计

核密度估计能得出与直方图非常类似的结果。相关内容较难理解，尤其是原理部分，读者如果感觉困难，可以跳过这部分内容。

### 1. 什么是核密度估计

**核密度估计**用于对直方图进行平滑处理。直方图直观易用，不过各组之间的差异呈阶梯状。核密度估计可以消融这些阶梯，得出平滑的分布图形。

### 2. 核密度估计的原理

这里结合参考文献马场真哉（2019）介绍核密度估计的原理。首先介绍**滞后图**，它用竖线代表数据的位置。

将 numeric_data.length 绘制成滞后图，如图 3-3-4 所示。横轴表示体长数据，如体长的最小值 0.72 和第二小的值 1.00 都显示为竖线。

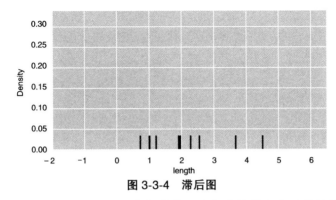

**图 3-3-4　滞后图**

接下来在滞后图中添加高斯曲线。高斯曲线是左右对称的钟形曲线，具体内容详见 4-4 节。我们在图 3-3-5 中绘制了一条以最小值 0.72 为中心的高斯曲线。

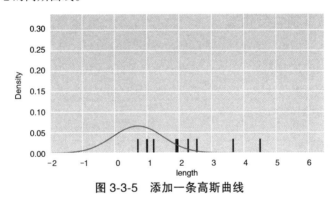

**图 3-3-5　添加一条高斯曲线**

在图 3-3-6 中，为所有数据绘制了高斯曲线。

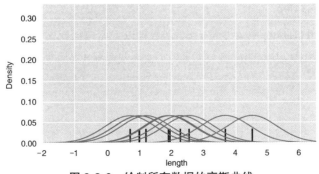

**图 3-3-6　绘制所有数据的高斯曲线**

最后累加所有高斯曲线的值。这个计算结果就是核密度估计的结果。通过这样的方式，数据集中的区域被评估为密度较高（见图3-3-7）。

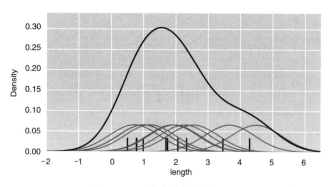

图 3-3-7　核密度估计的结果

### 3. 核密度估计与带宽

在直方图中，改变组的大小就能改变图形的形状。把组分得更细可以更细致地展现数据，但会让宏观上的把握更难。

在核密度估计中，改变带宽就能改变图形的形状。我们将在 3-3-13 节展开说明具体细节。

## 3-3-13　实现　核密度估计

下面实践核密度估计。

### 1. 基本实现

使用 seaborn 中的 kdeplot 函数可以方便地得到核密度估计的结果。设置 fill=True 可以为曲线的下方填充颜色（见图 3-3-8）。

```
sns.kdeplot(numeric_data.length, fill=True, color='gray')
```

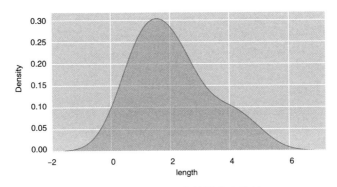

**图 3-3-8　seaborn 中的核密度估计**

　　与直方图不同，这个函数得到的图形非常平滑。不过这个图形显示，负值处的密度也大于 0，这不符合体长的定义。在对非负数、离散型数据进行核密度估计时，所得的结果可能是反直觉的，这时更推荐使用直方图。

## 2. 改变带宽

　　作为参考，这里尝试改变带宽参数。bw_adjust 越小，曲线变化越剧烈；bw_adjust 越大，曲线越平滑。

　　下面给出绘图代码。反复执行 sns.kdeplot 函数可以实现图形的覆盖绘制。设置参数 linestyle 可以将线条类型设置为虚线等样式。设置参数 label 并使用 plt.legend 函数可以显示图例。

```
sns.kdeplot(numeric_data.length,
            color='black', label='default')
sns.kdeplot(numeric_data.length,
            color='black', bw_adjust=0.4,
            linestyle='dashed', label='bw_adjust=0.4')
sns.kdeplot(numeric_data.length,
            color='black', bw_adjust=2,
            linestyle='dotted', label='bw_adjust=2')


plt.legend()  # 图例
```

　　由图 3-3-9 可见，改变带宽可以改变图形的形状。本书一般使用 seaborn 默认的带宽。

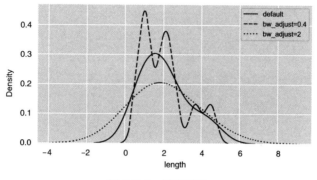

图 3-3-9 改变带宽

# 3-4

# 单变量数据的统计量

本节将介绍单变量数据的各种统计量及其在 Python 中的实现方法。我们在讲解统计量时会使用数学式，如需复习数学式的相关内容，可以查阅 3-2 节，如对编程有疑问，可以查阅 2-3 节和 2-4 节。

本节首先介绍样本容量、总和、均值这些基本指标，随后阐述表示数据偏离程度的方差和标准差，以及基于方差的变异系数和标准化。然后介绍基于升序数据的位次的统计量，以及众数这类基于频数的统计量。最后介绍用于方便地计算各种统计量的函数。

## 3-4-1　实现　环境准备

导入所需的库。scipy 是实用的科学计算库，其中的 stats 模块可用于统计分析。

```python
# 用于数值计算的库
import numpy as np
import pandas as pd

# 用于复杂的统计处理的库
from scipy import stats
```

## 3-4-2　准备实验数据

我们可以通过两种方式来准备实验数据。

## 1. 用 numpy 数组准备数据

创建一个名为 fish_length 的 numpy 数组，存入代表鱼的体长的 10 个数据。

```
fish_length = np.array([2,3,3,4,4,4,4,5,5,6])
fish_length
```

```
array([2, 3, 3, 4, 4, 4, 4, 5, 5, 6])
```

## 2. 从 CSV 文件中读取数据

数据经常被保存为 CSV 文件。创建一个名为 fish_length_df 的 pandas 数据帧，读取和上述数组内容相同的数据。

```
fish_length_df = pd.read_csv('3-4-1-fish-length.csv')
print(fish_length_df)
```

```
   length
0       2
1       3
2       3
3       4
4       4
5       4
6       4
7       5
8       5
9       6
```

## 3. 数据帧和数组的转换

如 2-4 节所述，将数据帧转换为数组非常简单。指定单变量数据的列名并在其后加上 to_numpy() 即可得到数组。例如，fish_length_df.length.to_numpy() 的结果和 fish_length 的结果相同。通过代码可以验证这一点。

```
fish_length_df.length.to_numpy() == fish_length
```

```
array([ True,   True,   True,   True,   True,   True,   True,
        True,   True,   True])
```

所有元素都是 True，所以二者是等价的。

在处理数据帧时可以参考本节讲解的内容。需要注意的是，有些函数既可以处理数组，也可以处理数据帧。

## 3-4-3　实现　样本容量

使用 len 函数可以得到样本容量。首先将该函数应用于数组。由于有 10 个数据，所以结果是 10。

```
len(fish_length)
```

```
10
```

接着将该函数用于数据帧。len 函数将返回数据帧的行数。

```
len(fish_length_df)
```

```
10
```

我们既可以将 len 函数直接应用于数据帧，也可以先把数据帧转换成数组再应用 len 函数。掌握两种方法更加灵活，但混用反而会导致不便。本节主要以数组为对象。

在 numpy 和 pandas 中，存在名称相同但处理结果不同的函数，本书在遇到这种情况时会加以提醒。

## 3-4-4　实现　总和

本节将介绍数组和数据帧这两种对象的总和计算方法。

### 1. 基本计算方法

计算总和的方法很多，为避免读者混淆，本书尽可能地使用 numpy 中的函数，在必要的情况下会使用 scipy.stats 中的功能。

numpy 中计算总和的函数是 np.sum。首先将该函数用于数组，计算结果为 2+3+3+4+4+4+4+5+5+6=40。

```
np.sum(fish_length)
```
```
40
```

该函数同样适用于数据帧。

```
np.sum(fish_length_df)
```
```
length    40
dtype: int64
```

## 2. 其他计算方法

一些使用 Python 的教程会如下调用数组自带的函数来计算总和。

```
fish_length.sum()
```
```
40
```

为了易于理解，本书将显式地写出 np.sum。

数据帧也有自带的总和函数。

```
fish_length_df.sum()
```
```
length    40
dtype: int64
```

## 3-4-5　实现　样本均值

回顾一下样本均值的数学式：

$$\bar{x} = \frac{1}{n}\sum_{i=1}^{n}x_i \qquad (3\text{-}7)$$

其中，$\bar{x}$ 是样本 $x$ 的均值，$n$ 是样本容量。

## 1. 计算方法

下面在 Python 中计算数组均值。首先按定义来计算，第一步是获取样本容量。

```
n = len(fish_length)
n
```
```
10
```

接着计算总和。

```
sum_value = np.sum(fish_length)
sum_value
```
```
40
```

用总和除以样本容量即可得到样本均值。

```
x_bar = sum_value / n
x_bar
```
```
4.0
```

## 2. 使用函数快速计算

通过 `np.mean` 函数可以方便地计算均值。

```
np.mean(fish_length)
```
```
4.0
```

## 3-4-6  术语  样本方差

下面介绍用于描述数据偏离程度的方差。

### 1. 方差的定义

**方差**用来表示数据与均值相差多少。由样本计算的方差叫作**样本方差**。

均值经常被用作数据的代表值,但如果这个代表值与实际数据相差甚远，只依靠它就无法正确解读数据。

　　如果样本的数据集中在均值附近，那么样本方差较小。如果样本的数据远离均值，那么样本方差较大。

　　由于数学式中包含平方运算，因此为了体现这一点，本书使用 $s^2$ 表示样本方差：

$$s^2 = \frac{1}{n} \sum_{i=1}^{n} (x_i - \bar{x})^2 \qquad (3\text{-}8)$$

　　均值 $\bar{x}$ 与各个数据 $x_i$ 的差距越大，$(x_i - \bar{x})^2$ 就越大。$(x_i - \bar{x})^2$ 可以看作均值与数据之间的距离。数据和均值之间的差叫作**偏差**，方差的分子叫作**偏差平方和**。

## 2. 方差的直观解释

　　下面是对方差的直观解释。注意，这个解释并不严谨。

　　只观察均值和方差这两个指标就能得出数据的大致轮廓。在图 3-4-1 中，横轴表示鱼的体长，黑色实心圆点和白色空心圆点分别代表各样本的实际数据，灰色的范围是我们想象中的数据形状。

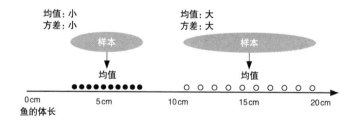

图 3-4-1　均值、方差与数据范围

　　如果只想观察数据范围，有人觉得只要看最大值和最小值就够了。但如果偶尔存在一两个极端的值，那么从这个角度看到的范围就会变大。

　　在图 3-4-2 中，两个样本的最大值与最小值的差相近，但这两组数据的形状看上去并不一样。在这种情况下，用来表示数据与均值（期望值）之间相差多少的方差就起到了作用。

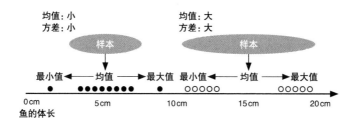

图 3-4-2 最大值、最小值的差与方差的比较

不过，只通过方差和均值也未必能够正确判断数据形状，此时可以绘制直方图。

## 3-4-7 实现 样本方差

下面在 Python 中计算数组的样本方差。

### 1. 计算方法

样本方差可以按定义来计算，结果是 1.2。

```
s2 = np.sum((fish_length - x_bar) ** 2) / n
s2
```

```
1.2
```

### 2. 代码含义

代码比较复杂，下面分步骤说明。

首先列出数组里面鱼的体长数据 $x_i$。

```
fish_length
```

```
array([2, 3, 3, 4, 4, 4, 4, 5, 5, 6])
```

接着从数据中得出样本均值 $\bar{x} = 4$，计算 $x_i - \bar{x}$。

```
fish_length - x_bar
```

```
array([-2., -1., -1.,  0.,  0.,  0.,  0.,  1.,  1.,  2.])
```

然后计算上面的结果的平方，得到$(x_i - \bar{x})^2$。

```
(fish_length - x_bar) ** 2
```
```
array([4., 1., 1., 0., 0., 0., 0., 1., 1., 4.])
```

再把这些结果相加，得到$\sum_{i=1}^{n}(x_i - \bar{x})^2$。

```
np.sum((fish_length - x_bar) ** 2)
```
```
12.0
```

最后除以样本容量 $n$，就得到了样本方差。把数学式灵活地写成代码后，用途也变得广泛。

### 3. 使用函数快速计算

通过 np.var 函数可以方便地计算样本方差。这里需要指定 ddof = 0。3-4-9 节将介绍 ddof 参数的含义。

```
np.var(fish_length, ddof=0)
```
```
1.2
```

## 3-4-8　术语　无偏方差

在描述统计中，方差一般指样本方差 $s^2$，而在第 5 章讲解的统计推断中，用得更多的是**无偏方差**、**无偏标准差**。无偏方差的数学式如下：

$$u^2 = \frac{1}{n-1}\sum_{i=1}^{n}(x_i - \bar{x})^2 \qquad (3\text{-}9)$$

我们将无偏方差记作 $u^2$（u 为 unbiased 的首字母，表示无偏的）以与方差区分。与方差不同，无偏方差的分母不是样本容量，而是样本容量减 1。

要理解什么是无偏方差，需要先知道什么是统计推断。我们将在 5-4 节介绍相关知识，此处可以跳过。这里大致介绍无偏方差比较直观的作用。

统计推断的问题设定是依据样本估计总体。如果直接把样本方差作为总体方差的估计值，就会出现低估总体方差的现象，无偏方差可以解决这个问题。

计算方差时需要先计算均值。顾名思义，样本均值是指从样本中计算出来的均值。我们会自然地认为样本均值与总体均值略有差异。使用样本均值计算的方差不能正确地估计总体方差。

无偏方差大于样本方差。我们将在 5-4 节通过代码检验无偏方差能否消除差异。本章只介绍其定义。

## 3-4-9 实现 无偏方差

下面计算数组的无偏方差。

### 1. 计算方法

无偏方差可以按定义来计算。计算结果是 1.33…。

```
u2 = np.sum((fish_length - x_bar) ** 2) / (n - 1)
u2
```

```
1.3333333333333333
```

根据 2-3-8 节的内容，我们使用 round 函数保留小数点后 3 位。

```
round(u2, 3)
```

```
1.333
```

### 2. 使用函数快速计算

通过 np.var 函数可以方便地计算无偏方差。这里指定 ddof=1。

```
round(np.var(fish_length, ddof=1), 3)
```
```
1.333
```

指定 ddof=0 计算样本方差，指定 ddof=1 则计算无偏方差。要记得设置参数 ddof，以明确自己想要得到哪种方差。

### 3. 库的不同实现

numpy 和 pandas 都有 var 函数，但二者的行为不同。numpy 的 var 函数在不指定 ddof 时默认计算样本方差。下面对数据帧执行这个函数。

```
np.var(fish_length_df)
```
```
length    1.2
dtype: float64
```

pandas 的 var 函数（数据帧自带的函数）在不指定 ddof 时默认计算无偏方差。

```
fish_length_df.var()
```
```
length    1.333333
dtype: float64
```

因为容易混淆，所以一定要明确指定 ddof。如果指定 ddof=0，那么在使用 pandas 的 var 函数时会计算样本方差。

```
fish_length_df.var(ddof=0)
```
```
length    1.2
dtype: float64
```

这里使用的版本是 numpy 1.20.3，pandas 1.3.4。

## 3-4-10　术语　标准差

对方差取平方根得到**标准差**。方差由对数据进行平方运算得来，因此其单位也进行了平方。平方单位不容易处理，所以我们取平方根来统一单位。下式通过对样本方差开方得到标准差：

$$s = \sqrt{s^2} = \sqrt{\frac{1}{n}\sum_{i=1}^{n}\left(x_i - \overline{x}\right)^2} \tag{3-10}$$

## 3-4-11  实现  标准差

下面计算数组的标准差。

### 1. 计算方法

按标准差的定义，使用 np.sqrt 函数计算平方根。

```
s = np.sqrt(s2)
round(s, 3)
```

```
1.095
```

### 2. 使用函数快速计算

使用 np.std 函数可以直接计算标准差。当指定 ddof = 0 时，取样本方差的平方根；当指定 ddof = 1 时，则取无偏方差的平方根。

```
round(np.std(fish_length, ddof=0), 3)
```

```
1.095
```

## 3-4-12  术语  变异系数

标准差与均值的比值叫作**变异系数**，由下式定义：

$$CV = \frac{s}{\overline{x}} \tag{3-11}$$

CV 是 coefficient of variation（变异系数）的缩写。

有时会将结果乘以 100 并赋上 % 号，用百分比的形式表示。

例如，对于平均每包 100g 的薯片来说，50g 的浮动是非常大的。顾客期待获得 100g，结果只得到了 50g，这让人非常失望。对于平均每包 10kg 的沙子来说，50g 的浮动就很小。用沙子铺装庭院的顾客几乎没人在意 50g 的浮动。

从标准差的角度来看，上面两例的浮动是相等的。使用 CV 来观察浮动在均值中的占比，得到的结果比标准差更符合直观感受。不过有些数据不适合使用变异系数，我们将在 3-4-13 节说明。

## 3-4-13 实现 变异系数

下面计算数组的变异系数。

### 1. 计算方法

按变异系数的定义来计算，如下所示。

```
cv = s / x_bar
round(cv, 3)
```

```
0.274
```

假设鱼的体长的均值是 100%，那么它的浮动程度约为 27%。

### 2. 使用函数快速计算

使用 scipy 的 stats.variation 函数可以直接计算变异系数。

```
round(stats.variation(fish_length), 3)
```

```
0.274
```

在本书使用的 scipy 1.7.1 中，我们可以指定函数的 ddof 参数（旧版可能不支持）。对无偏方差进行标准化的代码如下。

```
round(stats.variation(fish_length, ddof=1), 3)
```

```
0.289
```

### 3. 变异系数的注意事项

变异系数的计算涉及除法运算，所以如果均值是 0，就不能计算变异系数。

另外，计算变异系数的前提是所处理的数据是比例尺度。据 3-1-5 节所述，摄氏温标不是比例尺度而是间距尺度。如果对摄氏温标计算变异系数，可能得出与直观感受不符的结果。

我们分别准备了冬季和夏季各 6 天的气温数据。两个季节的温差都只有 1℃。

```
winter = np.array([1,1,1,2,2,2])
summer = np.array([29,29,29,30,30,30])
```

对比标准差，可见二者相等。

```
print('冬季气温标准差: ', np.std(winter, ddof=0))
print('夏季气温标准差: ', np.std(summer, ddof=0))
```
```
冬季气温标准差: 0.5
夏季气温标准差: 0.5
```

对比变异系数，可见冬季的变异系数更大。

```
print('冬季气温变异系数: ', round(stats.variation(winter), 3))
print('夏季气温变异系数: ', round(stats.variation(summer), 3))
```
```
冬季气温变异系数: 0.333
夏季气温变异系数: 0.017
```

当气温从 1℃ 变到 2℃ 时，几乎没人认为热了 1 倍——1 ℃ 和 2 ℃ 让人感觉同样寒冷，此处的变异系数结果就不符合直观感受。在处理间距尺度数据时请多加留意。

## 3-4-14　术语　标准化

本节将介绍一种转换数据的方法——**标准化**。把均值变为 0，把标准差变为 1 的转换称为标准化。当数据中存在均值不相等的随机变量时，我们很难把握其特征，有时先进行标准化再分析会很方便。标准化的结果叫作**标准分数**（**z 分数**）。

将第 $i$ 个数据 $x_i$ 的 z 分数记为 $z_i$，则有下式：

$$z_i = \frac{x_i - \bar{x}}{s} \tag{3-12}$$

## 3-4-15　实现　标准化

下面对数组进行标准化。

### 1. 实现方法

首先按定义进行标准化。使用 `np.round` 函数可以省略一部分小数。

```
z = (fish_length - x_bar) / s
np.round(z, 3)
```
```
array([-1.826, -0.913, -0.913,  0.   ,  0.   ,  0.   ,
        0.   ,  0.913,  0.913,  1.826])
```

标准化以后均值近乎为 0。此处 e-17 表示 $10^{-17}$，在计算机中，这种微小的值常被看作数值误差。本书的大部分计算示例只保留小数点后 3 位，所以一般不会出现数值误差，读者只需知道存在这种现象即可。

```
np.mean(z)
```
```
2.2204460492503132e-17
```

标准化之后的标准差为 1。

```
np.std(z, ddof=0)
```
```
1.0
```

## 2. 使用函数快速实现

使用 scipy 的 `stats.zscore` 函数可以直接完成标准化。

```
np.round(stats.zscore(fish_length, ddof=0), 3)
```
```
array([-1.826, -0.913, -0.913,  0.  ,  0.  ,  0.  ,
        0.  ,  0.913,  0.913,  1.826])
```

## 3-4-16　术语　最小值、最大值、中位数、四分位数

本节将介绍根据数据升序排列的结果所得的统计量。这些都是**基于顺序的统计量**。从 3-4-17 节开始将给出具体例子。

**最小值**即数据中最小的值，**最大值**即数据中最大的值。

将数据排序后，位于中间位置的值叫作**中位数**。

将数据排序后，位于 25% 和 75% 位置的值叫作**四分位数**。25% 处的值叫作**第一四分位数**，75% 处的值叫作**第三四分位数**。50% 处的值就是中位数。任意百分比处的值叫作**百分位数**，如第一四分位数也叫作 25% 分位数。

在评估数据偏离程度时，还会使用最大值和最小值的差（**范围**），以及第一四分位数和第三四分位数的差（**四分位距**）。

这些基于顺序的统计量只需计数即可获得，非常易于理解。不过，当样本容量为偶数时不存在"正中间"项，此时可以计算中间两项的均值作为中位数（如当样本容量为 100 时，取第 50 项和第 51 项的均值作为中位数）。这使得相应的计算变得烦琐，在此不再赘述。使用 Python 可以轻松完成复杂的计算。

## 3-4-17　实现　最小值、最大值

下面获取数组的最小值、最大值。使用 `np.amin` 函数得到最小值。

```
np.amin(fish_length)
```

```
2
```

使用 np.amax 函数得到最大值。

```
np.amax(fish_length)
```

```
6
```

## 3-4-18 实现 中位数

下面获取数组的中位数。

### 1. 获取中位数

使用 np.median 函数可以获取中位数。

```
np.median(fish_length)
```

```
4.0
```

### 2. 均值和中位数的区别

当以数据 fish_length 为对象时，均值和中位数都是 4.0，但不同的数据得到的结果可能不同。准备以下数据作为对象，其中有一条鱼非常长，体长为 100 cm。

```
fish_length_2 = np.array([2,3,3,4,4,4,4,5,5,100])
```

如下所示，均值会被极端的数据拉大，而中位数不变。

```
print('均  值: ', np.mean(fish_length_2))
print('中位数: ', np.median(fish_length_2))
```

```
均  值: 13.4
中位数: 4.0
```

极端的数据叫作**异常值**。一些基于顺序的统计量不受异常值的影响，对于异常值具有**稳健性**。

中位数和四分位数对于异常值具有一定的稳健性。稳健性是基于顺序的统计量的一大优点。

## 3-4-19 实现 四分位数

下面使用 np.quantile 函数获取数组的四分位数。指定 q=0.25 获取第一四分位数，指定 q=0.75 则获取第三四分位数。

```
print('第一四分位数', np.quantile(fish_length, q=0.25))
print('第三四分位数', np.quantile(fish_length, q=0.75))
```

```
第一四分位数 3.25
第三四分位数 4.75
```

当样本容量为偶数时，计算会变得烦琐。为了便于讲解，这里准备一个样本容量是 101 的数据。fish_length_3 是从 0 到 100 的等差数列。

```
fish_length_3 = np.arange(0, 101, 1)
fish_length_3
```

```
array([  0,   1,   2,   3,   4,   5,   6,   7,   8,   9,
        10,  11,  12,  13,  14,  15,  16,  17,  18,  19,
        20,  21,  22,  23,  24,  25,  26,  27,  28,  29,
        30,  31,  32,  33,  34,  35,  36,  37,  38,  39,
        40,  41,  42,  43,  44,  45,  46,  47,  48,  49,
        50,  51,  52,  53,  54,  55,  56,  57,  58,  59,
        60,  61,  62,  63,  64,  65,  66,  67,  68,  69,
        70,  71,  72,  73,  74,  75,  76,  77,  78,  79,
        80,  81,  82,  83,  84,  85,  86,  87,  88,  89,
        90,  91,  92,  93,  94,  95,  96,  97,  98,  99,
       100])
```

计算 fish_length_3 的四分位数，观察它在 25% 和 75% 处的结果。

```
print('第一四分位数', np.quantile(fish_length_3, q=0.25))
print('第三四分位数', np.quantile(fish_length_3, q=0.75))
```

```
第一四分位数 25.0
第三四分位数 75.0
```

50% 分位数就是中位数。

```
print('中位数    ：', np.median(fish_length_3))
print('50%分位数：', np.quantile(fish_length_3, q=0.5))
```

```
中位数    ：  50.0
50%分位数：  50.0
```

## 3-4-20　实现　众数

　　频数最大的数据叫作**众数**。这是基于数据出现的频数的统计量。虽然有时会像直方图那样将数据分组，但这里所求的是原始数据的众数。

　　回顾一下原始数据。

```
fish_length
```

```
array([2, 3, 3, 4, 4, 4, 4, 5, 5, 6])
```

　　使用 stats.mode 函数来计算众数。

```
stats.mode(fish_length)
```

```
ModeResult(mode=array([4]), count=array([4]))
```

　　结果的第 1 项是众数，第 2 项是众数的频数。当有多个众数时，返回其中最小的值。如下例所示，1 和 3 的频数都是 4，此时返回的是较小的值 1。

```
stats.mode(np.array([1,1,1,1,2,3,3,3,3]))
```

```
ModeResult(mode=array([1]), count=array([4]))
```

## 3-4-21 实现 pandas 的 describe 函数

前面介绍了许多统计量，这里介绍一个可以输出大部分统计量的函数。它可以同时输出样本容量、均值、标准差（无偏方差的平方根）、最小值、第一四分位数、中位数、第三四分位数、最大值。

对 pandas 数据帧执行 describe 函数。

```
print(fish_length_df.describe())

          length
count  10.000000
mean    4.000000
std     1.154701
min     2.000000
25%     3.250000
50%     4.000000
75%     4.750000
max     6.000000
```

这在需要计算多种统计量时非常实用。

# 多变量数据的统计量

本节将介绍多变量数据的统计量及其在 Python 中的实现方法。为了简化说明，本节将以双变量数据为例，而相关知识也同样适用于其他多变量数据。我们首先介绍表示定量数据相关性的协方差和相关系数，然后介绍表示分类数据相关性的列联表。

## 3-5-1　实现　环境准备

导入所需的库。

```
# 用于数值计算的库
import numpy as np
import pandas as pd
```

## 3-5-2　实现　准备用于实验的数据

从 CSV 文件中读取关于 x 和 y 的 10 组定量数据。

```
cov_data = pd.read_csv('3-5-1-cov.csv')
print(cov_data)

      x    y
0  18.5   34
1  18.7   39
2  19.1   41
```

```
3   19.7   38
4   21.5   45
5   21.7   41
6   21.8   52
7   22.0   44
8   23.4   44
9   23.8   49
```

## 3-5-3　术语　协方差

研究两个连续变量之间的相关性的统计量叫作**协方差**。

### 1. 协方差的含义

协方差大于 0：一个变量的取值越大，另一个变量的取值也越大。

协方差小于 0：一个变量的取值越大，另一个变量的取值却越小。

协方差等于 0：两个变量不相关。

### 2. 协方差的数学式

变量 $x, y$ 的协方差 $\mathrm{Cov}(x,y)$ 的数学式如下：

$$\mathrm{Cov}(x, y) = \frac{1}{n}\sum_{i=1}^{n}(x_i - \bar{x})(y_i - \bar{y}) \tag{3-13}$$

其中，$\bar{x}, \bar{y}$ 分别是变量 $x, y$ 的均值，$n$ 是样本容量。Cov 是 covariance（协方差）的缩写。有时分母也会像无偏方差那样使用 $n-1$。

下面解释数学式的含义。首先观察 $\Sigma$ 符号的内容 $(x_i - \bar{x})(y_i - \bar{y})$，只有当 $(x_i - \bar{x})$ 和 $(y_i - \bar{y})$ 同正或同负时，二者的积才为正。因此，当总和 $\sum_{i=1}^{n}(x_i - \bar{x})(y_i - \bar{y})$ 为较大的正数时，如果 $x_i$ 比样本均值更大（更小），那么 $y_i$ 也应当比样本均值更大（更小）。由此得出结论：如果协方差大于 0，那么 $x_i$ 越大（越小），则 $y_i$ 越大（越小）。

当 $(x_i - \bar{x})$ 和 $(y_i - \bar{y})$ 的正负不同时，$(x_i - \bar{x})(y_i - \bar{y})$ 为负数。这个情况下得出的结论是：如果协方差小于 0，那么 $x_i$ 越大（越小），则 $y_i$ 越小（越大）。

图 3-5-1 直观地展示了以上两个结论。

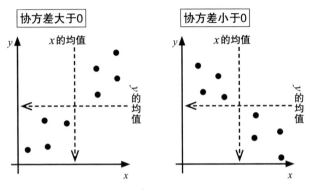

图 3-5-1 协方差的直观解释

## 3-5-4 术语 协方差矩阵

把多个变量的方差和协方差放在一起形成的矩阵叫作**协方差矩阵**。变量 $x, y$ 的协方差矩阵 $\Sigma$ 为：

$$\Sigma = \begin{bmatrix} s_x^2 & \mathrm{Cov}(x, y) \\ \mathrm{Cov}(x, y) & s_y^2 \end{bmatrix} \tag{3-14}$$

其中，$s_x^2, s_y^2$ 分别是 $x, y$ 的样本方差。

## 3-5-5 实现 协方差

下面按定义计算 cov_data 的协方差。先分别获取 x 和 y 的数据，再求样本容量和样本均值。

```
# 选取数据
x = cov_data['x']
y = cov_data['y']
```

```
# 样本容量
n = len(cov_data)

# 样本均值
x_bar = np.mean(x)
y_bar = np.mean(y)
```

接着按定义计算协方差。

```
cov = sum((x - x_bar) * (y - y_bar)) / n
round(cov, 3)
```

```
6.906
```

结果是正数，说明当 $x$ 增大（减小）时，$y$ 也随之增大（减小）。

## 3-5-6 〔实现〕 协方差矩阵

下面计算协方差矩阵。首先计算样本方差。

```
s2_x = np.var(x, ddof=0)
s2_y = np.var(y, ddof=0)

print('x的样本方差: ', round(s2_x, 3))
print('y的样本方差: ', round(s2_y, 3))
```

```
x的样本方差: 3.282
y的样本方差: 25.21
```

然后使用上面的结果即可列出协方差矩阵。

使用 np.cov 函数可以直接得到协方差矩阵。若指定 ddof＝0，则分母为 $n$。

```
np.cov(x, y, ddof=0)
```

```
array([[ 3.2816,  6.906 ],
       [ 6.906 , 25.21  ]])
```

## 3-5-7 术语 皮尔逊积矩相关系数

将协方差标准化到最大值为 1、最小值为 −1 所得的结果叫作**皮尔逊积矩相关系数**。一般而言，提及**相关系数**，大多指的是皮尔逊积矩相关系数。

协方差是一种非常方便的量，但它的最大值和最小值是不确定的。假设数据的单位由厘米变成米，那么协方差也会随之变化，从而变得难以使用。对此，可以使用相关系数对协方差加以修正，让它的值始终处在 −1~1 的范围内。

相关系数 $\rho_{xy}$ 的数学式如下：

$$\rho_{xy} = \frac{\text{Cov}(x, y)}{\sqrt{s_x^2 \cdot s_y^2}} \tag{3-15}$$

分母为 $s_x^2 \cdot s_y^2$ 的平方根，可以把数据限制在 [−1, 1] 内。

## 3-5-8 术语 相关矩阵

把多个变量的相关系数放在一起得到的矩阵叫作**相关矩阵**。

变量 $x, y$ 的相关矩阵为：

$$双变量的情况：\boldsymbol{R} = \begin{bmatrix} 1 & \rho_{xy} \\ \rho_{xy} & 1 \end{bmatrix} \tag{3-16}$$

变量 $x, y, z$ 的相关矩阵为：

$$三变量的情况：\boldsymbol{R} = \begin{bmatrix} 1 & \rho_{xy} & \rho_{xz} \\ \rho_{xy} & 1 & \rho_{yz} \\ \rho_{xz} & \rho_{yz} & 1 \end{bmatrix} \tag{3-17}$$

第 1 行与 $x$ 相关，第 2 行与 $y$ 相关，第 3 行与 $z$ 相关。第 1 列与 $x$ 相关，第 2 列与 $y$ 相关，第 3 列与 $z$ 相关。

在计算上，变量的顺序不影响相关系数，$xy$ 与 $yx$ 是一样的。因此相关矩阵中会出现相同的值。为相同的变量计算相关系数，结果一定是1，因此矩阵的对角线上全是 1。

## 3-5-9 实现 皮尔逊积矩相关系数

下面计算皮尔逊积矩相关系数。

### 1. 计算方法

按定义计算，结果是 0.759。

```
rho = cov / np.sqrt(s2_x * s2_y)
round(rho, 3)
```

```
0.759
```

### 2. 使用函数快速计算

使用 `np.corrcoef` 函数可以轻松实现相关系数的计算，结果以相关矩阵的形式输出。

```
np.corrcoef(x, y)
```

```
array([[1.       , 0.7592719],
       [0.7592719, 1.       ]])
```

## 3-5-10 相关系数无效的情况

在研究多个变量之间的关系时经常使用相关系数，但它并不是万能的。如图 3-5-2 所示的数据，其相关系数趋近于 0。根据协方差的定义，它适用于评估近似线性的关系，不适用于评估图 3-5-2 所示的曲线型关系。

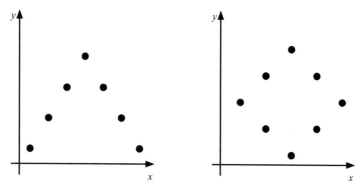

图 3-5-2 相关系数无效的情况

对于这样的数据，有必要通过图形来进一步分析它们的关系。图 3-5-2 叫作散点图，3-7 节将介绍其绘制方法。

## 3-5-11 术语 列联表

在研究定量数据的相关性时使用相关系数，而在研究分类数据的相关性时使用**列联表**（**交叉分类表**）。

列联表是记录每个分类的频数的表格。如果存在两个或两个以上的变量，就要计算它们组合起来的频数。

## 3-5-12 实现 列联表

下面制作列联表。

### 1. 观察频数的例子

读取实验数据，这份数据记录了某种植物的日照情况（`sunlight`）和患病情况（`disease`）。

```
disease = pd.read_csv('3-5-2-cross.csv')
print(disease.head())

    sunlight disease
```

```
0      yes      yes
1      yes      yes
2      yes      yes
3      yes      no
4      yes      no
```

当有日照时，sunlight 的值是 yes；当没有日照时，sunlight 的值是 no。类似地，若患病，disease 的值是 yes；若没有患病，disease 的值是 no。样本容量是 20。

使用 pd.crosstab 函数可以制作列联表，其中数据帧的各列 disease['sunlight']、disease['disease'] 是参数。

```
cross_1 = pd.crosstab(
    disease['sunlight'],
    disease['disease']
)
print(cross_1)

disease    no    yes
sunlight
no          2      8
yes         7      3
```

列联表组合日照情况和患病情况这两个变量并列出它们的频数。行对应日照情况，列对应患病情况。

第 1 行表示没有日照的情况。观察第 1 行可知，当没有日照时，没有患病的频数为 2，而患病的频数为 8。

第 2 行是有日照的情况，没有患病的频数为 7，患病的频数为 3。

由列联表的结果可以猜测，此植物在缺少日照时更容易患病。

## 2. 配合定量数据的例子

下面介绍应用列联表的另一个例子。读入实验数据，这是按商店（store）和颜色（color）记录鞋子销量（sales）的数据。

```
shoes = pd.read_csv('3-5-3-cross2.csv')
print(shoes)

   store color  sales
```

```
0   tokyo   blue    10
1   tokyo   red     15
2   osaka   blue    13
3   osaka   red      9
```

虽然 sales 列是定量数据，但整份数据依然可以用列联表来清晰呈现。使用 pd.pivot_table 函数来生成列联表，参数 data 为数据，values 为统计对象，aggfunc 为统计用的函数，index 和 columns 分别为列联表的行和列。

```
cross_2 = pd.pivot_table(
    data=shoes,
    values='sales',
    aggfunc='sum',
    index='store',
    columns='color'
)
print(cross_2)
```

```
color   blue   red
store
osaka     13     9
tokyo     10    15
```

由表可知，大阪店卖的蓝色鞋多，东京店卖的红色鞋多。

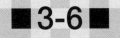

# 3-6

# 分层分析

在处理多变量数据时，我们经常要面对复杂的数据。本节将介绍一些关于多变量数据的处理技巧。

本节的代码比较复杂，如果觉得困难可以跳过，但建议读者记住重要的术语。

本节首先介绍分层分析的相关术语，之后使用 Python 来实践。

## 3-6-1　术语　分层分析

把相似的事物分组叫作**分层**。在此基础上进行分析就是**分层分析**。

本节的研究对象是包含分类数据与定量数据的混合数据。首先依据类别进行分组，然后尝试进行各种分析。

此外，有时也将定量数据按等级（区间）划分，并对这些分组进行分层分析。

## 3-6-2　术语　整洁数据

**整洁数据**是指便于进行数据分析的表格形式的数据，由威克姆提出（Wickham (2014)）。将数据准备为整洁数据，可以使用 Python 高效地完成分层分析等复杂的统计处理。

整洁数据具有以下 4 个性质。

- 每个单元格代表一个数值。

- 每个变量构成一列。
- 每项观察构成一行。
- 每种类型的观察单元构成一个表格。

整洁数据的正式定义是：可以使用统一的方式完成复杂统计的数据形式。有时看上去很容易判断的数据未必是软件便于处理的。

通俗地讲，整洁数据就是列名和变量名一致的数据。下表所示就是整洁数据，第 1 列是鱼的种类，第 2 列是鱼的体长。

| 鱼的种类 | 体长（cm） |
|---|---|
| A | 2 |
| A | 3 |
| A | 4 |
| B | 7 |
| B | 8 |
| B | 9 |

## 3-6-3 术语 杂乱数据

整洁数据以外的数据就是**杂乱数据**。把 3-6-2 节的数据表示为杂乱数据，如下表所示。

| A 类鱼 | B 类鱼 |
|---|---|
| 2 | 7 |
| 3 | 8 |
| 4 | 9 |

这些数值的含义都是鱼的体长，但表格的列名不是"体长"。单看这个表格，我们无法得知这些数值到底是体长还是体重，所以不应以这种形式来管理数据。

# 3-6-4  杂乱数据的例子

下面的数据是整洁数据。第 1 列是店铺地址，第 2 列是鞋的颜色，第 3 列是销量。

| 店铺地址 | 鞋的颜色 | 销量 |
|---|---|---|
| 大阪 | 蓝 | 13 |
| 大阪 | 红 | 9 |
| 东京 | 蓝 | 10 |
| 东京 | 红 | 15 |

3-5 节介绍的列联表属于杂乱数据。

销量表

| | | 鞋的颜色 | |
|---|---|---|---|
| | | 蓝 | 红 |
| 店铺地址 | 大阪 | 13 | 9 |
| | 东京 | 10 | 15 |

杂乱数据的一个特点是往往将变量的含义赋予行。在上面的数据中，表格的行带有"店铺地址"这个变量的含义。相对地，整洁数据则是一行代表一个观察结果。

由于人们能从这样的表格中一眼看出数据特征，因此有些教材也推荐使用列联表，这无可厚非。但若要维护、管理、共享及复用数据，这样的形式是不合适的。

我们应该尽量以整洁数据的形式管理数据，必要时可以用几行简单的 Python 代码将其转换成列联表的形式（参见 3-5 节）。

例如，当委托他人进行数据分析时，最好将整洁数据交给对方。同样地，在共享数据时，也最好使用整洁数据。**把杂乱数据变为整洁数据所花费的时间和精力往往超乎想象。**

## 3-6-5　实现　环境准备

下面介绍使用 Python 进行分层分析的方法。导入所需的库，如下所示。

```
# 用于数值计算的库
import numpy as np
import pandas as pd

# 用于复杂的统计处理的库
from scipy import stats

# 用于绘图的库
from matplotlib import pyplot as plt
import seaborn as sns
sns.set()
```

## 3-6-6　实现　读取实验数据

从 CSV 中读取按鱼的种类记录体长的数据。这份数据是整洁数据。

```
fish_multi = pd.read_csv('3-6-1-fish_multi.csv')
print(fish_multi.head(3))

  species  length
0       A       2
1       A       3
2       A       3
```

样本容量是 20。

```
len(fish_multi)

20
```

鱼有两种，分别是 A 和 B。

```
fish_multi['species'].value_counts()
```

```
A    10
B    10
Name: species, dtype: int64
```

体长的样本均值是 5.5，不过这个值没有考虑鱼的种类。

```
np.mean(fish_multi['length'])
```

```
5.5
```

## 3-6-7　实现　分组计算统计量

下面分组计算统计量。

### 1. 各组的均值

按鱼的种类计算体长的均值有很多种方法。比如可以像 2-4 节那样，先选取数据，再根据选出的数据计算统计量，但这个方法比较烦琐。

利用整洁数据的性质，我们可以相对容易地进行分层分析。使用 groupby 函数可以为数据分组。下面计算各类鱼的体长均值。

```
group = fish_multi.groupby('species')
print(group.mean())

        length
species
A        4.0
B        7.0
```

第 1 行按鱼的种类完成分组，第 2 行分别为每组求得均值并输出。两行代码也可以写为一行，即 print(fish_multi.groupby('species').mean())。

### 2. 各组的概括统计量

除了均值，我们还可以计算其他统计量。使用 describe 函数可以计算概括统计量，该函数的具体介绍请参见 3-4-21 节。

```
print(group.describe())

        length
        count mean      std    min   25%   50%   75%   max
species
A        10.0  4.0  1.154701   2.0  3.25  4.0  4.75  6.0
B        10.0  7.0  1.154701   5.0  6.25  7.0  7.75  9.0
```

pandas 中还有许多函数可以计算概括统计量。

## 3. 使用不属于 pandas 的函数

对于 pandas 没有提供的函数，就不能像上面那样操作了。例如用于计算众数的 mode 函数就不能像 group.mode() 这样调用。scipy 的 stats 模块中有 mode 函数（参见 3-4-20 节）。此时可以把 stats.mode 作为参数传给 group.agg。这样就可以调用 scipy 的 stats 模块中的 mode 函数了。

```
print(group.agg(stats.mode))

         length
species
A        ([4], [4])
B        ([7], [4])
```

结果显示，A 种鱼里面 4 cm 的个体最多，B 种鱼里面 7 cm 的个体最多，二者的频数都是 4。

## 3-6-8    实现    企鹅数据

下面对复杂的数据进行分层分析。

## 1. 读取数据

读取 seaborn 提供的示例数据，即企鹅的调查数据。由于列数比较多，输出的结果将换行显示。

```
penguins = sns.load_dataset('penguins')
print(penguins.head(n=2))
```

```
   species      island   bill_length_mm  bill_depth_mm  \
0  Adelie   Torgersen            39.1           18.7
1  Adelie   Torgersen            39.5           17.4


   flipper_length_mm  body_mass_g     sex
0              181.0       3750.0    Male
1              186.0       3800.0  Female
```

企鹅的种类（species）、岛名（island）、性别（sex）是分类数据，喙长（bill_length_mm）、喙深（bill_depth_mm）、翅膀长度（flipper_length_mm）、体重（body_mass_g）是定量数据。

虽然看起来比较复杂，但它是整洁数据，所以处理起来比较方便。

## 2. 查看数据

在这份数据中，企鹅有 3 种，以下为它们的频数。

```
penguins['species'].value_counts()

Adelie      152
Gentoo      124
Chinstrap    68
Name: species, dtype: int64
```

不是所有的岛上都有所有种类的企鹅。例如 Torgersen 岛上只有 Adelie 种企鹅。

```
penguins.query('island == "Torgersen"')['species'].value_counts()

Adelie   52
Name: species, dtype: int64
```

类似地，Biscoe 岛上有 Adelie 和 Gentoo 两种企鹅，Dream 岛上有 Adelie 和 Chinstrap 两种企鹅。只有 Adelie 种企鹅出现在多个岛上。

在进行分析之前要大致了解这些信息，做到心中有数。

## 3-6-9  实现  企鹅数据的分层分析

企鹅数据包含 3 种分类数据。下面把它们组合起来并计算统计量。

首先组合企鹅的种类和性别，计算 `body_mass_g` 的均值。这需要将列名作为 `groupby` 函数的参数。

```
group_penguins = penguins.groupby(['species', 'sex'])
print(group_penguins.mean()['body_mass_g'])

species    sex
Adelie     Female    3368.835616
           Male      4043.493151
Chinstrap  Female    3527.205882
           Male      3938.970588
Gentoo     Female    4679.741379
           Male      5484.836066
Name: body_mass_g, dtype: float64
```

类似地，可以按种类、岛名、性别来计算 `body_mass_g` 均值。

```
group_penguins = penguins.groupby(['species', 'island', 'sex'])
print(group_penguins.mean()['body_mass_g'])

species    island     sex
Adelie     Biscoe     Female    3369.318182
                      Male      4050.000000
           Dream      Female    3344.444444
                      Male      4045.535714
           Torgersen  Female    3395.833333
                      Male      4034.782609
Chinstrap  Dream      Female    3527.205882
                      Male      3938.970588
Gentoo     Biscoe     Female    4679.741379
                      Male      5484.836066
Name: body_mass_g, dtype: float64
```

## 3-6-10　实现　缺失数据的处理

缺失数据与分层分析没有直接关系，但在统计实践中经常出现。本节将补充说明相关知识。

### 1. 缺失数据

未得到的数据叫作**缺失数据**。企鹅数据中就存在一些缺失数据。比如第 4 条数据缺失了 body_mass_g，用 NaN 表示。

```
print(penguins[['species','body_mass_g']].head(n = 4))

   species  body_mass_g
0  Adelie        3750.0
1  Adelie        3800.0
2  Adelie        3250.0
3  Adelie           NaN
```

## 2. 缺失数据的处理逻辑

我们看一下当出现缺失数据时，将得到怎样的计算结果。下面按企鹅种类统计 body_mass_g 数据的个数。

```
group_sp = penguins.groupby(['species'])
print(group_sp.count()['body_mass_g'])

species
Adelie       151
Chinstrap     68
Gentoo       123
Name: body_mass_g, dtype: int64
```

根据 3-6-8 节的结果，Adelie 种企鹅有 152 只，Gentoo 种企鹅有 124 只。但因为 body_mass_g 有缺失值，部分数据被排除在外。

因此，Adelie 种企鹅的 body_mass_g 均值由 Adelie 种企鹅的体重总和除以 151 算得。

```
round(group_sp.sum()['body_mass_g'].Adelie / 151, 3)

3700.662
```

在每个种类的 body_mass_g 均值中，Adelie 种的结果与上述相同。

```
round(group_sp.mean()['body_mass_g'].Adelie, 3)

3700.662
```

不同函数的处理逻辑可能不同，但它们都会将缺失数据排除在外。

### 3. 如何处理缺失数据

缺失数据的标准处理逻辑是将其排除，但这并不是完美的方案。如果存在"因为巨大个体凶悍而难以测量，所以缺失"这样的情况，排除缺失数据将导致低估实际的均值，此时需要考虑修补缺失数据。相关内容超出了本书的讨论范围，读者可以通过参考文献高桥将宜，渡边美智子（2017）进行了解。

## 3-6-11　实现　简单直方图

下面绘制直方图。回顾 3-3 节的知识点，绘制一个简单直方图。首先设置分组。

```
bins = np.arange(2,11,1)
bins
```

```
array([ 2,  3,  4,  5,  6,  7,  8,  9, 10])
```

接下来把鱼的体长数据绘成直方图。参数 data 是用来绘制图形的数据帧，x 是要展示的列名，color 是图形的颜色。结果如图 3-6-1 所示。可见，图形是多峰的。

```
sns.histplot(x='length',       # x 轴
             data=fish_multi,  # 数据
             bins=bins,        # bins
             color='gray')     # 颜色(灰度)
```

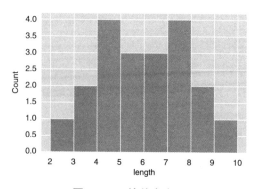

图 3-6-1　简单直方图

## 3-6-12　实现 分组直方图

直方图呈现多峰形状，可能的原因之一是数据内存在多个层别。下面绘制鱼的种类的直方图。这里的重点是指定 hue='species'，用于将直方图按鱼的种类区分。指定参数 palette 可以把颜色按鱼的种类区分。结果如图 3-6-2 所示。

```
sns.histplot(x='length',       # x轴
            hue='species',     # 分组基准
            data=fish_multi,   # 数据
            bins=bins,         # bins
            palette='gray')    # 颜色(灰度)
```

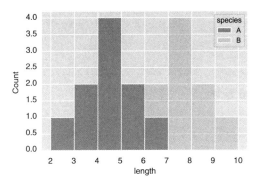

图 3-6-2　按鱼的种类绘制的直方图

参数 hue 的指定同样适用于进行核密度估计的 sns.kdeplot 函数等。在 3-7 节介绍的各种图形中也可以应用这一参数。

通过按鱼的种类绘制直方图，我们发现直方图呈现多峰形状的原因在于鱼的种类的差异。这一点仅通过观察简单直方图无法得知。通过对数据进行分层分析，我们可以获得许多启发。

## 3-7

# 使用图形

本节将介绍描述数据的一种最佳方法——使用图形。3-3 节介绍了用来可视化数据分布的直方图等，本节将介绍一些其他图形。

本节首先引入绘制图形的基本知识，然后更深入地探索 seaborn 的原理，并尝试用简短的代码绘制复杂的图形。本节后半部分的代码将变得复杂，觉得难以理解的读者可以跳过。

## 3-7-1　[实现]　环境准备

导入所需的库。

```
# 用于数值计算的库
import numpy as np
import pandas as pd

# 用于绘图的库
from matplotlib import pyplot as plt
import seaborn as sns
sns.set()
```

## 3-7-2　[术语]　matplotlib、seaborn

回顾一下 3-3 节介绍的绘图库。

## 1. 绘图库

matplotlib 是基本的图形绘制库。`from matplotlib import pyplot` 指定只加载 matplotlib 库中的 pyplot 模块，其缩写为 plt。

seaborn 是一个用于绘制精美图形的实用库，其缩写为 sns。本书将频繁地使用 seaborn。使用 `sns.set()` 可以美化 pyplot 等生成的图形的外观。

本书主要使用 seaborn 中的函数绘图。seaborn 可以轻松地为复杂的数据绘制精美的图形。只要不过于追求图形的美观，seaborn 的绘图代码比 matplotlib 的简短，更适合初学者。例如 3-7-11 节的图形，调用 seaborn 的代码非常容易实现。如果对图形的要求较高，想要调整图形细节，那么使用 matplotlib 更方便。

即使使用 seaborn，也可以使用 matplotlib 适当装饰图形。不过 matplotlib 也有其局限性，本节后半部分将进行介绍。

## 2. 使用 seaborn 绘图的方法

通过如下形式调用 seaborn 中的函数（以下代码无法运行）。

```
sns.函数名(
  x = "x轴的列名",
  y = "y轴的列名",
  data = 数据帧,
  其他参数
)
```

当处理整洁数据时，列名与变量名是一致的，因此这是通用的绘图代码。

## 3-7-3 实现 读取实验数据

下面读取用作分析对象的多份数据。

## 1. 两份定量数据

把两份定量数据保存在两个数据帧里。第 1 份是 3-5 节研究协方差和相关系数时用到的数据。

```
cov_data = pd.read_csv('3-5-1-cov.csv')
print(cov_data.head(3))

      x    y
0  18.5   34
1  18.7   39
2  19.1   41
```

第 2 份是用于绘制折线图的数据。数据的形式和第 1 份数据的形式相似，变量 x 是从 0 到 9 的等差数列。

```
lineplot_df = pd.read_csv('3-7-1-lineplot-data.csv')
print(lineplot_df.head(3))

   x  y
0  0  2
1  1  3
2  2  4
```

## 2. 含有定量数据和分类数据的混合数据

首先获取 3-6 节使用的记录鱼的种类和体长的数据。

```
fish_multi = pd.read_csv('3-6-1-fish_multi.csv')
print(fish_multi.head(3))

  species  length
0       A       2
1       A       3
2       A       3
```

然后获取 3-6 节使用的企鹅数据。

```
penguins = sns.load_dataset('penguins')
print(penguins.head(3))

  species     island  bill_length_mm  bill_depth_mm  \
0  Adelie  Torgersen            39.1           18.7
1  Adelie  Torgersen            39.5           17.4
2  Adelie  Torgersen            40.3           18.0

   flipper_length_mm  body_mass_g     sex
```

| | | | |
|---|---|---|---|
| 0 | 181.0 | 3750.0 | Male |
| 1 | 186.0 | 3800.0 | Female |
| 2 | 195.0 | 3250.0 | Female |

## 3-7-4 实现 散点图

**散点图**是用于观察定量数据之间相关性的简明图形,这里使用 `sns.scatterplot` 函数绘制。把列名指定给 $x$ 轴和 $y$ 轴,把数据帧的名称设为输入数据,把颜色设置为黑色。结果如图 3-7-1 所示。

```
sns.scatterplot(x='x', y='y', data=cov_data, color='black')
```

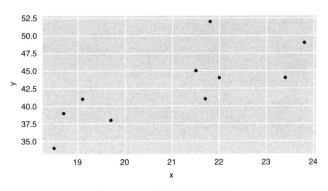

图 3-7-1　简单的散点图

在 3-5 节的结论中,`cov_data` 的 $x, y$ 的相关系数是 0.759。但单看这个数字不是很直观。另外,在 3-5-10 节的结论中,曲线的相关性不能使用相关系数来评估。因此,在描述相关性时,除了相关系数,最好能给出散点图。

## 3-7-5 实现 图形的装饰和保存

下面介绍如何装饰和保存图形。

## 1. 界面语言

为了在图形的标题、坐标轴的标签中使用特定文字，需要设置相应的字体。下面的例子基于 Windows 操作系统，macOS 等其他操作系统使用的字体可能有所不同。另外，由于版式设计的原因，书中使用的字体可能与代码实际运行的结果不同。

```
# 配置图形上的文字样式（以中文为例）
from matplotlib import rcParams
rcParams['font.family'] = 'sans-serif'
rcParams['font.sans-serif'] = 'SimHei'
```

## 2. 装饰图形和保存图形

为前述的散点图添加标题和坐标轴的标签，并将其保存为"散点图示例 .jpeg"，如图 3-7-2 所示。

```
# 散点图
sns.scatterplot(x='x', y='y', data=cov_data, color='black')
# 装饰
plt.title('seaborn生成的散点图')  # 图形标题
plt.xlabel('x标签')                # x轴的标签
plt.ylabel('y标签')                # y轴的标签
# 保存
plt.savefig('散点图示例.jpeg')
```

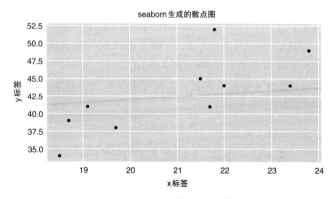

图 3-7-2　经过简单装饰的散点图

本例将图形保存为 JPEG 文件，读者也可以使用其他格式保存图形。在 `plt.savefig` 函数的参数中，将扩展名设置为 .svg，可以把图形保存为 SVG 格式。无论是放大还是缩小，SVG 格式的图形都能保持清晰。编辑本书时插入的图像就是 SVG 格式的。

## 3-7-6 **实现** 折线图

我们使用 `sns.lineplot` 函数绘制**折线图**（见图 3-7-3）。该函数与绘制散点图的函数的用法相同，仅仅是函数名不同。

```
sns.lineplot(x='x', y='y', data=lineplot_df, color='black')
```

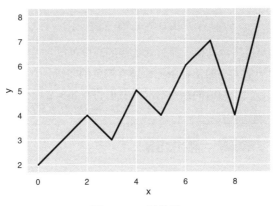

**图 3-7-3　折线图**

折线图常被用于研究时间序列数据的变化。如果图 3-7-3 中的 $x$ 轴代表时间，即便 $y$ 值存在浮动，它的整体趋势也是增加的。

## 3-7-7 **实现** 条形图

下面以混合了定量数据和分类数据的 `fish_multi` 为对象，使用 `sns.barplot` 函数绘制**条形图**（见图 3-7-4）。该函数与绘制散点图和折线图的函数的用法相同。

```
sns.barplot(x='species', y='length',
            data=fish_multi, color='gray')
```

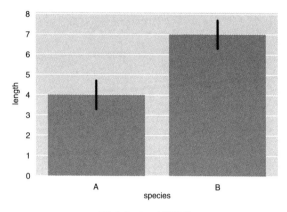

图 3-7-4　条形图

各条的高度表示均值。通过对比条的高度可以直观地比较均值。

在表示均值大小的灰色条上面还有黑色的竖线，它叫作**误差线**，表示标准误差，代表均值的浮动情况。我们将在 5-3 节中介绍标准误差。

## 3-7-8　**实现**　箱形图

条形图虽然有误差线，但它只能表示均值的大小关系，省略了许多观察原始数据的角度。

**箱形图**使用四分位数把数据的浮动情况呈现在图形里（见图 3-7-5）。相比于条形图，箱形图可以更详细地表示数据的浮动情况。

下面使用 `sns.boxplot` 函数绘制箱形图。

```
sns.boxplot(x='species', y='length',
            data=fish_multi, color='gray')
```

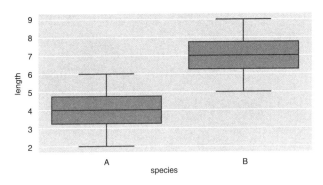

图 3-7-5　箱形图

　　箱体中心的线段表示中位数。箱体的下底边和上底边分别表示第
一四分位数（25% 处）和第三四分位数（75% 处）。须线（从箱体延伸出
的线）表示数据范围（须线顶端分别代表最小值和最大值）。通过对比四
分位数的计算结果，可以找到这些对应点。

```
print(fish_multi.groupby("species").describe())

        length
        count  mean         std   min   25%   50%    75%   max
species
A       10.0   4.0   1.154701   2.0   3.25   4.0   4.75   6.0
B       10.0   7.0   1.154701   5.0   6.25   7.0   7.75   9.0
```

　　对于部分存在异常值的数据，箱形图的须线顶端可能不等于最小值
或最大值。

## 3-7-9　实现　小提琴图

　　**小提琴图**和箱形图十分类似，它用核密度估计（参见 3-3-12 节）的
结果替换了箱体。下面使用 sns.violinplot 函数绘制一张小提琴图
（见图 3-7-6）。

```
sns.violinplot(x='species', y='length',
               data=fish_multi, color='gray')
```

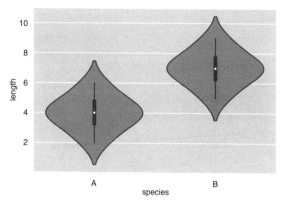

图 3-7-6　小提琴图

　　小提琴图是一种相对较新的图，一些旧版教材可能没有介绍。这种图形省略的信息较少，清晰易读，本书经常使用。

　　小提琴图中的平滑曲线是核密度估计的结果。我们可以将小提琴图理解为用横向放置的直方图代替箱体的箱形图。

## 3-7-10　术语　轴级函数与图级函数

　　下面讲解比较复杂的绘图方法。后续的内容较难，如果读者感觉理解困难，可以直接跳过。

　　为了更好地理解 seaborn，这里引入两个重要概念：**轴级函数**（axis-level 函数）与**图级函数**（figure-level 函数）。

### 1. 两套函数

　　轴级函数和图级函数是 seaborn 提供的功能名称。在绘制直方图时，既可以使用轴级函数，也可以使用图级函数。也就是说，seaborn 有两套绘图方法。本书前面的内容为避免读者混淆，只使用了轴级函数。

　　轴级函数和图级函数能够绘制类似的图形，但二者并不完全相同，在实践中结合具体情况选用可以简化工作。

## 2. 两套函数的区别

两套函数在设计上有一些细微区别，比如轴级函数把图例放在图形里面，图级函数则将图例放在图形外面等。本书不深究这些细节，只介绍两者较大的区别。

总的来说，轴级函数非常适合与 matplotlib 一起使用，而只使用 seaborn 库时使用图级函数更佳。例如，添加图形标题的 plt.title 函数在与图级函数配合使用时可能无法正常发挥作用。

本书建议初学者使用与 matplotlib 配合良好的轴级函数。本书前面也都使用了轴级函数。

不过，对于复杂的数据，使用图级函数里的一些功能更加便捷，我们将在 3-7-12 节举例说明。

## 3. 图级函数的用法

下面介绍 3 个有代表性的图级函数，分别是用于可视化数据分布的 displot、用于可视化定量数据相关性的 relplot，以及用于可视化定量数据与分类数据的混合数据的 catplot。通过指定这些函数的参数 kind，可以绘制前面介绍的图形。参数 kind 与图形的对应关系如下表。

| 图级函数 | 参数 kind | 对应的轴级函数 |
|---|---|---|
| displot | hist | histplot |
| | kde | kdeplot |
| relplot | scatter | scatterplot |
| | line | lineplot |
| catplot | bar | barplot |
| | box | boxplot |
| | violin | violinplot |

例如，指定 relplot 函数的参数 kind='scatter' 即可绘制散点图（图形略）。

```
sns.relplot(kind='scatter',
            x='x', y='y', data=cov_data,
            color='black')
```

# 3-7-11 实现 基于种类和性别的小提琴图

下面使用轴级函数绘制比较复杂的图。以企鹅数据为对象，绘制基于企鹅种类和性别的体重小提琴图（见图3-7-7）。

```
# 实例化绘图类
fig, ax = plt.subplots(figsize=(8, 4))
# 绘制小提琴图
sns.violinplot(x='species', y='body_mass_g', hue='sex',
               data=penguins, palette='gray',
               ax=ax)
```

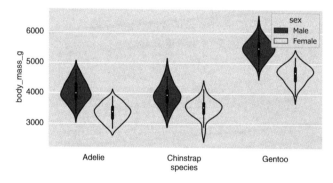

图 3-7-7　基于种类和性别的小提琴图

violinplot 函数的参数 x 和 y 分别代表种类和体重。通过指定 hue='sex'，并设置参数 palette，绘制颜色按性别区分的图形。

上面使用了轴级函数，因而可以使用 matplotlib 中的功能。借助 plt.subplots 函数可以改变图形的大小和风格。这里通过 figsize=(8,4) 设置图形大小，从而得到横向的长方形图形。plt.subplots 函数的返回值 ax 是 violinplot 函数的参数。

我们通过调整图形的大小、添加两个分类，实现了对企鹅体重数据的可视化呈现。

## 3-7-12 实现 基于种类、岛名和性别的小提琴图

我们尝试用图级函数绘制更复杂的图形，即基于种类、岛名和性别来可视化体重的分布（见图3-7-8）。图例默认显示在图形的右侧，为配合本书的版式设计，我们将其移到了下边。

```
sns.catplot(kind='violin',
        x='species', y='body_mass_g',
        hue='sex', col='island',
        data=penguins, palette='gray',
        height=4, aspect=0.7)
```

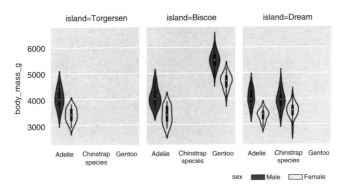

图 3-7-8 基于种类、岛名和性别的小提琴图

在 catplot 函数中指定 kind = 'violin'，即可绘制小提琴图。在设置 x、y 和 hue 之外指定 col = 'island'，可以把每个岛的图形绘制出来，形成 3 列图形。

使用图级函数时，图形的大小由参数指定。通过 height 指定图形的高度，通过 aspect 指定图形的长宽比。

用于分层分析的代码比较复杂，而使用 catplot 函数可以轻松地完成这个任务。注意，轴级函数 violinplot 没有参数 col。

## 3-7-13 实现 散点图矩阵

把多个散点图排列在一起得到**散点图矩阵**。它可以使用图级函数 pairplot 绘制。

```
sns.pairplot(hue='species', data=penguins, palette='gray')
```

pairplot 函数将所有定量数据组合起来绘制散点图。指定 hue = 'species' 可以按企鹅种类区分图形的颜色。

观察散点图矩阵（见图 3-7-9）可以发现，每行每列都标上了变量名。例如，第 1 行第 2 列的散点图，y 轴是 bill_length_mm，x 轴是 bill_depth_mm；第 1 行第 3 列的散点图，y 轴是 bill_length_mm，x 轴是 flipper_length_mm。以此类推，为所有数据的组合绘制了散点图。散点图矩阵的主对角线上是核密度估计的图形。

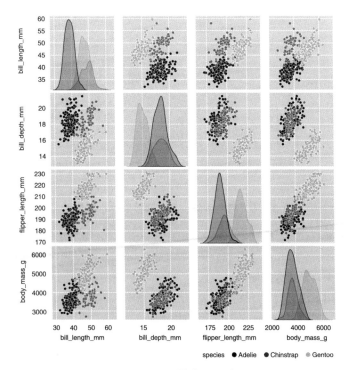

**图 3-7-9　散点图矩阵**

第 **4** 章

# 概率论与概率分布

# ■4-1■

# 什么是概率论

　　要学习统计推断，概率论是无法回避的内容。在进入统计推断的相关主题之前，第 4 章将讲解概率论的基本内容，阐述概率论的术语。第 5 章和第 6 章将探讨统计推断的核心内容。

　　本节将介绍概率论的基础知识，比如概率到底是什么、在统计学中怎样使用数据等。由于严密的表述方式会使内容显得比较复杂，因此本节将尽量避免，不过熟悉一些形式化的写法也有好处。如果读者实在觉得困难，可在初读时快速浏览，不必深究。

　　本节还将讲解集合论的基础知识。即便只是理解了符号的含义，在阅读统计学方面的书时也会轻松不少。

## 4-1-1　为什么要学习概率论

　　下面阐述学习概率论的必要性。

### 1. 为什么要在学习统计推断之前学习概率论

　　在介绍完描述统计后，虽然我们很想直接学习统计推断的内容，但还是在第 4 章安排了概率论的知识。这样做的原因是，在学习统计推断时，无论如何都会用到概率论的术语。在讲解统计推断的同时引入这些术语会导致行文混乱，所以需要先讲解概率论，便于引入相关术语。

　　第 4 章的主要内容是比较枯燥的术语讲解，读者若感到乏味，可以进行略读，能够把握大致的内容即可。

## 2. 为什么统计推断需要概率论的知识

1-3-4 节用"品尝汤的味道"的例子引出统计推断的概念。若想知道汤的浓淡，只需盛出一点品尝即可，没有必要喝掉整锅汤。这就是样本调查（盛出一点儿汤品尝）和统计推断（判断汤的浓淡）的形象描述。

不过要注意的是，在这个例子中，品尝的汤可能恰好是浓汤，或者恰好是淡汤。

例如，在选举中的票站调查就是一种抽样调查。依据调查的结果推断选举的结果是统计推断的典型用例。票站调查会询问选民的意向，但不会询问所有选民的意向。可能恰好大部分接受询问的选民投给了落选者，此时依据调查的结果推断的选举结果就是错误的。

如果把汤全部喝完，或者询问所有选民的意向，自然可以排除上述可能的情况。但是在基于一部分数据（样本）推断所有数据（总体）时，不可避免地存在上述可能的情况，因此我们需要研究包含类似情况的结果，这时就要用到概率论了。

第 4 章的内容比较抽象，但都是实用的。读者可以把理解这个领域的术语作为本章的阅读目标。

## 4-1-2 第 4 章的内容脉络

在统计推断中经常用到**概率分布**，第 4 章的目标是帮助读者理解概率分布的相关术语，并熟悉概率分布的基本处理方法。

4-2 节将重点介绍概率分布的概念和用法，4-3 节和 4-4 节将分别介绍两个典型的概率分布，即二项分布和正态分布。

4-1 节主要介绍概率论的术语，它们是理解后面内容的基础。首先介绍集合论的术语，接着通过这些术语定义什么是概率，目的是让读者在见到概率的定义时不会迷惑。最后，介绍概率的加法定理和乘法定理。

## 4-1-3　术语　集合

**集合**是由客观标准定义的事物的总体。

客观标准非常重要。比如，"0~5 的整数"可以称为集合，"较小的整数"则不能称为集合。

设 0~5 的整数的集合为 $A$，则 $A$ 表示为：

$$A = \{0, 1, 2, 3, 4, 5\} \tag{4-1}$$

## 4-1-4　术语　元素

前面提到事物的总体就是集合，下面我们来看一下单个事物。

设有集合 $A$，若某个事物 $a$ 是 $A$ 的**元素**，则记作 $a \in A$，读作 $a$ **属于** $A$。

例如，集合 $A = \{0, 1, 2, 3, 4, 5\}$，$a = 3$，则 $a \in A$。

如果某元素 $b$ 不属于集合 $A$，则记作 $b \notin A$。例如，$b = 9$，则 $b \notin A$。

## 4-1-5　术语　集合的外延表示与内涵表示

前面我们使用了 $A = \{0, 1, 2, 3, 4, 5\}$ 这种把元素列举出来的方法来表示集合。这是集合的**外延表示**。但是，如果要表示的集合元素很多，使用这种方法就会非常麻烦。

还有一种表示集合的方法，就是列出成为集合元素的条件。这种写法也叫**内涵表示**。例如，0~5 的整数可表示为：

$$A = \{a;\ a \in \mathbb{Z} \text{且} 0 \leqslant a \leqslant 5\} \tag{4-2}$$

其中，$\mathbb{Z}$ 是整数的集合。分号的右边表示元素符合的条件。分号也可以用竖线"|"代替。

## 4-1-6　术语　子集

接下来讲解集合之间的比较。

设有两个集合 $A$、$B$。如果当 $a \in A$ 时，$a \in B$，则称 $A$ 是 $B$ 的**子集**，记作 $A \subset B$。

下面举几个子集的例子。

设 $A = \{0, 1, 2, 3, 4, 5\}$，$B = \{0, 1, 2, 3, 4, 5, 6, 7\}$，则 $A \subset B$。

$A$ 是 $B$ 的子集，这看起来就像是集合 $B$ 包含集合 $A$。为了更严谨地表述这个概念，就有了上面的定义。例如，$a = 3$、$a = 0$ 等满足 $a \in A$ 的元素也都同时满足 $a \in B$。

## 4-1-7　术语　维恩图

在比较集合时，人们经常使用**维恩图**。$A = \{0, 1, 2, 3, 4, 5\}$ 和 $B = \{0, 1, 2, 3, 4, 5, 6, 7\}$ 可以用如图 4-1-1 所示的维恩图表示。

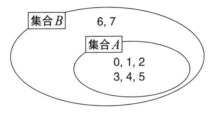

图 4-1-1　维恩图（子集）

维恩图是很方便的表示方法，但当集合有 4 个以上时，用维恩图来表示就会很困难，这是它的缺点。

## 4-1-8　术语　交集与并集

对于 $A$、$B$ 两个集合，**交集** $A \cap B$ 的定义如下（见图 4-1-2a）：

$$A \cap B = \{a; a \in A \text{ 且 } a \in B\} \tag{4-3}$$

对于 $A$、$B$ 两个集合，**并集** $A \cup B$ 的定义如下（见图 4-1-2b）：

$$A \cup B = \{a; a \in A \text{ 或 } a \in B\} \tag{4-4}$$

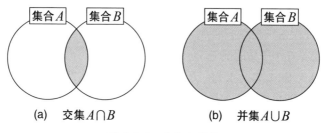

(a)  交集 $A \cap B$          (b)  并集 $A \cup B$

**图 4-1-2  交集与并集**

　　交集与并集的符号容易混淆。笔者把交集的符号"∩"想象成做饼干时用模具向下压，把并集的符号"∪"想象成能盛东西的杯子。

　　也可以把交集 $A \cap B$ 记忆为"$A$ 且 $B$"，把并集 $A \cup B$ 记忆为"$A$ 或 $B$"。

## 4-1-9  术语  差集

　　对于 $A$、$B$ 两个集合，**差集** $A-B$ 的定义如下（见图 4-1-3）：

$$A - B = \{a; \ a \in A \text{且} a \notin B\} \tag{4-5}$$

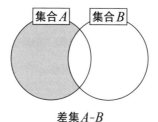

差集 $A-B$

**图 4-1-3  差集**

　　在属于 $A$ 的元素中，除去属于 $B$ 的元素，剩下的元素组成的集合就是 $A-B$。

## 4-1-10  术语  空集

　　不含任何元素的集合叫作**空集**，本书将空集记作 $\varnothing$。

## 4-1-11 术语 全集

设有集合 $S$，当所研究的问题只考虑 $S$ 的子集时，称 $S$ 为**全集**。

## 4-1-12 术语 补集

已知全集 $S$，关于 $S$ 的子集 $A$ 有如下关系成立，则称集合 $A^c$ 为 $A$ 的**补集**（见图 4-1-4）：

$$A^c = S - A \tag{4-6}$$

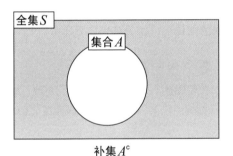

补集 $A^c$

图 4-1-4　补集

## 4-1-13 术语 样本点、样本空间、事件

我们结合集合的术语来讲解概率论的术语。

### 1. 定义

随机实验的每个可能结果称为**样本点**，样本点的总体称为**样本空间**。样本点记作 $\omega$，样本空间记作 $\Omega$，两个符号均读作 omega。这里，样本空间被看作全集，样本点就是这个全集的元素。

样本空间的子集叫作**事件**。与集合一样，事件也有**并事件**与**交事件**。

只由一个样本点组成且不可再分解的事件叫作**基本事件**。含有多个样本点且可以分解为多个基本事件的事件叫作**复合事件**。与空集类似，不含任何样本点的事件叫作**空事件**。

事件在一般的语境里是指发生的事情，在这里是指样本空间的子集。我们可以通过这种联想来理解它的数学含义。

## 2. 掷骰子的例子

下面通过掷骰子的例子来解释上述概念。掷骰子可能出现点数 1, 2, 3, 4, 5, 6，不可能出现点数 7。另外，也会发生掷得偶数、掷得奇数、掷得 3 的倍数等事件。可以将"掷得的点数是 1"这样的事件视为基本事件。

在只投掷 1 次的前提下，相关结果如下所示。

- 样本点：$\omega_1=1$, $\omega_2=2$, $\omega_3=3$, $\omega_4=4$, $\omega_5=5$, $\omega_6=6$
- 样本空间：$\Omega=\{1, 2, 3, 4, 5, 6\}$
- 复合事件：掷得偶数（$A=\{2, 4, 6\}$），掷得奇数（$B=\{1, 3, 5\}$），等等
- 基本事件：掷得点数 1（$C=\{1\}$），掷得点数 2（$D=\{2\}$），等等

## 4-1-14　术语　互斥事件

当 $A \cap B = \varnothing$ 或事件之间没有重叠时，称事件 $A$ 和 $B$ 是**互斥事件**（见图 4-1-5）。

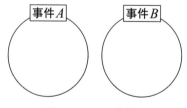

**图 4-1-5　互斥事件**

在掷骰子的例子中，掷得偶数和掷得奇数是互斥事件，掷得点数 2 和掷得点数 3 是互斥事件。

## 4-1-15 通过掷骰子联想到的各种概率

通过掷骰子，我们可以联想到各种概率。

例如，我们自然地猜测掷得点数 1 的概率是 1/6，而作弊者可以做到让掷得点数 1 的概率是 1/4。

只要愿意，我们能够联想到各种各样的概率。但概率并不是随便赋予的值。比如，我们不能说掷得点数 3 的概率是 720。

接下来我们研究一下什么是概率，以及它的数值是如何确定的。

## 4-1-16 （术语）概率的公理化定义

事件 $A$ 发生的概率记作 $P(A)$，$P$ 取自 Probability（概率）的首字母。**根据概率的公理化定义**，概率满足下述 3 条公理。

(a) 对于所有事件 $A$，$0 \leqslant P(A) \leqslant 1$

(b) $P(\Omega) = 1$

(c) 对于互斥事件 $A_1, A_2, \cdots$，$P(A_1 \cup A_2 \cup \cdots) = P(A_1) + P(A_2) + \cdots$

所谓公理，就是约定俗成的共识。我们将符合以上 3 条公理的量称为概率。

(a) 的含义是，概率必须在 0 和 1 之间。

(b) 的含义是，若以样本空间为事件，则这个事件的概率为 1。(a) 和 (b) 这两个条件是显而易见的。

(c) 的含义是，互斥事件中任意事件发生的概率，等于这些事件发生的概率之和。这一条看上去也是理所当然的，但给出定义后更方便用数学语言描述。

量只要满足上述条件，就可以称为概率。根据这些公理，我们可以推导出系统的概率论。

## 4-1-17 用频率解释概率

关于如何解释概率，有两个学派广为人知：一个是本节将介绍的频率学派，一个是 4-1-18 节将介绍的主观概率学派。

频率学派认为，概率是频率的极限。

我们先回顾一下，频数是指事件发生的次数，频率是事件发生的次数除以实验次数。考虑掷骰子无数次的情况，当点数 1 出现的比例逼近 1/6 时，则称出现点数 1 的概率是 1/6。

本书主要采用上述解释。这是因为经典的统计推断与假设检验理论主要采用这个解释，用于分析数据的方法论和工具也是完善的。完善的工具尤为重要。比如，使用 Python，只需少量的代码就可以轻松完成数据分析。

但是，简单的解释也会存在相应的问题。因为只有无穷尽地实验下去才能知道精确的概率，所以即使进行 1 万次甚至 50 亿次实验，也都远远不够。另外，第 5 章和第 6 章将出现置信区间和 $p$ 值等术语，我们还要注意避免错误地解释那些概念。

## 4-1-18　主观概率学派

如果把概率定义为频率的极限，那么所有人的计算结果都是相同的。但是，**主观概率**是个人基于主观判断来赋予概率值的。

主观概率又称**判断概率**，它通过人们的喜好来评估概率。假设有两个选择：如果袋子中的蓝色小球过半，就能得到一份点心；用 50% 的机会抽取那份点心。如果有人倾向于第一个选择，意味着他觉得袋子中蓝色小球过半的概率大于 50%。如果有人认为这两个选择一样，那么他觉得蓝色小球过半的概率恰好是 50%。当然，要得到上述结论，我们还需要做出许多假设，这里不再深究。

如上所述，主观概率与人的主观意志密切相关，在决策论中得到了广泛的应用。

主观概率的应用得到了多种多样的研究。在决策论中的应用可以参考马场真哉（2021）、西崎一郎（2017），在数据分析中的应用可以参考繁桝算男（1985）。

本书不使用主观概率。

## 4-1-19 术语 概率的加法定理

介绍了概率的定义后，从现在开始，我们将学习如何使用概率。首先介绍概率的加法定理。

### 1. 定义

对于互斥事件 $A$ 和 $B$，以下关系式成立的情形称为**概率的加法定理**。

$$P(A \cup B) = P(A) + P(B) \tag{4-7}$$

使用概率的公理 (c) 可以很容易地证明上式。

现在，我们去掉互斥的条件，将概率的加法定理的关系式一般化，如下所示：

$$P(A \cup B) = P(A) + P(B) - P(A \cap B) \tag{4-8}$$

也就是说，事件 $A$ 或 $B$ 发生的概率，等于 $P(A)$ 加上 $P(B)$，再减去重复计算的 $P(A \cap B)$。

### 2. 以掷骰子为例

我们通过掷骰子的例子来说明。点数 1 到点数 6 出现的概率都是 1/6。

设事件 $A$ 为掷得的点数为偶数，即 $A = \{2, 4, 6\}$，事件 $B$ 为掷得的点数为 3 的倍数，即 $B = \{3, 6\}$。那么，$A \cup B = \{2, 3, 4, 6\}$，即掷得的点数为偶数或 3 的倍数；$A \cap B = \{6\}$，即掷得的点数为偶数且是 3 的倍数。

根据概率的加法定理，$P(A \cup B)$ 的计算如下：

$$\begin{aligned} P(A \cup B) &= P(A) + P(B) - P(A \cap B) \\ &= \frac{3}{6} + \frac{2}{6} - \frac{1}{6} \\ &= \frac{2}{3} \end{aligned} \tag{4-9}$$

## 4-1-20 术语 条件概率

接下来介绍条件概率。

## 1. 定义

以发生事件 $B$ 为前提条件，事件 $A$ 发生的概率叫作**条件概率**，记作 $P(A|B)$：

$$P(A \mid B) = \frac{P(A \cap B)}{P(B)} \qquad (4\text{-}10)$$

## 2. 以掷骰子为例

我们结合掷骰子的例子进行说明。

设事件 $A$ 为掷得的点数是 3 的倍数，即 $A = \{3, 6\}$，事件 $B$ 为掷得的点数大于或等于 5，即 $B = \{5, 6\}$。

此时，$P(A|B)$ 就是在掷得的点数大于或等于 5 的前提条件下，掷得的点数为 3 的倍数的概率：

$$P(A \mid B) = \frac{P(A \cap B)}{P(B)} = \frac{P(\{6\})}{P(\{5,6\})} = \frac{\frac{1}{6}}{\frac{2}{6}} = \frac{1}{2} \qquad (4\text{-}11)$$

当以点数大于或等于 5 为前提条件时，点数为 3 的倍数的概率为 1/2。

## 4-1-21 （术语） 概率的乘法定理

将条件概率的数学式变形，可得到如下关系式，称为**概率的乘法定理**。

$$P(A \cap B) = P(B) \cdot P(A \mid B) \qquad (4\text{-}12)$$

比如在 4-1-20 节掷骰子的例子中，求点数既为 3 的倍数又大于或等于 5 的概率 $P(A \cap B) = P(\{6\})$，就是计算"点数大于或等于 5 的概率"×"在点数大于或等于 5 的前提条件下，掷得的点数为 3 的倍数的概率"，结果是 $(2/6) \times (1/2) = 1/6$。

# 4-1-22　**术语**　独立事件

　　当 $P(A \bigcap B) = P(A) \cdot P(B)$ 成立时，称事件 $A$、$B$ 相互独立。根据概率的乘法定理，可得到 $P(A|B) = P(A)$。此时，无论事件 $B$ 是否发生，事件 $A$ 的概率都不变，这里的事件 $A$、$B$ 就是相互独立的。

　　例如，掷得的点数为偶数与掷得的点数为 3 的倍数这两个事件就相互独立。

# 什么是概率分布

本节将继续 4-1 节的话题，介绍概率论的基础术语，并重点介绍概率分布的基本概念和用法。后续章节将详细解析概率分布的具体示例。

## 4-2-1 **术语** 随机变量与样本值

下面解释术语随机变量与样本值。

### 1. 定义

依据随机的规律变化的变量叫作**随机变量**（这个定义并不严谨）。随机变量的某个具体的值叫作**样本值**。为了便于区分，第 4 章使用大写字母表示随机变量，使用小写字母表示样本值。但在第 7 章之后将不做区分。

设随机变量为 $X$，它的样本值 $x_i$ 的概率记作：

$$P(X = x_i) \tag{4-13}$$

### 2. 以抛硬币为例

考虑只抛一次硬币的情况，样本空间 $\Omega = \{正面, 反面\}$。设本空间的元素对应实数，即 1 表示正面，0 表示反面。在抛硬币之前我们不知道结果是 1 还是 0，但我们可以认为，在公平的情况下，得到 1 的概率和得到 0 的概率都是 0.5。

这里用 $X$ 来表示抛硬币的结果，它是一个随机变量。如此，样本值

就是 $x_1 = 1, x_2 = 0$。那么，$P(X = 1) = 0.5, P(X = 0) = 0.5$。

### 3. 以掷骰子为例

当掷一次骰子时，样本空间 $\Omega = \{1, 2, 3, 4, 5, 6\}$。在公平的情况下，掷得任意点数的概率都是 1/6。

用随机变量 $X$ 来表示掷骰子的结果。如此，样本值就是 $x_1 = 1, x_2 = 2$，$x_3 = 3, x_4 = 4, x_5 = 5, x_6 = 6$。那么，$P(X = 1) = 1/6, P(X = 2) = 1/6, P(X = 3) = 1/6$，$P(X = 4) = 1/6, P(X = 5) = 1/6, P(X = 6) = 1/6$。

## 4-2-2　术语　离散随机变量与连续随机变量

代表硬币正反面的值只有 1 或 0，代表骰子点数的值只有整数 1~6。像这样，取跳跃性变化的值的随机变量叫作**离散随机变量**。假设某商品的销售数量（单位为个）是随机变量，那么它属于离散随机变量。

取连续变化的值的随机变量叫作**连续随机变量**。假设某种鱼的体长（单位为 cm）是随机变量，那么它属于连续随机变量。

## 4-2-3　术语　概率分布

随机变量和它的概率的对应关系叫作**概率分布**，有时简称为**分布**。当某一随机变量与某一概率分布相对应时，称该随机变量**服从**该概率分布。

例如，在 4-2-1 节中介绍的公平地抛硬币的例子中，概率分布是 $P(X = 1) = 0.5, P(X = 0) = 0.5$。

## 4-2-4　术语　概率质量函数

我们引入概率质量函数来表示概率分布。

### 1. 为什么需要概率质量函数

表示抛硬币的概率分布尚且方便，但若换成掷骰子，其样本空间里的元素增多，要表示概率分布就会非常烦琐。例如，要记录 20 面骰子的点数概率分布，就要准备包含 20 种情况的随机变量与概率的对照表，非常麻烦。

像某个大型仓库每天出货的商品数量这类场景，可能出现极为庞大的变化：只出 1 件的概率、出 2 件的概率……出 100 件的概率、出 101件的概率……我们很难为这样的数据制作完整的随机变量与概率的对照表。

于是，我们考虑使用数学式来表示概率分布。首先针对离散随机变量展开讨论。

## 2. 概率质量函数的定义

设离散随机变量为 $X$，样本值是 $x_i$。对于离散随机变量 $X$，每个样本值对应的概率是 $P(X = x_i)$，用函数 $f(x_i)$ 来表示，即：

$$P(X = x_i) = f(x_i) \quad i = 1, 2, \cdots \tag{4-14}$$

此时，称 $X$ 服从离散型概率分布，称函数 $f(x_i)$ 为**概率质量函数**。

用文字描述就是：在将数据作为函数参数时，如果所得函数值是概率，那么这样的函数 $f(x_i)$ 就叫作概率质量函数。在概率质量函数的帮助下，无论随机变量取 100 种值还是 200 种值，我们都可以方便地使用一行数学式来表示概率分布。后面的内容将使用概率质量函数来表示概率分布。

## 3. 概率质量函数的性质

通过 $f(x_i)$ 求得的概率必须满足概率公理。因此，概率质量函数 $f(x_i)$ 满足以下性质：概率不小于 0，见式（4-15）；所有函数值的和为 1，见式（4-16）。

$$0 \leqslant f(x_i) \quad i = 1, 2, \cdots \tag{4-15}$$

$$\sum_{i=1}^{\infty} f(x_i) = 1 \, ^① \tag{4-16}$$

---

① 在本书中，若无特别说明，∞ 表示 +∞。

式（4-16）假设样本值有无穷多种，我们依然可以通过数学式来简洁地表述这种情况下的概率分布。

## 4-2-5　[术语]　均匀分布（离散型）

本节将介绍一种简单的概率分布——**均匀分布**。在连续随机变量中也可以定义均匀分布，这将在 4-2-9 节介绍。

### 1. 均匀分布的直观解释

概率均匀地分配给所有样本值的概率分布就是离散型均匀分布。

在公平地掷骰子的例子中，掷得任意点数的概率都是 1/6，这就是一种典型的均匀分布。公平地掷 20 面的骰子，任意点数的出现概率是 1/20。

### 2. 均匀分布的概率质量函数

下面介绍常用的均匀分布的概率质量函数。

设样本值为 $x_1, x_2, \cdots, x_n$，那么随机变量可能取 $n$ 种值，这个均匀分布的概率质量函数记作 $U(X \mid n)$。这个记法与其他的概率质量函数不同。

函数名 $U$ 取自 Uniform（均匀）的首字母。在括号中，竖线左边的 $X$ 是随机变量，竖线右边的 $n$ 是决定概率分布形状的参数。离散型均匀分布的概率随着样本值可取的种类数而变化。概率质量函数 $U(X \mid n)$ 的数学式如下：

$$U(X \mid n) = \frac{1}{n} \tag{4-17}$$

在均匀分布中，无论样本值是多少，它的概率都是 $1/n$。

注意，上述函数满足概率质量函数的性质，即 $0 \leqslant (1/n)$，且 $\sum_{i=1}^{n}(1/n) = 1$。

要显式地表示随机变量 $X$ 服从均匀分布 $U(X \mid n)$，则使用波浪号，即 $X \sim U(X \mid n)$，也可以略记作 $X \sim U(n)$。

## 4-2-6 **术语** 概率密度

下面尝试使用数学式来表示连续随机变量的概率分布。首先了解一个术语——概率密度。

### 1. 为什么需要概率密度

连续随机变量通过不同的方式处理概率。例如，我们测得鱼的体长是 4 cm，但如果借助精密的显微镜，结果可能是 4.01 cm。如果借助电子显微镜等更精密的仪器，就会得到更精确的值。严格来说，鱼的体长几乎不可能恰好为 4 cm。这意味着鱼的体长恰好是 4 cm 的概率是 0。同理，鱼的体长恰好是 4.01 cm 的概率也是 0。

这样不好处理，于是人们就用概率密度来代替概率。我们可以把概率密度看作用于连续随机变量的类似于概率的概念。

### 2. 概率密度的定义

我们考虑随机变量 $X$ 为实数的概率，其中 $X$ 的取值为 $x \leqslant X \leqslant x + \Delta x$[①]。如果当 $\Delta x \to 0$ 时，可由 $P(x) \cdot \Delta x$ 算得概率，那么 $P(x)$ 就是 $x$ 的**概率密度**。

在连续随机变量中，样本值恰好为 4 cm 的概率是 0。使用无限接近于 0 而非 0 的 $\Delta x$，所求的就是变量落在这个狭小范围内的概率。

与概率不同，概率密度可以大于 1。本书使用字母 $P$ 同时代表概率和概率密度，且不作区分。

## 4-2-7 **术语** 概率密度函数

下面介绍连续随机变量的概率密度函数。

### 1. 概率密度函数的定义

设连续随机变量为 $X$，样本值为 $x$。

当随机变量 $X$ 在实数 $a$ 和 $b$ 之间的概率能够通过函数 $f(x)$ 按以下方式计算时，称 $X$ 服从连续型概率分布，函数 $f(x)$ 为**概率密度函数**。

---

① $\Delta$ 读作 delta，多用于表示绝对值很小的数。

$$P\left(a \leqslant X \leqslant b\right) = \int_{a}^{b} f\left(x\right) \mathrm{d}x \qquad (4\text{-}18)$$

连续随机变量取得特定值的概率永远是 0。如果求随机变量落在某个范围内的概率，则需要使用积分。

## 2. 概率密度函数的性质

概率密度函数满足以下性质：概率密度不小于 0，见式（4-19）；在区间（$-\infty, \infty$）上取积分的结果是 1，见式（4-20）。

$$0 \leqslant f\left(x\right) \qquad (4\text{-}19)$$

$$\int_{-\infty}^{\infty} f\left(x\right) \mathrm{d}x = 1 \qquad (4\text{-}20)$$

## 4-2-8  概率的总和与概率密度积分的联系

对于离散型数据，可以通过求概率的总和来得到各种事件的概率。对于连续型数据，则要通过求概率密度的积分来得到事件的概率。在此补充说明一下二者的差异。

### 1. 在离散型概率分布中求概率

如果把 1 条、2 条、3 条等钓到的鱼的条数 $X$ 作为研究对象，当离散变量 $X$ 服从的概率分布的概率质量函数为 $f\left(x_i\right)$ 时，$1 \leqslant X \leqslant 3$ 的概率按如下方式计算，其中 $x_1 = 1, x_2 = 2, x_3 = 3$：

$$P\left(1 \leqslant X \leqslant 3\right) = \sum_{i=1}^{3} f\left(x_i\right) \qquad (4\text{-}21)$$

也可以直接计算 $f(1)+f(2)+f(3)$。总之，概率可以通过求和来得出。

### 2. 在连续型概率分布中求概率

如果把 1.5 cm、2.3 cm 等鱼的体长 $X$ 作为研究对象，当连续变量 $X$ 服从的概率分布的概率密度函数为 $f(x)$ 时，$1 \leqslant X \leqslant 3$ 的概率按如下方式计算：

$$P(1 \leqslant X \leqslant 3) = \int_{1}^{3} f(x) \mathrm{d}x \qquad (4\text{-}22)$$

计算概率密度在 1~3 的积分，相当于把 1~3 的无数个值对应的概率密度全部加在一起。

## 3. 积分与面积的关系

下面补充介绍积分计算的思想。相信读者在高中阶段学过，积分是曲线下方的面积大小。基于这个思路，很多教材指出概率就是面积。不过我们最好明确面积和无穷多次加法运算之间的关系。

矩形的面积公式很简单，即"底 × 高 = 面积"。如图 4-2-1 所示，使用底为 1 的矩形来填充曲线下方的面积，这样能简化面积计算，但结果与真正的面积相差很大。

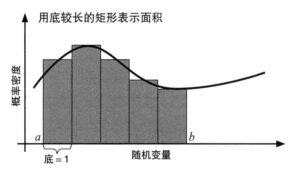

图 4-2-1　曲线下方的面积（矩形的底为 1）

于是，我们可以像图 4-2-2 那样，让矩形的底变短。

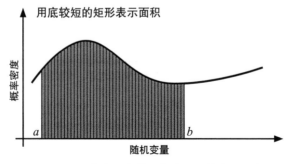

图 4-2-2　曲线下方的面积（矩形的底很小）

将用来求面积的区间分成 $n$ 个，用 $\Delta x$ 表示底的长度。如果将第 $i$ 个变量记为 $x_i$，将概率密度函数记为 $f(x_i)$，则矩形面积之和为：

$$矩形面积之和 = \sum_{i=1}^{n} f(x_i) \times \Delta x \qquad (4\text{-}23)$$

当 $n \to \infty$，即将区间分成无穷多个时，上述面积之和就叫作积分，表示为：

$$\lim_{n \to \infty} \sum_{i=1}^{n} f(x_i) \times \Delta x = \int_a^b f(x)\,\mathrm{d}x \qquad (4\text{-}24)$$

离散变量使用加法，连续变量使用积分，这是常见的区分方式。明白二者其实在做同一件事，有助于理解概率的计算。

## 4-2-9 术语 均匀分布（连续型）

在连续随机变量中也可以定义均匀分布，下面介绍连续型均匀分布的概率密度函数。

设随机变量 $X$ 的取值范围是 $\alpha \sim \beta$（$\alpha < \beta$），那么它的概率密度函数 $U(X \mid \alpha, \beta)$ 如下：

$$U(X \mid \alpha, \beta) = \frac{1}{\beta - \alpha} \qquad (4\text{-}25)$$

在均匀分布中，任意样本值的概率都是 $1/(\beta - \alpha)$。小于 $\alpha$ 或大于 $\beta$ 的概率都是 0。

注意，上述函数满足概率密度函数的性质，即 $0 \leq \left[1/(\beta - \alpha)\right]$，且 $\int_\alpha^\beta \left[1/(\beta - \alpha)\right] \mathrm{d}x = 1$。

## 4-2-10 术语 累积分布函数

计算随机变量 $X$ 小于或等于样本值 $x$ 的概率 $P(X \leq x)$ 的函数叫作**累积分布函数**。这个概念与第 3 章介绍的累积相对频率类似。累积分布函

数多记作 $F(x)$。$P(X \leqslant x)$ 也叫作**左侧概率**，所以 $F(x)$ 也是计算左侧概率的函数。

在离散型概率分布中，计算累积分布的方法是求 $x$ 左侧概率的总和。在连续型概率分布中，计算累积分布的方法是求 $x$ 左侧概率的积分。

## 4-2-11　均匀分布的累积分布函数

下面以连续型均匀分布为例推导累积分布函数。这里的内容不会在后面出现，感觉数学公式的推导难度较大的读者可以略过。

设随机变量 $X$ 服从 $\alpha \sim \beta$ 的连续型均匀分布，概率密度函数为 $f(u)$。由 4-2-9 节的结论可知，概率密度处处相等，都是 $1/(\beta - \alpha)$。累积分布函数 $F(x)$ 的计算如下：

$$
\begin{aligned}
F(x) &= \int_{\alpha}^{x} f(u)\,\mathrm{d}u \\
&= \int_{\alpha}^{x} \frac{1}{\beta - \alpha}\,\mathrm{d}u \\
&= \left[ \frac{u}{\beta - \alpha} \right]_{\alpha}^{x} \\
&= \frac{x - \alpha}{\beta - \alpha}
\end{aligned}
\tag{4-26}
$$

在均匀分布中，$x$ 与 $F(x)$ 成正比。当 $x$ 等于分布的下限 $\alpha$ 时，出现比 $\alpha$ 小的值的概率是 0。当 $x$ 等于分布的上限 $\beta$ 时，随机变量取小于或等于 $x$ 的值的概率是 1。

## 4-2-12　术语　百分位数

数据小于或等于某个值的概率叫作左侧概率。反过来，能得到某个概率的那个值叫作**百分位数**。

比如前面提到的"随机变量 $X$ 小于或等于 ● 的概率为 ▲ %"，可以这样理解：

- 给定变量值●求概率值▲，则▲为左侧概率；
- 给定概率值▲求变量值●，则●为百分位数。

这意味着我们可以将百分位数理解为累积分布函数的逆映射。

## 4-2-13  术语  期望值

下面讲解期望值。

### 1. 期望值的直观解释

**期望值**的含义与均值类似。服从某种概率分布的随机变量 $X$ 的期望值记作 $E(X)$，也记作 $\mu$。

我们可以把期望值理解为能够用于未知数据的均值。

### 2. 离散随机变量的期望值

设 $X$ 为离散随机变量，样本值为 $x_1, x_2, \cdots, x_n$，$X$ 服从概率质量函数为 $f(x_i)$ 的概率分布。随机变量 $X$ 的期望值 $E(X)$ 按如下方式计算：

$$E(X) = \sum_{i=1}^{n} f(x_i) \cdot x_i \tag{4-27}$$

上述数学式的含义是，期望值可以通过计算"取值的概率 × 取到的值"的总和得出。即使有可能出现很大的样本值，但只要它出现的概率很低，期望值受到的影响就不大。反之，出现的概率越高，相应的样本值对期望值的影响就越大。

期望值不仅考虑了随机变量的大小，还兼顾了样本值出现的概率。

### 3. 连续随机变量的期望值

使用积分代替求和，可计算连续随机变量的期望值。

设 $X$ 为 $(-\infty, \infty)$ 上的连续随机变量，样本值为 $x$，$X$ 服从概率密度函数为 $f(x)$ 的概率分布。随机变量 $X$ 的期望值 $E(X)$ 按以下方式计算：

$$E(X) = \int_{-\infty}^{\infty} f(x) \cdot x \mathrm{d}x \tag{4-28}$$

### 4. 期望值与均值的联系

期望值的含义与均值相同。对随机变量多次抽样后求得的均值就是期望值。

例如，某台游戏机的中奖概率是 3/10，中奖可获得 10 000 日元；不中奖的概率是 7/10，不中奖则什么都得不到。抽一次奖需要花费 5000 日元。这台游戏机的奖金期望值的计算如下：

$$\mu = \left(\frac{3}{10} \times 10000\right) + \left(\frac{7}{10} \times 0\right) \tag{4-29}$$
$$= 3000$$

结果为 3000 日元。由期望值可知，每次抽奖会损失 2000 日元。

现在连续进行 10 次抽奖，并记录每次的结果。根据中奖概率，中奖 3 次，不中奖 7 次。计算这些结果的均值，可以发现均值等于期望值。

$$\frac{10000+10000+10000+0+0+0+0+0+0+0}{10} = 3000 \tag{4-30}$$

有时可以将期望值理解为从长远角度来看的均值。设想进行 10 亿次抽奖，根据中奖概率，结果应该是中奖 3 亿次，不中奖 7 亿次。计算 10 亿次结果的均值，预计结果也是 3000 日元。

像这样，对随机变量多次抽样后求得的均值就是期望值。

### 5. 作为预测值的期望值

即使没有 10 亿次抽奖的数据，只要知道了概率分布，也能计算期望值。期望值经常被当作预测值使用，这是期望值也能用作未知数据均值的方便之处。

如果将视角限定在特定的玩家身上，我们无法知道某一次抽奖是否会中奖。但如果许多玩家进行了多次抽奖，我们可以预测奖金的均值为 3000 日元。因此，只要提供游戏机的商家规定每次抽奖的花费大于 3000 日元，就可以从中得利（玩家会损失）。

## 4-2-14 术语 随机变量的方差

下面讲解随机变量的方差。

### 1. 方差的直观解释

如 3-4 节所述，方差用来表示数据与均值之间相差多少。

概率分布的方差可以用来预测随机变量与均值（期望值）之间相差多少。

随机变量 $X$ 的方差记作 $V(X)$，也记作 $\sigma^2$。

### 2. 随机变量的方差

下面介绍方差的数学式。设 $X$ 为服从某种概率分布的随机变量，期望值为 $E(X)$，简写为 $\mu$。

方差用来预测随机变量 $X$ 与期望值 $\mu$ 之间相差多少，数学式如下：

$$V(X) = E\left[(X - \mu)^2\right] \qquad (4\text{-}31)$$

$(X - \mu)^2$ 可以看作随机变量 $X$ 与期望值 $\mu$ 之间的距离，距离的期望值就是方差。

### 3. 离散随机变量的方差

设 $X$ 为离散随机变量，样本值为 $x_1, x_2, \cdots, x_n$，$X$ 服从概率质量函数为 $f(x_i)$ 的概率分布，$X$ 的期望值为 $\mu$。$X$ 的方差 $V(X)$ 按如下方式计算：

$$V(X) = \sum_{i=1}^{n} f(x_i) \cdot (x_i - \mu)^2 \qquad (4\text{-}32)$$

把式（4-27）所示的期望值的数学式中的 $x_i$ 换成 $(x_i - \mu)^2$，就变成了方差的数学式。期望值 $\mu$ 与单个样本值 $x_i$ 离得越远，$(x_i - \mu)^2$ 就越大。

$(x_i - \mu)^2$ 与概率相乘并求和得到 $V(X)$，所以 $V(X)$ 是"随机变量 $X$ 与期望值 $\mu$ 之间相差多少"的期望值。

### 4. 连续随机变量的方差

与计算期望值相同，使用积分代替求和，可以计算连续随机变量的方差。

设 $X$ 为 $(-\infty, \infty)$ 上的连续随机变量，样本值为 $x$，$X$ 服从概率密度函数为 $f(x)$ 的概率分布，$X$ 的期望值为 $\mu$。$X$ 的方差 $V(X)$ 按如下方式计算：

$$V(X) = \int_{-\infty}^{\infty} f(x) \cdot (x - \mu)^2 \, \mathrm{d}x \qquad (4\text{-}33)$$

## 4-2-15　均匀分布的期望值与方差

下面计算均匀分布的期望值与方差，作为对上述讨论的复习。这部分内容不会在后面出现，如果觉得数学式的推导太难，可以略过。

### 1. 离散型均匀分布的期望值与方差

首先以离散型均匀分布为对象。

设样本值为 $x_1, x_2, \cdots, x_n$，随机变量可能取 $n$ 种值，概率质量函数为 $U(X \mid n)$。要显式地表示随机变量 $X$ 服从这个分布，记作 $X \sim U(X \mid n)$。如 4-2-5 节所述，离散型均匀分布所有样本值的概率都是 $1/n$，即 $f(x_i) = 1/n$。

$X \sim U(X \mid n)$ 的随机变量 $X$ 的期望值 $E(X)$ 按如下方式计算：

$$E(X) = \sum_{i=1}^{n} f(x_i) \cdot x_i = \sum_{i=1}^{n} \frac{1}{n} \cdot x_i = \frac{1}{n} \sum_{i=1}^{n} x_i \qquad (4\text{-}34)$$

$X \sim U(X \mid n)$ 的随机变量 $X$ 的方差 $V(X)$ 按如下方式计算：

$$
\begin{aligned}
V(X) &= \sum_{i=1}^{n} f(x_i) \cdot (x_i - \mu)^2 \\
&= \sum_{i=1}^{n} \frac{1}{n} \cdot (x_i - \mu)^2 \\
&= \frac{1}{n} \sum_{i=1}^{n} (x_i - \mu)^2
\end{aligned}
\qquad (4\text{-}35)
$$

按定义计算的结果与样本均值和样本方差相等。

## 2. 连续型均匀分布的期望值

下面以连续型均匀分布为对象。

设 $X$ 为 $(\alpha,\beta)$ 上的连续随机变量，所服从的均匀分布的概率密度函数为 $U(X\,|\,\alpha,\beta)$。如 4-2-9 节所述，各处的概率都是 $1/(\beta-\alpha)$，即 $f(x)=1/(\beta-\alpha)$。

$X\sim U(X\,|\,\alpha,\beta)$ 的随机变量 $X$ 的期望值 $E(X)$ 按如下方式计算：

$$
\begin{aligned}
E(X) &= \int_\alpha^\beta f(x)\cdot x\mathrm{d}x \\
&= \int_\alpha^\beta \frac{1}{\beta-\alpha}\cdot x\mathrm{d}x \\
&= \left[\frac{1}{\beta-\alpha}\cdot\frac{x^2}{2}\right]_\alpha^\beta \\
&= \frac{\beta^2-\alpha^2}{2(\beta-\alpha)} \\
&= \frac{(\beta-\alpha)(\beta+\alpha)}{2(\beta-\alpha)} \\
&= \frac{\beta+\alpha}{2}
\end{aligned}
\tag{4-36}
$$

均值或期望值有时也被称为分布重心。上述结果非常符合重心的概念。均匀分布的期望值是其上限与下限的平均值。

## 4-2-16 〔术语〕 多元概率分布

到目前为止，我们一直以一个随机变量为对象。下面将讨论两个或两个以上随机变量之间的联系。首先引入相关术语，4-2-21 节再介绍具体示例。

含有两个或两个以上随机变量的概率分布叫作**多元概率分布**。为了简化说明，本节主要讨论含有两个随机变量的情况，即**二元概率分布**。

多元概率分布也分为离散型和连续型，为了简化说明，本节主要讨论离散型分布。

## 4-2-17 术语 联合概率分布

下面介绍联合概率分布。

### 1. 联合概率分布的定义

设有两个随机变量 $X, Y$，样本值分别为 $x_i, y_j$，那么 $X = x_i$ 且 $Y = y_j$ 的概率就叫作**联合概率**。随机变量的组合 $(X, Y)$ 与概率的对照关系叫作**联合概率分布**，简称**联合分布**。

离散随机变量 $X, Y$ 的联合分布表示如下：

$$P\left(X = x_i, Y = y_j\right) \quad i = 1, 2, \cdots, m \quad j = 1, 2, \cdots, n \tag{4-37}$$

记录所有 $X, Y$ 组合的概率非常烦琐，所以经常使用联合概率质量函数 $P\left(X = x_i, Y = y_j\right) = f\left(x_i, y_j\right)$ 来表示联合分布。联合分布也记作 $P(X, Y)$。

### 2. 联合概率分布的性质

联合概率分布也是一种概率分布，概率质量函数满足以下性质：概率大于或等于 0，见式（4-38）；所有概率的和等于 1，见式（4-39）。这与一个随机变量的情况是一致的。

$$0 \leqslant f\left(x_i, y_j\right) \quad i = 1, 2, \cdots, m \quad j = 1, 2, \cdots, n \tag{4-38}$$

$$\sum_{i=1}^{m} \sum_{j=1}^{n} f\left(x_i, y_j\right) = 1 \tag{4-39}$$

## 4-2-18 术语 边缘化、边缘分布

在联合概率分布中，消去随机变量的计算叫作**边缘化**。

从联合概率分布 $P\left(X = x_i, Y = y_j\right)$ 中消去随机变量 $Y$ 就得到 $P\left(X = x_i\right)$，计算方法如下：

$$P\left(X=x_i\right)=\sum_{j=1}^{n}P\left(X=x_i,Y=y_j\right) \tag{4-40}$$

由这个方法计算得到的 $X$ 的概率分布 $P\left(X=x_i\right)$ 叫作**边缘分布**。

同理，从 $P\left(X=x_i,Y=y_j\right)$ 中消去随机变量 $X$ 的计算方法如下：

$$P\left(Y=y_j\right)=\sum_{i=1}^{m}P\left(X=x_i,Y=y_j\right) \tag{4-41}$$

## 4-2-19　术语　条件概率分布

类似于 4-1 节介绍的条件概率，我们还可以定义**条件概率分布**。对于离散随机变量 $X, Y$，当给定条件为 $Y=y_j$ 时，条件概率分布如下：

$$P\left(X=x_i\mid Y=y_j\right)=\frac{P\left(X=x_i,Y=y_j\right)}{P\left(Y=y_j\right)} \tag{4-42}$$

条件概率分布也记作 $P(X|Y)$。

下面的变形式也很常见：

$$P\left(X=x_i,Y=y_j\right)=P\left(X=x_i\mid Y=y_j\right)\cdot P\left(Y=y_j\right) \tag{4-43}$$

## 4-2-20　术语　随机变量的独立

如果下式成立，那么随机变量 $X,Y$ 相互**独立**。

$$P\left(X=x_i,Y=y_j\right)=P\left(X=x_i\right)\cdot P\left(Y=y_j\right) \tag{4-44}$$

根据条件概率的定义，随机变量的独立性与下式一致。

$$P\left(X=x_i\mid Y=y_j\right)=P\left(X=x_i\right) \tag{4-45}$$

无论是否存在条件 $Y=y_j$，如果随机变量 $X$ 的分布保持不变，那么随机变量 $X, Y$ 相互独立。

## 4-2-21 二元概率分布的例子

下面用具体的示例来复习前面的讨论。以大学课程为例，设有两个随机变量，$X$ 为是否取得学分，$Y$ 为是否复习，我们要研究二者的关系。

现设 $X=1$ 为取得学分，$X=0$ 为未得学分，$Y=1$ 为已复习，$Y=0$ 为未复习。这个二元概率分布如下表所示。

| | | 复习 $Y$ | | 合计 |
|---|---|---|---|---|
| | | 已复习 1 | 未复习 0 | |
| 学分 $X$ | 取得 1 | $P(X=1,Y=1)=0.4$ | $P(X=1,Y=0)=0.2$ | $P(X=1)=0.6$ |
| | 未得 0 | $P(X=0,Y=1)=0.1$ | $P(X=0,Y=0)=0.3$ | $P(X=0)=0.4$ |
| 合计 | | $P(Y=1)=0.5$ | $P(Y=0)=0.5$ | 1 |

写在表边缘的内容就是边缘分布。观察 $P(X=x_i)$，可以得知 6 成的人取得学分，4 成的人未得学分。

表中间的 4 个格子的内容是联合概率。观察联合概率分布 $P(X=x_i, Y=y_j)$，可以得知取得学分且已复习的概率为 $P(X=1,Y=1)=0.4$。

另外，$P(X=1,Y=1)+P(X=1,Y=0)=P(X=1)$，$P(X=0,Y=1)+P(X=0,Y=0)=P(X=0)$。通过联合分布计算边缘分布，叫作边缘化。

下面计算条件概率。以已复习为前提条件，是否取得学分的概率 $P(X=x_i|Y=1)$ 的计算方法如下。

$$\text{取得学分：} P(X=1|Y=1)=\frac{P(X=1,Y=1)}{P(Y=1)}=\frac{0.4}{0.5}=0.8 \quad (4\text{-}46)$$

$$\text{未得学分：} P(X=0|Y=1)=\frac{P(X=0,Y=1)}{P(Y=1)}=\frac{0.1}{0.5}=0.2 \quad (4\text{-}47)$$

8 成已复习的人拿到了学分。

在本例中，把取得学分的概率 $P(X=1)=0.6$ 与已复习的概率 $P(Y=1)=0.5$

相乘，结果不等于 $P(X=1,Y=1)=0.4$。这证明是否取得学分与是否复习不相互独立。由以上计算可知，复习有助于取得学分。

## 4-2-22 术语 随机变量的协方差与相关系数

研究两个变量之间的关系，常用的指标是 3-5 节介绍的协方差与相关系数。下面计算概率分布的这两个指标。

### 1. 随机变量的协方差

随机变量的协方差的定义如下：

$$C(X,Y)=E\left[(X-\mu_X)\cdot(Y-\mu_Y)\right] \tag{4-48}$$

其中，$\mu_X$ 为随机变量 $X$ 的期望值，$\mu_Y$ 为随机变量 $Y$ 的期望值。

### 2. 随机变量的相关系数

随机变量的相关系数的定义如下：

$$\rho(X,Y)=\frac{C(X,Y)}{\sqrt{V(X)\cdot V(Y)}} \tag{4-49}$$

相关系数的含义与 3-5 节介绍的相同。若随机变量 $X,Y$ 相互独立，则 $C(X,Y)=\rho(X,Y)=0$。注意，$C(X,Y)=0$ 不能证明 $X,Y$ 相互独立。

## 4-2-23 术语 独立同分布

在统计分析的相关研究中，我们经常基于独立同分布的假设进行分析。

### 1. 服从独立同分布的随机变量的定义

设有 $n$ 个随机变量 $X_1,X_2,\cdots,X_n$，如果它们服从相同的概率分布且相互独立，那么称 $X_1,X_2,\cdots,X_n$ 服从**独立同分布**（independent and identically distributed，简写为 i.i.d）。

当取得 $n$ 个数据时，我们常会假设这些数据是服从 i.i.d 的随机变量序列。这种假设是一种默认的共识，目的是简化计算。

## 2. 服从独立同分布的随机变量序列的联合概率分布

设连续随机变量序列 $X_1, X_2, \cdots, X_n$ 相互独立，且服从同一个均匀分布 $U(X|\alpha, \beta)$。此时，利用独立的性质计算 $X_1, X_2, \cdots, X_n$ 的联合概率分布：

$$
\begin{aligned}
P(X_1, X_2, \cdots, X_n) &= P(X_1) \cdot P(X_2) \cdot \ \cdots \ \cdot P(X_n) \\
&= \prod_{k=1}^{n} P(X_k) \\
&= \prod_{k=1}^{n} \frac{1}{\beta - \alpha}
\end{aligned}
\tag{4-50}
$$

其中，$\prod$ 是求积运算符。第 3 行代入了均匀分布的概率密度。如果假设 $n$ 个随机变量服从独立同分布，计算它们的联合概率分布将变得很方便。

## 3. 不能看作独立同分布的例子

为了简化运算，我们经常假设变量服从 i.i.d，但这不适用于所有情况。一个常见的例外是时间序列数据。

例如，每小时测量一次阳台的气温。很明显，早晨时段的气温较低，中午时段的气温会升高。因此可以假设在相近的时间段测得的气温值也相近。又如，记录每天的销量，分析它的变化。同样可得到昨天的销量和今天的销量相近的结论。这些例子中的随机变量不是相互独立的，所以随机变量序列不服从 i.i.d。

在分析时间序列数据时可以使用相应的分析方法。相关内容超出了本书的范围，深入的讨论可以参考马场真哉（2018）。

# 二项分布

本节将介绍二项分布，它是一种典型的离散型概率分布。本节首先通过 Python 的随机数生成试验引入伯努利分布的概念，接着介绍伯努利分布的延展——二项分布。届时将通过模拟帮助读者直观地理解二项分布。最后总结二项分布的性质。

## 4-3-1　**术语**　试验

在介绍二项分布之前，我们先引入更简单的伯努利分布。首先梳理一下用于理解伯努利分布的相关术语。

一次调查或实验叫作**试验**。若试验可以在完全相同的条件下进行多次，叫作**重复试验**。例如，在同一片湖中使用相同的装备钓了两次鱼，意味着进行了两次重复试验。抛硬币得到正反面、抽签中奖与否等都是试验。

在能够重复试验的前提下重复进行试验的次数叫作**试验次数**。

## 4-3-2　**术语**　二值随机变量

**二值随机变量**是指只有两个值的随机变量，例如"有或无""正面或反面""中奖或未中奖"等。

## 4-3-3　术语　伯努利试验

**伯努利试验**是指得到两种结果中的一种的试验。例如，抛硬币并记录正反面、抽签并记录中奖情况等都是伯努利试验。

## 4-3-4　术语　成功概率

为了方便，把得到两种结果中的一种的概率称为**成功概率**。成功概率的取值范围是 [0, 1]。

例如，抛硬币得到正面的概率可以称为成功概率，抽签时中奖的概率也可以称为成功概率。这里的"成功"一词不含褒贬等感情色彩，比如对于是否患病，也可以将患病的概率称为成功概率。

## 4-3-5　术语　伯努利分布

完成一次伯努利试验时得到的二值随机变量所服从的概率分布就是**伯努利分布**。

比如抛一次硬币，样本空间 $\Omega = \{$ 正面, 反面 $\}$。用实数来代表样本空间的元素，正面记为 1，反面记为 0。抛之前是不知道结果的，但只要公平，就可以确定得到 1 的概率和得到 0 的概率都是 0.5。

现在考虑不公平的情况，即抛一次硬币，将出现正面的概率表示为 [0, 1] 上的成功概率 $p$。此时的概率分布就叫作伯努利分布：

$$\begin{aligned} P(X=1) &= p \\ P(X=0) &= 1-p \end{aligned} \tag{4-51}$$

其中，$X$ 为二值随机变量。

伯努利分布不仅可以用于不公平情况下的抛硬币场景，也可以用于抽签等场景。把抽签中奖的概率设为成功概率 $p$，那么关于不公平情况下的抛硬币的讨论完全适用于此场景。

## 4-3-6 设计程序来模拟抽签

为了设计模拟抽签的程序，这里介绍如何生成服从伯努利分布的随机变量。

在计算机上生成的随机变量叫作**随机数**。在本书中，随机变量和随机数的含义基本相同。

下面介绍的方法就是使用程序生成服从伯努利分布的随机数。

在计算机上模拟进行抽签的试验。在黑盒子里放入 2 张中奖便笺、8 张不中奖便笺，随机抽取一张，并记录抽签的结果。

抽签是随机的，可以预计中奖的概率是 0.2。因此，本例的模拟可以看作成功概率 $p=0.2$ 的伯努利试验。

## 4-3-7 实现 环境准备

导入所需的库。

```
# 用于数值计算的库
import numpy as np
import pandas as pd
from scipy import stats

# 用于绘图的库
from matplotlib import pyplot as plt
import seaborn as sns
sns.set()

# 配置图形上的文字样式
from matplotlib import rcParams
rcParams['font.family'] = 'sans-serif'
rcParams['font.sans-serif'] = 'SimHei'
```

## 4-3-8 实现 抽 1 张便笺的模拟

下面实现抽 1 张便笺的模拟。在 Python 中进行模拟非常便捷且通用，希望读者熟练掌握。

## 1. 准备便笺

在 numpy 的数组 lottery 中放入 10 张便笺。数字 1 表示中奖，0 表示未中奖。

```
lottery = np.array([1,1,0,0,0,0,0,0,0,0])
lottery
```
```
array([1, 1, 0, 0, 0, 0, 0, 0, 0, 0])
```

中奖便笺数除以总数就是成功概率。在本例的 10 张便笺中，有 2 张便笺中奖，那么成功概率是 0.2。

```
sum(lottery) / len(lottery)
```
```
0.2
```

## 2. 抽 1 张便笺

下面抽 1 张便笺。使用 np.random.choice 函数从 numpy 的数组中进行等概率的抽签。指定函数的参数：抽签对象为 lottery，抽签数量 size=1，抽签后放回盒子 replace=True。本例为**放回抽样**。抽签后不放回盒子的抽样叫作**不放回抽样**。只抽 1 张便笺时无须指定参数 replace，这里仅作参考。

```
np.random.choice(lottery, size=1, replace=True)
```
```
array([0])
```

返回的结果是 numpy 的数组。本次抽签的结果为没有中奖。

下面进行 3 次"抽 1 张便笺"的操作。

```
print(np.random.choice(lottery, size=1, replace=True))
print(np.random.choice(lottery, size=1, replace=True))
print(np.random.choice(lottery, size=1, replace=True))
```
```
[0]
```

```
[1]
[0]
```

第 1 次和第 3 次没有中奖，第 2 次中奖。需要注意的是，每次执行这段代码的结果都是随机变化的。

使用 Python 进行模拟便于我们理解什么是随机变化。

## 4-3-9 **实现** 抽 10 张便笺的模拟

下面脱离伯努利试验，尝试通过模拟观察抽 10 张便笺的结果。从成功概率为 0.2 的便笺中抽 10 张便笺，全不中奖的概率是多少？只有 1 张中奖的概率是多少？这些问题将使用后面介绍的二项分布来解答。

### 1. 抽 10 张便笺

首先介绍执行方法。指定 np.random.choice 函数的参数 size=10，就会抽 10 张便笺。

```
print(np.random.choice(lottery, size=10, replace=True))
print(np.random.choice(lottery, size=10, replace=True))
print(np.random.choice(lottery, size=10, replace=True))

[0 0 0 0 0 0 0 0 0 0]
[0 0 0 0 1 0 0 0 0 0]
[0 0 0 0 0 1 0 0 1 0]
```

执行了 3 次同一代码，结果是随机变化的。第 1 次全不中奖，第 2 次有 1 张便笺中奖，第 3 次有 2 张便笺中奖。

### 2. 设置随机数种子

随机数生成程序的结果是随机变化的。指定一个**随机数种子**，可以让结果固定。为了让读者得到与本书示例相同的结果，这里介绍随机数种子的设置。

使用 np.random.seed 设置随机数种子。参数是任意数字。如果指定相同的数字，则将获得相同的执行结果。下面设参数为 1。

```
np.random.seed(1)
print(np.random.choice(lottery, size=10, replace=True))
np.random.seed(1)
print(np.random.choice(lottery, size=10, replace=True))
np.random.seed(1)
print(np.random.choice(lottery, size=10, replace=True))
```

```
[0 0 0 0 1 1 1 0 0 0]
[0 0 0 0 1 1 1 0 0 0]
[0 0 0 0 1 1 1 0 0 0]
```

　　交替执行 np.random.seed 和 np.random.choice，都得到了
3 张便笺中奖的结果。无论执行多少次上述代码，结果都是相同的。

## 3. 反复执行的结果

　　在 np.random.seed 之后，连续执行 np.random.choice 的
结果是随机变化的。

```
np.random.seed(1)
print(np.random.choice(lottery, size=10, replace=True))
print(np.random.choice(lottery, size=10, replace=True))
print(np.random.choice(lottery, size=10, replace=True))
```

```
[0 0 0 0 1 1 1 0 0 0]
[0 0 0 0 0 0 0 0 0 0]
[1 0 1 0 0 0 0 0 0 1]
```

　　第 1 次有 3 张便笺中奖，第 2 次全不中奖，第 3 次有 3 张便笺中奖。
　　通过指定随机数种子可以固定得到上面的规律。再执行一次上述代
码，结果依然是第 1 次有 3 张便笺中奖，第 2 次全不中奖，第 3 次有 3
张便笺中奖。

```
np.random.seed(1)
print(np.random.choice(lottery, size=10, replace=True))
print(np.random.choice(lottery, size=10, replace=True))
print(np.random.choice(lottery, size=10, replace=True))
```

```
[0 0 0 0 1 1 1 0 0 0]
[0 0 0 0 0 0 0 0 0 0]
[1 0 1 0 0 0 0 0 0 1]
```

## 4. 统计中奖的张数

使用 `np.sum` 计算抽签结果的总和，即中奖的张数。

```
np.random.seed(1)
sample_1 = np.random.choice(lottery, size=10, replace=True)
print('抽签结果: ', sample_1)
print('中奖张数: ', np.sum(sample_1))
```

```
抽签结果: [0 0 0 0 1 1 1 0 0 0]
中奖张数: 3
```

## 4-3-10 **实现** 抽 10 张便笺并重复 10 000 次的模拟

下面执行 10 000 次抽 10 张便笺并记录结果的模拟。

## 1. 执行模拟

首先进行准备工作。将试验次数 `n_trial` 设为 10 000，并把这 10 000 次的结果保存在 `binomial_result_array` 中。

```
# 试验次数
n_trial = 10000
# 保存结果的数组
binomial_result_array = np.zeros(n_trial)
```

然后进行模拟。

```
np.random.seed(1)
for i in range(0, n_trial):
    sample = np.random.choice(lottery, size=10, replace=True)
    binomial_result_array[i] = np.sum(sample)
```

第 1 行设置随机数种子。从第 2 行开始是索引 `i` 从 0 到 `n_trial` 增加的 `for` 循环，重复执行后面 2 行的操作。

在 `for` 循环中，使用 `np.random.choice` 抽签，并把结果保存为 `sample`。参数 `size=10`，表示每次抽 10 张便笺。每次的中奖张数

保存在 `binomial_result_array` 里面。

　　看一下 `binomial_result_array` 的前 10 个元素。有的中了 3 张，有的中了 1 张，有的全没有中。结果是随机变化的。

```
binomial_result_array[0:10]

array([3., 0., 3., 2., 3., 1., 0., 2., 3., 0.])
```

## 2. 执行结果的直方图

　　首先观察执行结果的频率分布。将分组设为从 0 到 10、公差为 1 的数列。

```
np.histogram(binomial_result_array,
             bins=np.arange(0, 11, 1), density=True)

(array([1.118e-01, 2.711e-01, 2.992e-01, 1.977e-01,
        8.890e-02, 2.430e-02, 5.800e-03, 1.100e-03,
        1.000e-04, 0.000e+00]),
 array([ 0,  1,  2,  3,  4,  5,  6,  7,  8,  9, 10]))
```

　　然后绘制直方图（见图 4-3-1）。可以看到，中奖张数为 0 到 2 的较多，符合预想的结果。

```
sns.histplot(binomial_result_array,
             bins=np.arange(0, 11, 1),
             stat='density', color='gray')
```

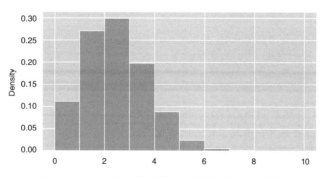

图 4-3-1　中奖次数（抽 10 张便笺）的直方图

以上内容讲解了如何用程序模拟抽签。下面介绍一种概率分布，它可以准确描述随机变化的中奖次数。

# 4-3-11　**术语**　二项分布

下面介绍二项分布。

## 1. 什么是二项分布

设成功概率为 $p$，进行 $n$ 次独立的伯努利试验，成功的次数所服从的概率分布叫作**二项分布**。通过修改二项分布的参数 $p$ 和 $n$，我们可以得到多种形状的概率分布。

从中奖率为 0.2 的便笺中抽 10 张便笺，中奖次数服从的分布是 $p=0.2$，$n=10$ 的二项分布。前面进行的抽签试验，就是生成服从二项分布的随机数。

## 2. 二项分布的概率质量函数

设成功概率为 $p$，进行 $n$ 次独立的伯努利试验，成功次数为随机变量 $X$。二项分布的概率质量函数定义如下：

$$\mathrm{Bin}\left(X\mid n,p\right)=C_n^x\cdot p^x\cdot\left(1-p\right)^{n-x} \tag{4-52}$$

二项分布的概率质量函数可以计算"将正面出现概率为 $p$ 的硬币抛 $n$ 次，正面出现 $x$ 次"的概率，其中 $x$ 为成功次数，$n$ 是试验次数，$p$ 是成功概率。

## 3. 二项分布的概率质量函数的解释

下面以抽签为例来解释一下二项分布的概率质量函数。

首先，中奖的概率为 $p$。抽 2 次签，结果全为中奖的概率为 $p\times p$；抽 3 次签，结果全为中奖的概率为 $p\times p\times p$；抽 $x$ 次签，结果全为中奖的概率就是 $p^x$。

其次，不中奖的概率是 $1-p$，次数是 $n-x$，那么不中奖 $n-x$ 次的概率是 $\left(1-p\right)^{n-x}$。

最后，考虑中奖和不中奖这两种结果的出现顺序。

设抽 4 次签（$n=4$），中奖 2 次（$x=2$）。用 1 表示中奖，用 0 表示不中奖，这 4 次的抽签结果可能出现如下 6 种形式。

- 形式 1：1, 1, 0, 0
- 形式 2：1, 0, 0, 1
- 形式 3：1, 0, 1, 0
- 形式 4：0, 1, 0, 1
- 形式 5：0, 1, 1, 0
- 形式 6：0, 0, 1, 1

形式的种类数可以使用排列组合公式计算：

$$C_n^x = \frac{n!}{x!(n-x)!} \tag{4-53}$$

把 $p^x$、$(1-p)^{n-x}$、$C_n^x$ 相乘，得到的就是二项分布的概率质量函数的数学式，即式（4-52）。

## 4-3-12　实现　二项分布

我们将使用 Python 来实现二项分布的概率质量函数，具体会用到 `stats.binom.pmf`。pmf 是 probability mass function（概率质量函数）的缩写。

### 1. 二项分布的概率质量函数

首先，在公平的情况下抛 2 枚硬币，计算只有 1 枚出现正面的概率，即 Bin$(1|2, 0.5)$。它的结果是 0.5（注意，计算机的数值计算可能存在误差）。

```
round(stats.binom.pmf(k=1, n=2, p=0.5), 3)
```
```
0.5
```

接下来，对中奖率为 0.2 的便笺进行 10 次抽签，计算全部不中奖的概率，即 Bin$(0|10, 0.2)$。它的结果为 0.107。

```
round(stats.binom.pmf(k=0, n=10, p=0.2), 3)
```

```
0.107
```

## 2. 二项分布的概率质量函数的图形

下面看一下从中奖率为 0.2 的便笺中抽 10 张便笺的概率分布。设置中奖次数从 0 增加到 10，计算全部概率。

```
# 成功次数
n_success = np.arange(0, 11, 1)
# 概率
probs = stats.binom.pmf(k=n_success, n=10, p=0.2)

# 保存在数据帧里
probs_df = pd.DataFrame({
    'n_success': n_success,
    'probs': probs
})
print(probs_df)
```

```
    n_success         probs
0           0  1.073742e-01
1           1  2.684355e-01
2           2  3.019899e-01
3           3  2.013266e-01
4           4  8.808038e-02
5           5  2.642412e-02
6           6  5.505024e-03
7           7  7.864320e-04
8           8  7.372800e-05
9           9  4.096000e-06
10         10  1.024000e-07
```

可见，成功次数为 0 次的概率约为 0.107，成功次数为 1 次的概率约为 0.268，成功次数为 2 次的概率约为 0.302。

e-01 的含义是 $10^{-1}$。e-07 的含义是 $10^{-7}$，约等于 0。使用折线图观察上述结果，并绘出抽签试验的直方图。由图 4-3-2 可以看出，二者基本一致。

```
# 直方图（模拟结果）
sns.histplot(binomial_result_array,
             bins=np.arange(0, 11, 1),
             stat='density', color='gray')

# 折线图（二项分布的概率质量函数）
sns.lineplot(x=n_success, y=probs,
             data=probs_df, color='black')
```

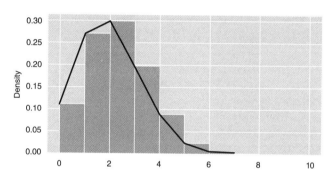

图 4-3-2　试验结果与二项分布的对比

　　直方图与折线图完美对应。从中奖率为 0.2 的便笺中抽 10 张便笺，中奖次数服从 $p=0.2$, $n=10$ 的二项分布。这样，我们无须进行模拟抽签，只要使用二项分布就可以计算各种概率。例如，要计算"从成功概率为 0.2 的便笺中抽 10 张便笺，完全不中奖"的概率，使用二项分布的概率质量函数比进行模拟抽签更加方便快捷。

　　在学习统计学的过程中，我们经常遇到二项分布等多种概率分布。这些概率分布并非凭空而来。理解概率分布的形成原理，有助于我们更深刻地掌握统计学。

## 3. 各种各样的二项分布

　　改变二项分布的两个参数，即成功概率 $p$ 和试验次数 $n$，可以改变分布的形状。下面绘制改变了形状的二项分布作为参考。

　　图 4-3-3 是概率质量函数的折线图。$x$ 轴为成功次数 n_success，成功概率分别为 0.1、0.2、0.5。从中可以看出，成功概率越低，成功次数

较少的概率越高。图形的结论符合直觉。

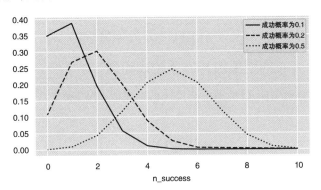

图4-3-3　各种二项分布

## 4-3-13　实现　生成服从二项分布的随机数

前面使用了 np.random.choice 函数生成服从二项分布的随机数。下面介绍更加方便的函数 stats.binom.rvs。rvs 是 random variates（随机变量）的缩写。

设从中奖率为 0.2 的便笺中抽 10 张便笺，并记录 5 次抽签结果。

```
np.random.seed(1)
stats.binom.rvs(n=10, p=0.2, size=5)
```
```
array([2, 3, 0, 1, 1])
```

指定 stats.binom.rvs 的参数 n=10，p=0.2，就可以得到如图 4-3-2 所示的图形，以及如 4-3-12 节 probs_df 的结果，即服从"成功次数为 0 次的概率约为 0.107，成功次数为 1 次的概率约为 0.268，成功次数为 2 次的概率约为 0.302"这样的概率分布的随机数。

改变参数 size 可得到任意个数的随机数。在进行模拟时，使用这个函数会更加方便。

## 4-3-14　**实现**　二项分布的期望值与方差

下面介绍服从二项分布的随机变量的期望值与方差。

### 1. 二项分布的期望值与方差的理论值

$X \sim \mathrm{Bin}(X \mid n, p)$ 的随机变量 $X$ 的期望值 $E(X)$ 和方差 $V(X)$ 的计算如下：

$$E(X) = np \tag{4-54}$$

$$V(X) = np(1-p) \tag{4-55}$$

### 2. 程序中的二项分布的期望值

我们使用 Python 确认上面的结果。研究对象是假设服从 $n=10$，$p=0.2$ 的二项分布的抽签模拟，计算中奖次数的均值。与期望值的理论值比较，二者是一致的。

```
n = 10
p = 0.2
x_bar = np.mean(binomial_result_array)
print('随机数的均值　: ', round(x_bar, 1))
print('期望值的理论值: ', n * p)

随机数的均值　: 2.0
期望值的理论值: 2.0
```

使用 stats.binom.mean 函数可以直接计算二项分布的期望值的理论值。

```
stats.binom.mean(n=10, p=0.2)

2.0
```

### 3. 程序中的二项分布的方差

类似地，比较模拟结果的方差和理论值。这里也得到了二者一致的结论。

```
u2 = np.var(binomial_result_array, ddof=1)
print('随机数的方差: ', round(u2, 1))
print('方差的理论值: ', n * p * (1-p))
```

```
随机数的方差: 1.6
方差的理论值: 1.6
```

使用 `stats.binom.var` 函数可以直接计算二项分布的方差的理论值。

```
stats.binom.var(n=10, p=0.2)
```

```
1.6
```

## 4-3-15 （实现） 二项分布的累积分布函数

下面将实现二项分布的累积分布函数。

### 1. 程序中的累积分布函数

复习一下 4-2 节的内容。对于随机变量 $X$, 求 $P(X \leqslant x)$ 的函数 $F(x)$ 叫作累积分布函数。下面对 $X \sim \text{Bin}(X|10, 0.2)$ 的随机变量 $X$, 求 $P(X \leqslant 2)$。使用的函数是 `stats.binom.cdf`。cdf 是 cumulative distribution function（累积分布函数）的缩写。

```
round(stats.binom.cdf(k=2, n=10, p=0.2), 3)
```

```
0.678
```

### 2. 概率质量函数与累积分布函数的比较

当成功次数为最小的 0 时, 概率质量函数与累积分布函数是一致的（注意, 极小的数值可能包含误差）。

```
print('概率质量函数', round(stats.binom.pmf(k=0, n=10, p=0.2), 3))
print('累积分布函数', round(stats.binom.cdf(k=0, n=10, p=0.2), 3))
```

```
概率质量函数 0.107
累积分布函数 0.107
```

当成功次数为 1 时，二者不同。

```
print('概率质量函数', round(stats.binom.pmf(k=1, n=10, p=0.2), 3))
print('累积分布函数', round(stats.binom.cdf(k=1, n=10, p=0.2), 3))
```

```
概率质量函数 0.268
累积分布函数 0.376
```

求 $P(X \le 1)$，就是求 $P(X=0)+P(X=1)$。取概率质量函数的累积值就可以得到累积分布函数。

```
pmf_0 = stats.binom.pmf(k=0, n=10, p=0.2)
pmf_1 = stats.binom.pmf(k=1, n=10, p=0.2)
round(pmf_0 + pmf_1, 3)
```

```
0.376
```

## 4-3-16  实现  二项分布的百分位数

使用 stats.binom.ppf 可以求 $n=10$, $p=0.2$ 的二项分布的百分位数。ppf 是 percent point function（百分位数函数）的缩写。

```
# 成功概率p=0.2, 伯努利试验次数n=10
print('10%: ', stats.binom.ppf(q=0.1, n=10, p=0.2))
print('20%: ', stats.binom.ppf(q=0.2, n=10, p=0.2))
print('50%: ', stats.binom.ppf(q=0.5, n=10, p=0.2))
print('80%: ', stats.binom.ppf(q=0.8, n=10, p=0.2))
print('95%: ', stats.binom.ppf(q=0.95, n=10, p=0.2))
```

```
10%: 0.0
20%: 1.0
50%: 2.0
80%: 3.0
95%: 4.0
```

由上可知，总体的 95% 的中奖次数都不超过 4。中奖次数大于或等于 5 的情况非常稀少。

## 4-3-17  实现  二项分布的右侧概率

对于随机变量 $X$，$P(X \leqslant x)$ 是左侧概率。相对地，$P(X > x)$ 是**右侧概率**。

如果累积分布函数为 $F(X)$，那么 $1 - F(X)$ 就是右侧概率。下面对 $X \sim \mathrm{Bin}(X \mid 10, 0.2)$ 的随机变量 $X$，求 $P(X > 4)$。

```
round(1 - stats.binom.cdf(k=4, n=10, p=0.2), 3)
```
```
0.033
```

我们也可以使用 stats.binom.sf（sf 是生存函数的英文 survival function 的缩写）计算右侧概率，得到的结果与上述一致。这个函数的精度更高。

```
round(stats.binom.sf(k=4, n=10, p=0.2), 3)
```
```
0.033
```

# 4-4

# 正态分布

本节将介绍一种常用的概率分布——正态分布。我们首先讲解正态分布的概念，然后借助模拟讲解正态分布的成因（误差累积的结果），最后介绍正态分布的性质。

## 4-4-1　实现　环境准备

导入所需的库。

```python
# 用于数值计算的库
import numpy as np
import pandas as pd
from scipy import stats

# 用于绘图的库
from matplotlib import pyplot as plt
import seaborn as sns
sns.set()

# 配置图形上的文字样式
from matplotlib import rcParams
rcParams['font.family'] = 'sans-serif'
rcParams['font.sans-serif'] = 'SimHei'
```

## 4-4-2　术语　正态分布

下面介绍正态分布的基本概念。

## 1. 什么是正态分布

**正态分布**也叫高斯分布（高斯是一位数学家），是一种连续型概率分布。"正态"的含义是"普适的、一般的"。

由于后文将要介绍中心极限定理，因此正态分布经常出现。例如人的身高、鱼的体长、考试分数的离散程度等通常服从正态分布。

期望值为 0、方差为 1 的正态分布也叫**标准正态分布**。

正态分布有以下性质。

- 随机变量的取值范围是$(-\infty, \infty)$。
- 均值附近的概率密度较大（数据更容易集中在均值附近）。
- 距离均值越远，概率密度越小。
- 概率密度以均值为中心左右对称。

## 2. 正态分布的概率密度函数

设均值（期望值）为 $\mu$，方差为 $\sigma^2$，正态分布的概率密度函数如下：

$$\mathcal{N}\left(X \mid \mu, \sigma^2\right)=\frac{1}{\sqrt{2\pi\sigma^2}}\,\mathrm{e}^{-\frac{(x-\mu)^2}{2\sigma^2}} \tag{4-56}$$

正态分布的形状随着参数 $\mu$ 和 $\sigma^2$ 变化。参数 $\mu$ 与概率分布的均值（期望值）一致，参数 $\sigma^2$ 与方差一致。我们有时省略随机变量 $X$，将 $\mathcal{N}\left(X \mid \mu, \sigma^2\right)$ 简写为 $\mathcal{N}\left(\mu, \sigma^2\right)$。

虽然数学式比较复杂，但我们可以使用 Python，只需几行代码就能完成计算。

## 4-4-3　实现　正态分布的概率密度函数

下面使用 Python 来实现正态分布的概率密度函数。

## 1. 正态分布的概率密度函数

在均值为 4、标准差为 1（方差也为 1）的正态分布中，计算随机变量等于 3 的概率密度。这里使用 stats.norm.pdf 函数。pdf 是 probability density function（概率密度函数）的缩写。参数 loc 表示均值，scale 表示标准差。

```
round(stats.norm.pdf(loc=4, scale=1, x=3), 3)
```

```
0.242
```

## 2. 先实例化再执行

我们可以生成一个"均值为 4、标准差为 1 的正态分布"实例，以便用于后续计算。

```
norm_dist = stats.norm(loc=4, scale=1)
round(norm_dist.pdf(x=3), 3)
```

```
0.242
```

## 3. 正态分布的概率密度函数的图形

下面使用折线图来观察随机变量从 0 增加到 8 时概率密度的变化。首先计算均值为 4、方差为 1 的正态分布的概率密度，并保存在数据帧里。

```
# 随机变量
x = np.arange(start=0, stop=8, step=0.1)
# 概率密度
density = stats.norm.pdf(x=x, loc=4, scale=1)
# 保存在数据帧里
density_df = pd.DataFrame({
    'x': x,
    'density': density
})

print(density_df.head(3))
```

```
     x   density
0  0.0  0.000134
1  0.1  0.000199
2  0.2  0.000292
```

然后绘制折线图。这种图形被称为高斯曲线，或者钟形曲线、铃形曲线（见图 4-4-1）。

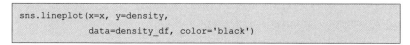

```
sns.lineplot(x=x, y=density,
            data=density_df, color='black')
```

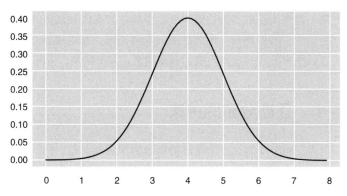

图 4-4-1 正态分布的概率密度函数的图形

## 4. 各种各样的正态分布

改变正态分布的两个参数，即均值 $\mu$ 和方差 $\sigma^2$，就可以改变其概率密度函数的形状。下面改变一些参数，绘制这些正态分布的概率密度函数的图形（见图 4-4-2），以供参考。

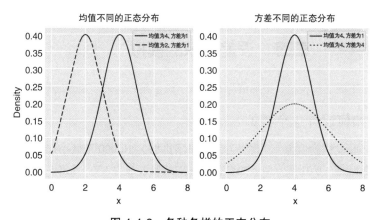

图 4-4-2 各种各样的正态分布

图 4-4-2 展示了均值和方差分别不同的几种正态分布的概率密度函数图形。左图的实线图形和虚线图形的方差都是 1，但均值分别为 4 和 2。改变均值，概率密度会左右平移。

右图的实线图形和虚线图形的均值都是 4，但方差分别为 1 和 4。改变方差，概率密度的峰值位置不变，但峰值的高度和尾部的宽度会改变。方差越小，峰值越高，尾部越窄。也就是说，方差越小，样本值在均值附近的概率越高，远离均值的概率越低；方差越大，情况则相反。

## 4-4-4　正态分布的由来

在引入正态分布时，一个常见的概念叫作测量误差。例如，在恒温的房间中测量金属球的直径。假设金属球的大小不变，但测量金属球的直径并不容易。如果尺子刻度对准的角度有些许不同，测量值就可能有细微的偏差。这种测量偏差叫作**测量误差**。

我们认为测量误差会上下浮动，但它们的均值是 0。此外，均值本身的浮动造成的偏差叫作**系统误差**。下面考虑的是均值为 0，但测量值上下浮动的**随机误差**。

假设均值为 0 的微小误差不断累积，将导致结果随机变化。在这个假设下，结果在多数情况下服从正态分布。

## 4-4-5　实现　误差累积的模拟

下面通过模拟，把均值为 0 的微小误差累积起来，观察结果的变化。

### 1. 如何设计这个模拟

假设精确值为 4，我们为精确值随机加上 10 000 个微小误差。误差的取值是 −0.01 和 0.01，每个值被选中的概率都为 1/2。如果 −0.01 被加的次数比较多，累积值就会小于 4；如果 0.01 被加的次数比较多，累积值就会大于 4；如果 −0.01 和 0.01 各被加了 5000 次，那么累积值等于 4。

下面编写相应的代码，分别定义累加误差的次数、中心位置、微小误差。

```
# 累加误差的次数
n_noise = 10000
# 中心位置
location = 4
# 微小误差
noise = np.array([-0.01, 0.01])
```

这里从 noise 中随机选取 n_noise 个误差累加给 location。本次模拟得到的结果是 3.52。

```
np.random.seed(5)
location + np.sum(np.random.choice(noise, size = n_noise,
                                   replace = True))
```

```
3.52
```

这种模拟是随机的，每次执行的结果都不一样。第 2 次执行的结果是 2.62，偏离 4 更远。

```
location + np.sum(np.random.choice(noise, size = n_noise,
                                   replace = True))
```

```
2.62
```

## 2. 执行 50 000 次模拟

我们执行 50 000 次上述模拟，将结果保存在数组 observation_result 中。"\" 为换行符，这个字符在不同的字体下外观可能不同（也可能显示为 "￥" 等）。

```
# 试验次数
n_trial = 50000
# 累加误差后得到的观测值
observation_result = np.zeros(n_trial)

# 选取n_noise个误差, 累加给location, 并执行n_trial次
np.random.seed(1)
for i in range(0, n_trial):
    observation_result[i] = location + \
    np.sum(np.random.choice(noise, size=n_noise,
```

```
                        replace=True))
```

## 3. 观察模拟的结果

下面观察模拟的结果，计算模拟结果的均值和方差。

```
x_bar = np.mean(observation_result)
u2 = np.var(observation_result, ddof=1)
print('均值: ', round(x_bar, 1))
print('方差: ', round(u2, 1))
```

```
均值: 4.0
方差: 1.0
```

绘制模拟结果的直方图（见图 4-4-3）。它的形状是以 4 为中心、左右对称的钟形。在上面绘制均值为 4、方差为 1 的正态分布的概率密度函数的折线图，可见二者基本重合。

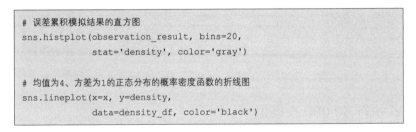

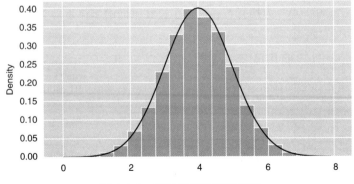

图 4-4-3　误差累积模拟的结果

## 4-4-6　　术语　中心极限定理

误差累积模拟的直方图与正态分布的形状非常相似。下面用中心极限定理来说明。

### 1. 中心极限定理的定义

设有 $n$ 个随机变量的序列 $X_1, X_2, \cdots, X_n$ 服从独立同分布，这些随机变量的概率分布的均值为 $\mu$，方差为 $\sigma^2$。那么，$n$ 越大，随机变量的总和 $\sum_{i=1}^{n} X_i$ 所服从的概率分布就越近似于正态分布 $\mathcal{N}\left(n\mu, n\sigma^2\right)$。以上就是**中心极限定理**。

### 2. 误差累积模拟的解释

在前述误差累积模拟中，独立选取的误差有 10 000 个，那么 $n = 10\,000$。误差是从 −0.01 和 0.01 中以 1/2 的等概率选取的，因此期望值和方差分别如下：

$$\mu = \frac{-0.01 + 0.01}{2} = 0 \tag{4-57}$$

$$\sigma^2 = \frac{\left(-0.01 - 0\right)^2 + \left(0.01 - 0\right)^2}{2} = \frac{0.000\,2}{2} = 0.000\,1 \tag{4-58}$$

误差累积值的期望值是 $n\mu = 10000 \times 0 = 0$，因此即使累加了误差，中心位置也不会改变。方差是 $n\sigma^2 = 10\,000 \times 0.000\,1 = 1$，说明模拟结果的离散程度是 1。以上结论与模拟的结果一致。

### 3. 什么时候使用正态分布

用作误差的随机变量是我们以 1/2 的概率从 −0.01 和 0.01 中选取的，因此它不服从正态分布。但这些随机变量的总和的分布随着 $n$ 的增大趋近于正态分布。这种性质使得正态分布经常出现在各种场合。

正态分布可以作为人的身高、鱼的体长等所遵循的概率分布。认为这种假设合理的原因是，不同的环境、不同的食物等无数微小的影响累积起来改变了身高、体长等。

另外，我们要注意正态分布的适用性。如果无法将数据视为独立随机变量的总和，那么使用正态分布以外的分布或许能够更好地描述数据的变化。我们可以考虑使用 4-3 节介绍的二项分布、第 9 章介绍的泊松分布等。

### 4. 中心极限定理的误区

中心极限定理认为，$n$ 越大，随机变量的总和越接近正态分布。这里的关键是"总和"。

一个常见的误区是"只要增大样本容量，就可以将样本看作正态分布"。这样的理解显然是错误的。不是随机变量本身所服从的概率分布趋近于正态分布，而是随机变量的总和所服从的概率分布趋近于正态分布。我们要注意到这个误区。

正态分布不是万能的概率分布。在研究其他概率分布时，可以考虑使用第 7 章介绍的广义线性模型。

## 4-4-7　正态分布的性质

下面介绍正态分布的几个实用性质。

### 1. 随机变量的变换

设随机变量 $X \sim \mathcal{N}(\mu, \sigma^2)$，将 $X$ 变换为 $aX+b$ 后得到 $X'$。此时 $X'$ 也服从正态分布，且有 $X' \sim \mathcal{N}(a\mu+b, a^2\sigma^2)$。

对正态分布的随机变量进行加法、乘法运算，所得的结果也服从正态分布。

### 2. 转换为标准正态分布

将随机变量 $X \sim \mathcal{N}(\mu, \sigma^2)$ 标准化后得到随机变量 $Z$：

$$Z = \frac{X-\mu}{\sigma} \tag{4-59}$$

代入前述的数学式可得，$Z \sim \mathcal{N}(0,1)$。当随机变量 $X$ 服从正态分布时，使用上述变换可以得到服从标准正态分布的随机变量。

## 3. 随机变量的和

设有两个随机变量：$X_1 \sim \mathcal{N}\left(\mu_1, \sigma_1^2\right)$，$X_2 \sim \mathcal{N}\left(\mu_2, \sigma_2^2\right)$。那么，随机变量的和 $X_1 + X_2$ 也服从正态分布，且有 $X_1 + X_2 \sim \mathcal{N}\left(\mu_1 + \mu_2, \sigma_1^2 + \sigma_2^2\right)$。

服从期望值或方差不同的正态分布的随机变量，它们的和也服从正态分布。均值和方差分别是各分布的均值的和和方差的和。我们可以得出一个结论：服从正态分布的误差的和也服从正态分布。这叫作正态分布的再生性。

## 4-4-8 实现 生成服从正态分布的随机数

下面介绍在 Python 中使用正态分布的方法。

无须设计误差累积的模拟，使用 stats.norm.rvs 函数就可以直接生成服从正态分布的随机数。下面生成 8 个服从均值为 4、标准差为 1（方差也为 1）的正态分布的随机数。

```
np.random.seed(1)
simulated_sample = stats.norm.rvs(
    loc=4, scale=1, size=8)
simulated_sample
```

```
array([5.62434536, 3.38824359, 3.47182825, 2.92703138,
       4.86540763, 1.6984613 , 5.74481176, 3.2387931 ])
```

## 4-4-9 实现 正态分布的累积分布函数

我们可以使用 stats.norm.cdf 计算正态分布的累积分布函数。以下示例计算 $\mathcal{N}(4,1)$ 上的 $P(X \leqslant 3)$。

```
round(stats.norm.cdf(loc=4, scale=1, x=3), 3)
```

```
0.159
```

由于正态分布是左右对称的，因此随机变量在均值左侧的概率等于 0.5。

```
round(stats.norm.cdf(loc=4, scale=1, x=4), 3)
```
```
0.5
```

## 4-4-10 实现 正态分布的百分位数

我们可以使用 stats.norm.ppf 计算正态分布的百分位数。以下示例计算 $\mathcal{N}(4,1)$ 上 $P(X \leqslant x) = 0.025$ 时的 $x$。

```
round(stats.norm.ppf(loc=4, scale=1, q=0.025), 3)
```
```
2.04
```

同理，50% 分位数等于期望值。

```
round(stats.norm.ppf(loc=4, scale=1, q=0.5), 3)
```
```
4.0
```

## 4-4-11 实现 正态分布的右侧概率

我们可以使用 stats.norm.sf 计算正态分布的右侧概率。以下示例计算 $\mathcal{N}(4,1)$ 上的 $P(X > 3)$。

```
round(stats.norm.sf(loc=4, scale=1, x=3), 3)
```
```
0.841
```

第 **5** 章

# 统计推断

# 统计推断的思路

通过样本推测总体叫作**统计推断**。本节将介绍怎样获取样本，以及怎样通过样本推测总体。要厘清流程，重要的是能够理解**随机变量**和**概率分布**这两个不那么直观的术语。

本节首先讲解从总体中抽取样本的思路，然后讲解如何通过概率模型抽象化抽样过程，最后讲解如何通过模型完成对总体的推断。

---

## 5-1-1 术语 抽样

从总体中获取样本叫作**抽样**。

从湖中钓鱼并测得鱼的体长数据，就是抽样。

通过问卷调查得到调查结果，也是抽样。

掷骰子并记下得到的点数，同样是抽样。

---

## 5-1-2 术语 简单随机抽样

随机选择总体中各个元素，也就是说，所有元素都以相等的概率被选中，这样的选取方法叫作**简单随机抽样**。本书假设样本是通过简单随机抽样获取的。

通过简单随机抽样得到的样本叫作**简单随机样本**。

## 5-1-3 湖中钓鱼示例

为便于说明，这里举一个例子。假设有一片湖，我们在此钓鱼并测量鱼的体长。湖中只有一种鱼，其他河流湖泊中的鱼也不会游进来。另外，鱼的钓取难度完全相同。

在这个例子中，所有能被测得的鱼的体长就是总体。

从湖中钓出 1 条鱼并测量它的体长，这个过程就是抽样。假设样本是通过简单随机抽样获取的。也就是说，如果所有能被测得的体长数据有 5 个，那么每个数据被抽取作为样本的概率是 1/5；如果有 10 000 个体长数据，那么每个数据被抽取作为样本的概率是 1/10 000。

## 5-1-4 样本与随机变量

从 5-1-3 节描述的湖中钓 1 条鱼，它的体长是多少呢？

这时就要请出对这片湖无所不知的湖博士了。假设湖博士知道湖中所有鱼的体长，这意味着总体情况是完全明确的。

我们从湖博士那里知道，这片湖里有 5 条鱼，体长分别如下（四舍五入取整）。

- 2 cm：1 条
- 3 cm：1 条
- 4 cm：1 条
- 5 cm：1 条
- 6 cm：1 条

这里重申一下：湖中只有 5 条鱼（虽然有点少）。钓起 1 条鱼的动作和从这 5 条鱼中任选 1 条的动作等价。

不过，就算能完美地推断总体，我们也无法知道明天会从这 5 条鱼中钓出哪一条。

钓出体长为 2 cm 的那条鱼的概率是 20%。

钓出体长为 5 cm 的那条鱼的概率也是 20%。

如果要预测明天钓出的鱼的体长，我们可以回答"体长是 2 cm 的概率是 20%"，但无法说钓取的鱼的体长一定是 2 cm。

湖中游着 5 条鱼，体长分别如上所示，这些是已知的。然而，钓到的鱼的体长是随机变化的。

我们能以 20% 的概率钓到体长为 2 cm 的鱼，也能以 20% 的概率钓到体长为 3 cm 的鱼。因为所钓到的鱼的体长会随机变化，所以我们把体长看作随机变量，即把样本看作随机变量。

## 5-1-5 作为抽样过程的总体分布

下面讨论在简单随机抽样中，抽样和随机变量的关系。

### 1. 总体分布

总体服从的概率分布叫作**总体分布**。

在钓鱼的例子中，湖博士让我们知道了总体的数据。在这个总体中，体长为 2 cm 的鱼占 20%，体长为 3 cm 的鱼占 20%，体长为 4 cm 的鱼占 20%，体长为 5 cm 的鱼占 20%，体长为 6 cm 的鱼占 20%。以上就是总体分布。

### 2. 湖中钓鱼的例子

下面①和②的对应关系非常重要（对数值小数点后部分进行了四舍五入）。

① 从下述总体中，通过简单随机抽样得到一个样本。

- 2 cm：1 条
- 3 cm：1 条
- 4 cm：1 条
- 5 cm：1 条
- 6 cm：1 条

② 通过服从下述概率分布的随机变量 $X$ 取得一个样本值。

- $P(X=2)=0.2$
- $P(X=3)=0.2$
- $P(X=4)=0.2$

- $P(X=5)=0.2$

- $P(X=6)=0.2$

从总体中进行简单随机抽样，等同于通过服从总体分布的随机变量获取样本值。当样本数量大于或等于 2 时，通过简单随机抽样获得的样本是服从总体分布的随机变量序列。

## 5-1-6　用术语来描述抽样过程

**A：从湖中钓到了一条体长为 3 cm 的鱼。**

假设所有鱼被钓到的概率相等，下面使用统计学术语来重新表述 A 句。

我们学习了总体和样本的关系。湖中所有可测量的鱼是总体，被钓到的鱼的体长是样本。此外，总体中的每个元素都以相等的概率被获取的抽样叫作简单随机抽样。使用这些术语，可以得到 B 句。

**B：通过从总体中进行简单随机抽样获得了样本，结果（样本的值）为 3 cm。**

我们学习了可以将样本看作随机变量。因此，可以将 B 句重新表述为如下的 C 句。

**C：把样本作为服从总体分布的随机变量来获取，得到了 3 cm 这个样本值。**

我们这次得到了 3 cm 的样本值，再进行一次钓鱼抽样，可能会得到 2 cm 或 5 cm 等不同的样本值。因此样本被视为随机变量。"从总体中进行简单随机抽样得到样本"的说法等同于"生成服从总体分布的独立随机变量序列"。这正是统计推断的核心理论基础。

## 5-1-7　模型的应用

从现在开始，我们将从**模型**的角度来观察抽样过程，并重新讲解 5-1-6 节的内容。

1-3 节介绍了模型的概念。针对现实世界建模可以让抽样的过程更加直观并易于操作。

在统计学中，随机过程生成了我们观测到的数据，这个随机过程就是模型 (Upton and Cook (2004))。

## 5-1-8　术语　瓮模型

一种常用的模型是**瓮模型**。在瓮模型中，从瓮中取出小球的行为可以用于解释多种现象。例如，在只有 5 条鱼的湖中钓鱼的例子，可以用从装有 5 个球的瓮中随机取出 1 个球这样的瓮模型来表示。

在湖中游动的鱼 (生物) 和在瓮中的球 (人工制品) 本质完全不同，但是作为描述抽样的模型，这已足够贴切。

## 5-1-9　把抽样过程抽象化的模型

从总体中进行简单随机抽样，等同于获取服从总体分布的随机变量序列。通过下述示例可以更好地体会这句话的重要意义。

① 从下述总体中，通过简单随机抽样得到一个样本。

- 2 cm：1 条
- 3 cm：1 条
- 4 cm：1 条
- 5 cm：1 条
- 6 cm：1 条

② 瓮中装有写着数字 {2, 3, 4, 5, 6} 的球，现从瓮中随机取出一个球。

③ 通过服从下述概率分布的随机变量 $X$ 取得一个样本值。

- $P(X = 2) = 0.2$
- $P(X = 3) = 0.2$
- $P(X = 4) = 0.2$

- $P(X=5)=0.2$

- $P(X=6)=0.2$

③中的概率分布和 5-1-5 节的相同。无论是以测量鱼的体长作为对象，还是以从瓮中取球作为对象，都能用相同的概率分布来表示。像这样，把抽样的过程抽象化、简单化的描述就叫作模型。以本节的例子来说，"从湖中钓鱼以获取样本的过程"和"从瓮中拿出数字球的过程"都化为由③所述的模型。

我们不关注总体里面有什么（如是否钓了鱼，是否拿了球），而只关注总体的概率分布。这就是统计学特有的抽象化。

然而，瓮模型虽然直观易懂，但在研究对象是连续随机变量等情况下使用不便。在后面的讲解中，我们将跳过瓮模型，而直接应用如③那样描述概率分布的模型。

在上述示例中，我们通过准备随机变量与概率的对应表的方式来呈现概率分布。然而，就像 4-2 节介绍的那样，利用概率质量函数或者概率密度函数来呈现概率分布的做法也十分常见。稍后我们将举例进行说明。

## 5-1-10 总体分布与总体的频率分布

从本节开始，我们将探讨推断总体分布的方法。我们先采用一种非常简单的方法求总体分布，也就是把总体中的数据全部数一遍，求出频率分布。

我们再次使用湖中钓鱼的例子。在湖博士的帮助下，我们完全掌握了总体的情况。湖中共有 5 条鱼，体长如下。这也是频数分布。

- 2 cm：1 条
- 3 cm：1 条
- 4 cm：1 条
- 5 cm：1 条
- 6 cm：1 条

频率分布如下所示。

- 2 cm：0.2

- 3 cm：0.2
- 4 cm：0.2
- 5 cm：0.2
- 6 cm：0.2

可见，总体的频率分布是明确的，我们也可以将其看作总体分布。从中随机抽出一个样本，得到的就是服从总体分布的样本。不过，如果不能完全掌握总体的情况，这种方法就失效了。

从 5-1-11 节开始，我们将介绍通过样本分布来推断总体分布的方法。

## 5-1-11　更现实的湖中钓鱼示例

如果能完全掌握总体的情况，就能知道总体分布。我们接下来将探讨在未能完全掌握总体的情况下，如何求得总体分布。

我们让湖中钓鱼的例子更贴近现实。首先，不存在湖博士，这样就不存在完全掌握总体的情况了。

其次，湖中有无数条鱼。鱼的种类还是一种，但因为数量众多，我们不可能把所有鱼的体长都测一遍。容量无限大的总体叫作**无限总体**。鱼的数量不是无限的，但它远大于样本容量。本书接下来的分析将假设鱼群是无限总体。

当总体很小时，我们可以进行普查。例如，要在拥有 20 名员工的公司中做满意度调查，给每一名员工发一份问卷即可，无须进行统计推断。

在本节的示例中，总体很大，我们把它看作无限总体。现在通过钓鱼进行抽样，假设这次钓了 10 条鱼。

钓到的鱼的体长如下所示（四舍五入取整，单位为 cm）：

$$\{2, 3, 3, 4, 4, 4, 4, 5, 5, 6\}$$

我们基于上例来研究推断总体的流程。

## 5-1-12　做假设

在统计学中，通过**做假设**来简化计算。

比如，在考虑假期安排时，可能有郊游、购物等许多选项，很难做出选择。

但是，假设"假期会下雨"，那么人们就会放弃郊游的想法而选择室内活动，这样就限制了选项。

与此类似，在统计学中也会为总体分布做假设。

具体来说，人们一般会选择通过简单的计算就能得到概率的常见分布。不过，我们不能只考虑计算是否容易，所选择的分布也应该符合实际数据。

## 5-1-13　假设总体服从正态分布

当以鱼的体长等连续随机变量为研究对象时，人们经常使用正态分布，它的特点是计算简单且契合数据。

这里假设总体分布是正态分布。当然，这只是一个假设，但是这个假设将大幅简化我们对总体的推断。

当假设总体分布是正态分布时，对总体分布的统计推断会变成什么样子呢？

## 5-1-14　(术语) 概率分布的参数

为了进一步讨论，下面引入一些术语。

用于定义概率分布形状的常数叫作**参数**。

在二项分布的概率质量函数 $\text{Bin}(X \mid n, p)$ 中，试验次数 $n$ 和成功概率 $p$ 可以改变概率分布的形状，因此二项分布的参数是 $n$ 和 $p$。

在正态分布的概率密度函数 $\mathcal{N}(X \mid \mu, \sigma^2)$ 中，均值 $\mu$ 和方差 $\sigma^2$ 可以改变概率分布的形状，因此正态分布的参数是 $\mu$ 和 $\sigma^2$。

## 5-1-15　(术语) 参数模型与非参数模型

**参数模型**是尽量简化现象并用极少数参数表达的模型。与之相对，

**非参数模型**不追求用尽量少的参数表达模型。

在不区分概率质量函数与概率密度函数时，一般表示为 $f(x|\theta)$，其中 $\theta$ 是概率分布的参数。广义的参数模型表示为 $f(x|\theta)$。

在本节的例子中，我们把总体分布假设为正态分布，这是典型的参数模型。因此模型 $f(x|\theta)$ 对应于 $\mathcal{N}(X|\mu,\sigma^2)$。

## 5-1-16 术语 统计推断

假设由 $n$ 个随机变量 $X_1,X_2,\cdots,X_n$ 组成样本。通过样本 $X_1,X_2,\cdots,X_n$ 估计总体分布参数 $\theta$ 的过程叫作**统计推断**，简称**推断**。

## 5-1-17 假设总体分布是正态分布之后的做法

介绍完术语，我们回到先前的问题中。

假设鱼的体长的总体分布是正态分布。如果能求得正态分布的参数 $\mu$ 和 $\sigma^2$，就能得知总体分布。

在做假设之后，重点就变成了估计正态分布的参数 $\mu$ 和 $\sigma^2$，即估计总体的均值和总体的方差。

假设钓得的样本是 $\{2,3,3,4,4,4,4,5,5,6\}$。我们通过这个样本来估计正态分布的参数 $\mu$ 和 $\sigma^2$。

## 5-1-18 小结：统计推断的思路

只是想分析数据，为什么会用到随机变量、概率分布、正态分布等术语呢？搞清楚这一点，可以大幅加深自己的理解。我们梳理一下统计推断的相关讨论。

1 统计推断
　1.1 通过样本（局部）推断总体（全部）
2 抽样过程与总体分布的联系
　2.1 假设样本是通过简单随机抽样从总体中获得的

2.2 将样本视作服从总体分布的随机变量

  2.2.1 如果总体是 5 条鱼的体长，那么样本就是从 5 条鱼中随机选取 1 条的结果

  2.2.2 选中哪条鱼取决于概率

3 使用参数模型

 3.1 总体分布通过总体的频率分布得到

  3.1.1 这种方法只能用于可以进行普查的情况

 3.2 通常需要假设总体分布的形状

  3.2.1 经常使用正态分布

 3.3 概率分布多通过概率质量函数和概率密度函数来表示

  3.3.1 参数模型是由定义了概率分布的少量参数组成的模型

  3.3.2 基于正态分布假设的建模是典型的参数模型

   3.3.2.1 在正态分布的概率密度函数中，$\mu$ 和 $\sigma^2$ 是模型的参数

4 估计参数

 4.1 通过样本来估计总体的参数的过程叫作统计推断

  4.1.1 从 5-2 节开始学习统计推断的理论，逐步掌握对总体分布的参数进行讨论的能力

## 5-1-19   从 5-2 节开始的解说流程

从 5-2 节开始，我们讨论的主题是如何估计总体分布的参数 $\mu$ 和 $\sigma^2$。5-2 节将通过 Python 模拟抽样来复习本节的内容。

从 5-3 节开始，我们将在假设总体服从正态分布的条件下估计参数 $\mu$ 和 $\sigma^2$。我们先介绍如何以单个数值估计参数（点估计），并了解这样做的误差，再介绍如何设定范围来估计参数（区间估计）。

## 5-1-20   所做的假设是否恰当

许多统计学的入门书假设总体服从正态分布。但这终究是假设，我

们可以始终保持对假设的怀疑。

一般的入门书在两个明确的假设下进行分析。一是假设总体服从正态分布，二是假设样本相互独立且服从相同的概率分布。

本书是一本统计学的入门书，力求为读者提供有帮助的信息。在第 6 章之前，本书围绕正态分布进行分析。在第 7 章以后，本书将引入广义线性模型，为不服从正态分布的总体建模。掌握广义线性模型后，我们可以分析的数据对象的范围将更加广泛。希望读者能够读完本书，突破正态分布的局限性，掌握更普适的分析方法。

本书不涉及样本不相互独立的分析方法。分析这类数据需要时间序列分析等较高深的技术。第 7 章及其后续章节将讲解如何分析模型的残差，我们可以通过它来判断样本是否相互独立。

# 5-2

# 用 Python 模拟抽样

本节将用程序模拟总体完全已知的抽样，并结合 5-1 节的内容介绍如何获取数据，以及如何用 Python 进行模拟。

## 5-2-1　实现　环境准备

导入所需的库。

```
# 用于数值计算的库
import numpy as np
import pandas as pd
from scipy import stats

# 用于绘图的库
from matplotlib import pyplot as plt
import seaborn as sns
sns.set()

# 配置图形上的文字样式
from matplotlib import rcParams
rcParams['font.family'] = 'sans-serif'
rcParams['font.sans-serif'] = 'SimHei'
```

## 5-2-2　抽样过程

我们把数据当作随机变量来处理。假设湖中只有 5 条鱼，那么总体就是 5 条鱼的体长。现在从湖中随机钓出 1 条鱼，测量它的体长并视作样本。

假设湖中的鱼的体长如下所示（四舍五入取整，单位为 cm）：

$$\{2, 3, 4, 5, 6\}$$

如果偶然钓到了体长为 4 cm 的鱼，也只能说明样本值偶尔是 4 cm。它也可能是 2 cm 或 6 cm。

在现实中钓鱼只能得到 1 个样本值，而使用 Python 进行模拟可以在完全相同的条件下反复抽样，从而得到多个样本值。

## 5-2-3　实现　在只有 5 条鱼的湖中抽样

我们把 5-2-2 节中只有 5 条鱼的湖这个总体作为研究对象。使用 numpy 中的数组准备鱼的体长数据。

```
fish_5 = np.array([2,3,4,5,6])
fish_5
```

```
array([2, 3, 4, 5, 6])
```

现从这个只有 5 条鱼的总体中抽取 3 条。replace=False 表示函数不重复选取相同的值。现实世界中的抽样调查大多不会采用放回抽样，所以这里也使用类似设置。

```
# 随机数种子
np.random.seed(1)
# 抽样
sample_1 = np.random.choice(fish_5, size=3,
                            replace=False)
sample_1
```

```
array([4, 3, 6])
```

计算所得样本的均值，即样本均值。

```
round(np.mean(sample_1), 3)
```

```
4.333
```

## 5-2-4 **实现** 从鱼较多的湖中抽样

之前的研究对象是只有 5 条鱼的湖,现在把研究对象换成有更多鱼的湖。这里使用文件 5-2-1-fish_length_100000.csv 中虚构的体长数据。

事实上,我们无法完全掌握一片湖中所有鱼的体长数据。为了让读者理解统计推断的概念,特意假设总体是完全已知的。

### 1. 读取数据

这份数据只有 1 列,所以没必要使用 pandas 的数据帧。下面的代码直接选取了数据所在的列。

```
# 读取数据
fish_100000 = pd.read_csv(
    '5-2-1-fish_length_100000.csv')['length']
# 选取开头部分
fish_100000.head(3)
```

```
0    5.297442
1    3.505566
2    3.572546
Name: length, dtype: float64
```

湖中有 100 000 条鱼。

```
len(fish_100000)
```

```
100000
```

### 2. 抽样

从这么多条鱼中抽样的方法与之前一样。这次抽出 500 条鱼。

```
# 随机数种子
np.random.seed(2)
# 抽样
sample_2 = np.random.choice(fish_100000, size=500,
                            replace=False)
```

计算样本均值。

```
round(np.mean(sample_2), 3)
```

```
3.962
```

绘制样本的直方图（见图 5-2-1）。

```
sns.histplot(sample_2, color='gray', bins=10)
```

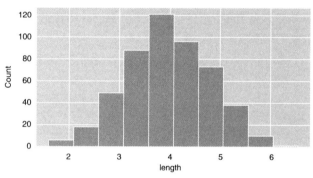

**图 5-2-1　样本的直方图**

从图 5-2-1 可以看出，这个样本的直方图基本上是左右对称的钟形。这个样本由简单随机抽样获得，因此可以依此推断，总体分布也呈左右对称的钟形。

## 5-2-5　实现　总体分布的可视化

现在把研究对象换成总体。我们首先通过求总体的均值、方差和标准差来了解一下总体的具体情况。

```
print('均值 ： ', round(np.mean(fish_100000), 3))
print('方差 ： ', round(np.var(fish_100000, ddof=0), 3))
print('标准差： ', round(np.std(fish_100000, ddof=0), 3))
```

```
均值 ：  4.0
方差 ：  0.64
标准差：  0.8
```

绘制总体的直方图（见图 5-2-2）。

```
sns.histplot(fish_100000, color='gray')
```

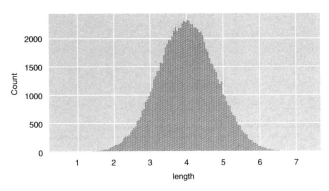

图 5-2-2　总体的普查结果的直方图

由总体的直方图可以看出，它的数据以体长的均值（4 cm）为轴左右对称。这个结论和通过样本进行推断的结果一致。

我们可以进一步想象，思考总体分布是否可以表示为均值为 4、方差为 0.64 的正态分布。

在实际运用中，一般我们无法完全掌握整个总体的数据。此时就有必要通过统计学的知识来进行推断了。

若能通过假设得知总体分布为正态分布，后续的统计推断将十分简单。

## 5-2-6　实现　对比总体分布和正态分布的概率密度函数

我们不妨对比一下总体分布和正态分布（均值为 4、方差为 0.64）的概率密度。为此，我们先在 0~8 的范围内计算均值为 4、方差为 0.64 的正态分布的概率密度，并将其保存在数据帧里。参照 4-4 节，正态分布的概率密度可以使用 stats.norm.pdf 函数计算。

```
# 随机变量
x = np.arange(start=0, stop=8.1, step=0.1)
# 概率密度
density = stats.norm.pdf(x=x, loc=4, scale=0.8)

# 保存在数据帧里
density_df = pd.DataFrame({
    'x': x,
    'density': density
})

# 打印前几行
print(density_df.head(3))
```

```
     x   density
0  0.0  0.000002
1  0.1  0.000003
2  0.2  0.000006
```

把总体的直方图和正态分布的概率密度的图形叠放（见图 5-2-3）。

```
# 总体的直方图
sns.histplot(fish_100000,
             stat='density', color='gray')
# 折线图（正态分布的概率密度的图形）
sns.lineplot(x=x, y=density,
             data=density_df, color='black', linewidth=2.0)
```

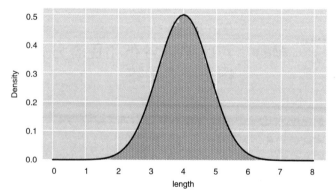

图 5-2-3　把总体的直方图和正态分布的概率密度的图形叠放

`sns.histplot` 的参数 `stat='density'` 指定直方图用面积表示概率。`sns.lineplot` 的参数 `linewidth` 指定线的粗细。

可以看到，总体的直方图与正态分布的概率密度的图形非常相似，此时可以将总体分布视为均值为 4、方差为 0.64 的正态分布。

## 5-2-7 实现 抽样过程的抽象描述

我们将总体视作均值为 4、方差为 0.64 的正态分布。这意味着，从总体中抽样相当于生成服从这个正态分布的随机数。

之前的抽样是使用 `np.random.choice` 函数在 `fish_100000` 上进行的。后面将不再使用这种方法，而是改用 `stats.norm.rvs` 函数直接生成服从正态分布的随机数。

在 `stats.norm.rvs` 函数的参数中，`loc` 表示均值，`scale` 表示标准差，`size` 表示样本容量。下面生成 10 个随机数。

```
# 随机数种子
np.random.seed(1)
# 生成服从正态分布的随机数
sampling_norm = stats.norm.rvs(loc=4, scale=0.8, size=10)
sampling_norm
```

```
array([5.29947629, 3.51059487, 3.5774626 , 3.1416251 ,
       4.6923261 , 2.15876904, 5.39584941, 3.39103448,
       4.25523128, 3.8005037 ])
```

我们可以轻松地求出样本均值。

```
round(np.mean(sampling_norm), 3)
```

```
3.922
```

本书后面也经常使用 `stats.norm.rvs` 函数生成服从正态分布的随机数，注意这相当于从总体中进行抽样。

观察直方图可知，`fish_100000` 中 4 cm 左右的鱼较多。继续抽样也更容易得到 4 cm 左右的样本。于是，似乎可以说这个概率分布是

"4 cm 附近的概率更高的正态分布"。

## 5-2-8　补充讨论

上述讨论跳过了两个问题。

一是我们将总体的直方图和正态分布的概率密度的图形视为等价的。直方图分组展示了频数，它必然是锯齿形状的。正态分布的概率密度的图形是平滑变化的。因此，严格来说，二者不是完全等价的。

"假设总体分布为正态分布"这句话的含义是，假设总体为无限总体，组数有无穷多个，组的大小也分得无穷细，则它的直方图和正态分布的概率密度的图形一致。

二是 fish_100000 这个样本只有 100 000 条鱼。虽说 100 000 并不是一个小数目，但它不是无限的。stats.norm.rvs 函数生成随机数的过程却是从无限总体中进行抽样的。

5-3 节将基于无限总体讲解样本特征的分析。要想基于有限总体，需要进行**有限总体校正**。

当总体容量远大于样本容量时，无须进行校正。例如，在从 100 000 条鱼中随机选出 10 条鱼的情况下，进行校正几乎没有意义。本书假设总体足够大。

## 5-2-9　假设总体服从正态分布是否恰当

假设总体服从正态分布，各种模拟将变得非常简单，也可以方便地使用程序计算样本的各种特征（5-3 节开始讲解）。

这时，想必大家会产生一个疑问：假设总体服从正态分布是否恰当？

严格来说，总体分布不是正态分布，但在实践中大多假设总体服从正态分布。

正态分布的变量可以取负数，而鱼的体长不可能是负数。事实上，即使假设体长服从正态分布，它取负数的概率也小到可以忽略不计，因而可以大胆采用正态分布。

　　有时，我们会对数据取对数，使数据总体接近于正态分布，或者像广义线性模型那样假设数据总体服从正态分布以外的分布。不管怎样，我们都要事先假设数据总体服从某种概率分布。

　　通常我们难以做到普查总体，所以很难绘制总体的直方图。不过，我们有时会先绘制样本的直方图，再判断总体是否与所假设的分布差别过大。

　　在 5-3 节和 5-4 节中，我们将探讨总体不服从正态分布时也能成立的结论。5-5 节、5-6 节及第 6 章的讨论则主要围绕服从正态分布的总体。

# 5-3

# 估计总体均值

　　一般情况下，抽样只能进行一次。不过通过模拟，我们可以反复进行抽样。本节将通过模拟来调查样本均值的特征，从而解答估计总体均值的问题。

## 5-3-1　 实现 　环境准备

　　导入所需的库。

```
# 用于数值计算的库
import numpy as np
import pandas as pd
from scipy import stats

# 用于绘图的库
from matplotlib import pyplot as plt
import seaborn as sns
sns.set()

# 配置图形上的文字样式
from matplotlib import rcParams
rcParams['font.family'] = 'sans-serif'
rcParams['font.sans-serif'] = 'SimHei'
```

## 5-3-2　 术语 　总体均值、总体方差、总体标准差

　　总体的均值叫作**总体均值**。样本的均值叫作样本均值。总体均值与

样本均值未必相等。

总体的方差叫作**总体方差**，总体的标准差叫作**总体标准差**，以此来与通过样本计算得到的方差和标准差进行区分。

## 5-3-3 （术语） 估计量、估计值

用于估计的统计量叫作**估计量**。样本是随机变量，估计量也是随机变量。估计量的样本值叫作**估计值**。

若总体的参数记作 $\theta$，则 $\theta$ 的估计量记作 $\hat{\theta}$。上边的记号叫作"帽子"，$\hat{\theta}$ 读作 theta hat。

类似地，如果总体均值记作 $\mu$，那么总体均值的估计量记作 $\hat{\mu}$。

## 5-3-4 样本均值作为总体均值的估计量

本节把样本均值 $\bar{x}$ 用作总体均值的估计量，即 $\hat{\mu} = \bar{x}$。另外，因为用大写字母表示随机变量更清晰，所以当强调样本均值是随机变量时，可将样本均值记作 $\bar{X}$。

不过，总体均值 $\mu$ 和样本均值 $\bar{x}$ 不同。本节将着重讲解二者的差异。

此外，估计量会随着概率而变化。本节还将介绍样本均值的离散程度。

## 5-3-5 模拟的内容

本节将通过模拟来调查样本均值和总体均值的联系。

现实中的抽样调查一般只进行 1 次。假设我们钓了 10 条鱼并测量了它们的体长，那么这些体长的平均值，即样本均值，也只能计算 1 次。

不论样本容量是 10 还是 100，样本都只有 1 个。每次进行调查都只能得到 1 个样本。这就是试验 1 次的情形（见图 5-3-1）。

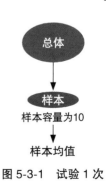

图 5-3-1 试验 1 次

本节将反复进行相同的调查。反复进行 3 次调查，即当试验次数为 3 时，就能得到 3 个样本均值（见图 5-3-2）。通过增加试验次数，我们可以轻松得到 100 个、10 000 个、100 000 个样本均值。

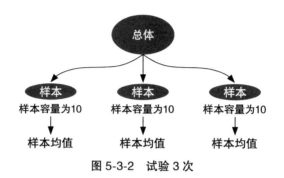

图 5-3-2　试验 3 次

在现实中无法反复进行条件完全相同的抽样调查，但借助模拟可以轻松实现。在模拟的过程中，也可以研究样本的各种特征。

## 5-3-6　实现　载入总体数据

下面进行模拟的准备工作。本节所用的总体数据服从均值为 4、标准差为 0.8（方差为 0.64）的正态分布。将这个总体实例化，并命名为 population。

```
population = stats.norm(loc=4, scale=0.8)
```

切记，总体均值是 4，总体标准差是 0.8（总体方差是 0.64）。

虽然这里总体均值是已知的，但在实际中总体均值一般是未知的。我们需要根据样本来估计总体均值。

## 5-3-7　实现　计算样本均值

从总体中生成随机数，如下所示。

```
np.random.seed(2)
```

```
sample = population.rvs(size=10)
sample
```

```
array([3.66659372, 3.95498654, 2.29104312, 5.31221665,
       2.56525153, 3.32660211, 4.40230513, 3.00376953,
       3.15363822, 3.27279391])
```

这里通过 population.rvs(size=10) 生成 10 个服从总体分布的随机数。根据 5-2 节的内容,上述操作等同于从总体中进行抽样。使用语句 stats.norm.rvs(loc=4, scale=0.8, size=10) 可以达到相同的目的。

计算样本均值,如下所示。

```
round(np.mean(sample), 3)
```

```
3.495
```

总体均值是 4,样本均值约为 3.5。可以得知,样本均值和总体均值之间存在一定偏差。随着模拟的进行,样本均值也会随机变化。

## 5-3-8　实现　多次计算样本均值

下面反复进行样本均值的计算。

这里把试验次数定为 10 000 次。每次试验获取样本容量为 10 的样本并计算样本均值。这个模拟将得到 10 000 个样本均值。

准备一个长度为 10 000 的数组,用于存放均值。

```
sample_mean_array = np.zeros(10000)
```

然后把 10 000 个样本均值都放入数组。

```
np.random.seed(1)
for i in range(0, 10000):
    sample_loop = population.rvs(size=10)
    sample_mean_array[i] = np.mean(sample_loop)
```

第 1 行是随机数种子。

第 2 行使用 `for` 语句指定重复操作 10 000 次。

第 3 行通过 `population.rvs` 函数进行抽样,样本容量是 10。

第 4 行计算样本均值,并把均值分别放在 `sample_mean_array` 数组的第 `i` 个位置。

这 10 000 个样本均值如下所示。因为数量众多,所以这里省略了一部分。可以看出,样本均值是随机变化的。

```
sample_mean_array
```
```
array([3.92228729, 3.86432929, 4.06953003, ..., 4.13616562,
       4.57489661, 4.09896685])
```

## 5-3-9 实现 样本均值的均值

我们通过模拟得到了 10 000 个样本均值,下面计算这些样本均值的均值。

计算 `sample_mean_array` 的均值,如下所示。

```
round(np.mean(sample_mean_array), 3)
```
```
4.004
```

总体均值是 4,而上面的结果也非常接近 4。

## 5-3-10 术语 无偏性、无偏估计量

估计量的期望值等于总体参数的特性叫作**无偏性**。具有无偏性的估计量叫作**无偏估计量**。

估计量具有无偏性,也就是说估计量没有偏离,它的均值不会过大或过小。

另外,虽然处理具有无偏性的估计量会更加方便,但无偏性不是必需的性质。有些无偏估计量依旧难以处理。无偏性只是估计量所具有的优良性质之一。

## 5-3-11 样本均值作为总体均值的无偏估计量

样本均值是总体均值的无偏估计量。通过模拟确认这一点最简便。下面将结合数学式来讲解。

### 1. 通过模拟进行推导

5-3-7 节只计算了 1 次样本均值,所得的结果和总体均值略有不同。5-3-9 节计算得到的样本均值的均值非常接近总体均值。

由此可以得知,样本均值作为总体均值的估计量,没有过大也没有过小,是没有偏离的估计量。这可以证明样本均值可以用作总体均值的估计量。

### 2. 通过数学式进行说明

用模拟来证明无偏性很简单。下面使用数学式进行简要说明,供有兴趣的读者参考。如果读者觉得困难可以略过这一部分,不会影响对后续内容的学习。

我们先引入两个定理,再证明结论。

【定理 1】设有两个随机变量 $X, Y$,随机变量的和的期望值等于期望值的和,即 $E(X+Y) = E(X) + E(Y)$。这是比较直观的定理,推广可得:

$$E(X_1 + X_2 + \cdots + X_n) = E(X_1) + E(X_2) + \cdots + E(X_n) \quad (5-1)$$

假设随机变量 $X_1, X_2, \cdots, X_n$ 与期望值 $\mu$ 服从独立同分布,那么 $E(X_1 + X_2 + \cdots + X_n) = E\left(\sum\limits_{i=1}^{n} X_i\right) = n\mu$。

【定理 2】设有随机变量 $X$,随机变量的整数倍的期望值等于期望值的整数倍。设倍数为 $a$,可得:

$$E(aX) = a \cdot E(X) \quad (5-2)$$

下面使用这两个定理来计算样本均值的期望值。

设样本容量为 $n$ 的样本分别为随机变量 $X_1, X_2, \cdots, X_n$。假设 $X_1, X_2, \cdots, X_n$ 服从期望值为 $\mu$ 的独立同分布。$\mu$ 是总体均值。样本均值 $\overline{X}$ 可按如下方式计算:

$$\overline{X} = \frac{1}{n}\sum_{i=1}^{n}X_i \tag{5-3}$$

由下式可知，样本均值$\overline{X}$的期望值$E(\overline{X})$与总体均值$\mu$相等：

$$E(\overline{X}) = E\left(\frac{1}{n}\sum_{i=1}^{n}X_i\right) = \frac{1}{n}E\left(\sum_{i=1}^{n}X_i\right) = \frac{1}{n}n\mu = \mu \tag{5-4}$$

另外，由式（5-4）还可以得知，当总体不服从正态分布时，样本均值依然是总体均值的无偏估计量。这个结论在针对总体的假设很少时依旧成立，因而应用范围广泛。

## 5-3-12　实现　编写一个多次计算样本均值的函数

为了简化代码，下面编写一个用来反复计算样本均值的函数 `calc_sample_mean`。

```
def calc_sample_mean(size, n_trial):
    sample_mean_array = np.zeros(n_trial)
    for i in range(0, n_trial):
        sample_loop = population.rvs(size=size)
        sample_mean_array[i] = np.mean(sample_loop)
    return sample_mean_array
```

参数 `size` 表示样本容量，`n_trial` 表示试验次数。这个函数可以随意改变样本容量和试验次数，最终可以得到试验次数（`n_trial`）个样本均值。

下面解释一下代码。

第 2 行：准备存放样本均值的数组，样本均值的数量等于试验次数。

第 3 行：循环语句，重复试验相应次数。

第 4 行：在服从均值为 4、标准差为 0.8 的正态分布的总体中进行抽样。

第 5 行：把均值放在 `sample_mean_array` 中。

第 6 行：返回 `n_trial` 次计算所得的样本均值。

最后检查函数的正确性。设样本容量为 10，进行 10 000 次抽样并

求样本均值，再求这些样本均值的均值。可以看到，所得结果与 5-3-9
节的结果相同。

```
np.random.seed(1)
round(np.mean(calc_sample_mean(size=10, n_trial=10000)), 3)
```

```
4.004
```

## 5-3-13　实现　不同样本容量的样本均值的分布

下面我们观察一下样本容量的变化所带来的影响。这里使用小提琴
图观察样本容量分别为 10、20、30 时样本均值的分布。

先把 3 个样本容量对应的样本均值放在 pandas 的数据帧里。试验
次数都是 10 000 次。

```
np.random.seed(1)
# 样本容量为10
size_10 = calc_sample_mean(size=10, n_trial=10000)
size_10_df = pd.DataFrame({
    'sample_mean':size_10,
    'sample_size':np.tile('size 10', 10000)
})
# 样本容量为20
size_20 = calc_sample_mean(size=20, n_trial=10000)
size_20_df = pd.DataFrame({
    'sample_mean':size_20,
    'sample_size':np.tile('size 20', 10000)
})
# 样本容量为30
size_30 = calc_sample_mean(size=30, n_trial=10000)
size_30_df = pd.DataFrame({
    'sample_mean':size_30,
    'sample_size':np.tile('size 30', 10000)
})
# 拼接表格
sim_result = pd.concat(
    [size_10_df, size_20_df, size_30_df])
# 打印结果
```

```
print(sim_result.head(3))

   sample_mean sample_size
0    3.922287     size 10
1    3.864329     size 10
2    4.069530     size 10
```

　　上述代码按照样本容量生成了 size_10_df、size_20_df、size_30_df 这 3 个数据帧。每个数据帧的试验次数都是 10 000 次，所以它们都有 10 000 行数据。使用 pd.concat 函数把这些数据帧连接在一起，得到了有 30 000 行数据的 sim_result 数据帧。

　　我们通过这份数据来观察 3 个不同样本容量的样本均值的分布，并绘制小提琴图（见图 5-3-3）。

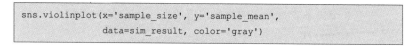

```
sns.violinplot(x='sample_size', y='sample_mean',
               data=sim_result, color='gray')
```

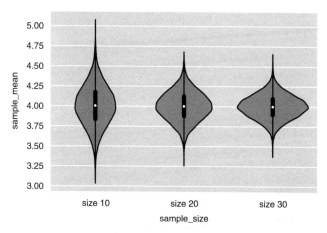

**图 5-3-3　不同样本容量的样本均值的分布**

　　由图 5-3-3 可知，样本容量越大，样本均值之间的偏差越小，样本均值越趋向于总体均值。

　　我们不希望样本均值和总体均值差距太大。样本容量越大，样本均值越不容易距离总体均值过远。也就是说，样本容量越大，推断总体均值的精度就越高。

下面通过计算样本均值的标准差来验证这个结论。我们按样本容量分别计算样本均值的标准差和样本均值的均值。对数据帧使用 `.round` 函数，可以对其所有元素进行四舍五入处理。

```
group = sim_result.groupby('sample_size')
print(group.agg([np.std, np.mean], ddof=1).round(3))

            sample_mean
                  std    mean
sample_size
size 10          0.251   4.004
size 20          0.180   4.001
size 30          0.146   4.001
```

无论样本容量如何，样本均值的均值都非常接近总体均值。但样本均值的标准差则随着样本容量的增大而减小。这也是我们倾向于选择更大样本容量的原因之一。

另外，本例的总体标准差是 0.8，而样本均值的标准差小于这个值。5-3-14 节将给出原因。

## 5-3-14 计算样本均值的标准差

下面介绍如何计算样本均值的标准差。

### 1. 数学式

设样本容量为 $n$ 的样本分别为随机变量 $X_1, X_2, \cdots, X_n$。$X_1, X_2, \cdots, X_n$ 服从期望值为 $\mu$、方差为 $\sigma^2$ 的独立同分布。$\mu$ 是总体均值，$\sigma^2$ 是总体方差，$\sigma$ 是总体标准差。样本均值 $\overline{X}$ 的标准差可按如下方式计算：

$$\sqrt{V(\overline{X})} = \sqrt{\frac{\sigma^2}{n}} = \frac{\sigma}{\sqrt{n}} \tag{5-5}$$

### 2. 与模拟结果的比较

设置样本容量分别为 10、20、30，并计算样本均值的标准差。这里总体标准差是 0.8，代入模拟程序，得到的结果与数学式的计算结果基本一致。

```
print('标准差(size 10)：', round(0.8 / np.sqrt(10), 3))
print('标准差(size 20)：', round(0.8 / np.sqrt(20), 3))
print('标准差(size 30)：', round(0.8 / np.sqrt(30), 3))

标准差(size 10)：0.253
标准差(size 20)：0.179
标准差(size 30)：0.146
```

## 3. 直观解释

样本均值的标准差必然小于总体标准差，且样本容量越大，样本均值的标准差越小。我们用直观的例子解释一下这个现象。

相信不少读者经常乘坐电梯。假设电梯能载 10 人且不限制乘客的身材。一般而言，很少出现 10 位乘客全都身材小巧或全都身材高大的情况。

考虑不同身材的人随机乘坐电梯，即 10 位乘客中既有身材小巧的，又有身材高大的，那么乘客体重的均值比较接近中间的体重值。

综合来看，电梯每次所载乘客的体重均值不会太大或太小，而是比较集中。

如果把场景转换到能载 100 人的飞机，很难想象 100 位乘客全是特别高大的人。

乘客人数越多，出现身材小巧的乘客的概率就越高，乘客的体重均值就越不容易出现极端数值。

如果将一次运行所载的乘客人数看作样本容量，那么样本均值也服从上述规律，显得更加集中。

## 4. 数学解释

下面用数学语言为有兴趣的读者提供简单的解释。如果觉得困难，可以跳过这部分内容，不会影响对后续内容的理解。

在进行证明之前，我们先引入两个定理。

【定理 1】设有两个独立的随机变量 $X$ 和 $Y$，它们的和的方差等于方差的和，即 $V(X+Y)=V(X)+V(Y)$。注意，这一结论只有在两个随机变量相互独立的情况下才成立。

一般地，对于多个随机变量$X_1, X_2, \cdots, X_n$，以下结论同样成立：

$$V(X_1 + X_2 + \cdots + X_n) = V(X_1) + V(X_2) + \cdots + V(X_n) \qquad (5\text{-}6)$$

如果$X_1, X_2, \cdots, X_n$服从方差为$\sigma^2$的独立同分布，那么$V(X_1 + X_2 + \cdots + X_n) = n\sigma^2$。

【定理 2 】设有随机变量$X$，随机变量的$a$（$a$为常数）倍的方差，是随机变量方差的$a^2$倍，即：

$$V(aX) = a^2 \cdot V(X) \qquad (5\text{-}7)$$

由于方差本身包含平方运算，所以变换后的形式不是$a$倍，而是$a^2$倍。

我们使用上述两个定理来计算样本均值的方差。

将样本容量为$n$的样本记为随机变量$X_1, X_2, \cdots, X_n$。假设$X_1, X_2, \cdots, X_n$服从方差为$\sigma^2$的独立同分布，那么$\sigma^2$就是总体方差。

样本均值$\bar{X}$的方差$V(\bar{X})$可按如下方式计算：

$$V(\bar{X}) = V\left(\frac{1}{n}\sum_{i=1}^{n} X_i\right) = \frac{1}{n^2} V\left(\sum_{i=1}^{n} X_i\right) = \frac{1}{n^2} n\sigma^2 = \frac{\sigma^2}{n} \qquad (5\text{-}8)$$

样本均值的方差$V(\bar{X})$等于总体方差$\sigma^2$除以$n$。对$V(\bar{X})$取平方根即得到样本均值的标准差，即$\sigma / \sqrt{n}$。

由上可知，即使总体不服从正态分布，只要样本服从独立同分布，样本均值的标准差就是$\sigma / \sqrt{n}$。在推断总体的应用中，它是非常有效的定律，并且得到了广泛运用。但要注意，上述结论不适用于不存在期望值的特殊概率分布。

## 5-3-15　术语　标准误差

下面介绍标准误差。

## 1. 标准误差的定义

估计量的标准差的推断值叫作**标准误差**。如果参数 $\theta$ 的估计量记作 $\hat{\theta}$，那么标准误差记作 $\mathrm{SE}(\hat{\theta})$ 或 SE。若把总体均值的估计量用作样本均值，那么样本均值的标准差就是标准误差。

一般而言，估计量的偏差越大越难应用。在相同条件下抽样并估计总体均值，如果每次计算的结果都大不相同，就无法完成对总体的推断。如果估计量的偏差不大，即标准误差较小，那么推断也会更精确。在提交报告时最好同时提供估计量和标准误差。

## 2. 把样本均值作为总体均值的估计量时的标准误差

当我们把样本均值作为总体均值的估计量时，可由下式求得标准误差：

$$\mathrm{SE} = \frac{U}{\sqrt{n}} \tag{5-9}$$

其中，$U$ 是根据样本算出的标准差（在此为无偏方差的平方根），$n$ 是样本容量。

因为总体标准差通常是未知的，所以我们把式（5-5）中的总体标准差 $\sigma$ 换成无偏方差的平方根 $U$，得到的就是标准误差。

3-7 节介绍过条形图。条形图上的误差线表示标准误差，$y$ 轴坐标表示均值。带有误差线的条形图不仅能可视化均值，还能可视化均值的偏差（标准误差）。

---

**5-3-16** 　实现　**样本容量更大时的样本均值**

我们通过增大样本容量，更深入地探究样本容量、样本均值和总体均值的关系。下面对每个样本容量进行一次试验，将样本容量从 10 逐渐增大到 100 010，以观察样本容量与样本均值的关系。

准备公差为 100 的样本容量，范围是 10 ~ 100 010。

```
size_array = np.arange(start=10, stop=100100, step=100)
size_array
```

```
array([    10,    110,    210, ...,  99810,  99910, 100010])
```

接下来准备存放样本均值的数组。

```
sample_mean_array_size = np.zeros(len(size_array))
```

下面开始进行模拟。在改变样本容量的同时反复计算样本的均值。

```
np.random.seed(1)
for i in range(0, len(size_array)):
    sample_loop = population.rvs(size=size_array[i])
    sample_mean_array_size[i] = np.mean(sample_loop)
```

把计算结果保存在数据帧里。

```
size_mean_df = pd.DataFrame({
    'sample_size': size_array,
    'sample_mean': sample_mean_array_size
})

print(size_mean_df.head(3))
```

```
   sample_size  sample_mean
0           10     3.922287
1          110     4.038361
2          210     4.091853
```

以 $x$ 轴为样本容量、$y$ 轴为样本均值绘制折线图（见图 5-3-4）。

```
sns.lineplot(x='sample_size', y='sample_mean',
             data=size_mean_df, color='black')
```

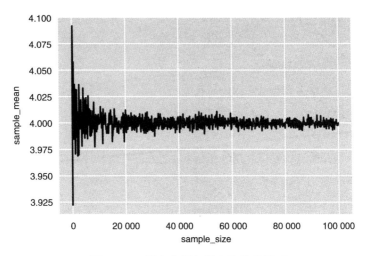

图 5-3-4　样本容量与样本均值的关系

由图 5-3-4 可知，总体上，样本容量越大，样本均值越接近于总体均值。

## 5-3-17　术语　一致性、一致估计量

样本容量越大，估计量越接近真正的参数的特性称为**一致性**。具有一致性的估计量叫作**一致估计量**。

由模拟结果可知，样本均值是总体均值的一致估计量。由式（5-5）可知，当样本容量趋近于无穷大时，样本均值的标准差趋近于 0，这个结论也符合直觉。

## 5-3-18　术语　大数定律

所谓**大数定律**，就是样本容量越大，样本均值越接近总体均值（Upton and Cook (2004)）。大数定律分为弱大数定律和强大数定律，这里只讨论弱大数定律。

弱大数定律是对图 5-3-4 所示的模拟结果的准确解释，即样本容量

越大，样本均值越接近总体均值。不过，样本均值是随机变化的，我们需要用数学语言来阐述这个规律。

设随机变量 $X_1, X_2, \cdots, X_n$ 服从均值为 $\mu$、方差为 $\sigma^2$ 的独立同分布。对于任意 $\varepsilon > 0$，若下式成立，则满足弱大数定律。

$$\lim_{n \to \infty} P\left(\left|\bar{X} - \mu\right| > \varepsilon\right) = 0 \qquad (5\text{-}10)$$

式（5-10）表达的意思是，样本均值和总体均值的差的绝对值 $|\bar{X} - \mu|$ 大于 $\varepsilon$ 的概率为 0，即样本均值和总体均值的差一定小于或等于 $\varepsilon$。

如果样本容量趋向于 $\infty$，即使 $\varepsilon$ 小如 0.000 000 000 1，式（5-10）也成立。这个现象也叫作"样本均值 $\bar{X}$ **依概率收敛**到总体均值 $\mu$"，记作 $\bar{X} \xrightarrow{P} \mu$。

由大数定律可知，想要更加精确地推断总体均值，增大样本容量很重要。

大数定律的前提条件是随机变量服从独立同分布。如果每次调查的方式都不一样，均值、方差等指标千变万化，那么再怎么增大样本容量也不会起作用。切记大数定律的这个前提条件，以免在实践中得出错误结论。

## 5-3-19 统计推断的思考模式

学习统计学并不是死记硬背数据分析的各个步骤，而是要正确理解为什么选用特定的分析方法。

比如本节的知识点"把样本均值作为总体均值的估计量是常用的方法"，我们要能够用自己的语言来解释这样做的原因。

5-4 节将采取类似的流程讨论总体方差的估计。

# 5-4

# 估计总体方差

本节将接续 5-3 节，讨论总体方差的估计。由样本算得的方差分为样本方差和无偏方差，本节将通过模拟来观察二者的区别及其与总体方差的联系。

## 5-4-1　　环境准备

导入所需的库。

```
# 用于数值计算的库
import numpy as np
import pandas as pd
from scipy import stats

# 用于绘图的库
from matplotlib import pyplot as plt
import seaborn as sns
sns.set()

# 配置图形上的文字样式
from matplotlib import rcParams
rcParams['font.family'] = 'sans-serif'
rcParams['font.sans-serif'] = 'SimHei'
```

## 5-4-2　　准备一个总体

和 5-3 节一样，我们首先为模拟做好准备。本节使用的总体也是均值为 4、标准差为 0.8（方差为 0.64）的正态分布。我们将这个总体实例化，并命名为 population。

```
population = stats.norm(loc=4, scale=0.8)
```

切记总体均值是 4，总体标准差是 0.8（总体方差是 0.64）。

## 5-4-3　用样本方差、无偏方差估计总体方差

本节将讨论总体方差的估计。在本例中，我们已经知道总体方差是 0.64，但在实际问题中，总体方差是未知的，需要通过样本来估计。

样本方差和无偏方差都可以用作总体方差的估计量。下面通过模拟来观察估计量和真正的总体方差之间的区别。

## 5-4-4　**实现**　计算样本方差和无偏方差

首先从总体中生成随机数。

```
np.random.seed(2)
sample = population.rvs(size=10)
sample
array([3.66659372, 3.95498654, 2.29104312, 5.31221665,
       2.56525153, 3.32660211, 4.40230513, 3.00376953,
       3.15363822, 3.27279391])
```

接着计算样本方差和无偏方差。我们复习一下 3-4 节介绍的样本方差 $s^2$ 的数学式：

$$s^2 = \frac{1}{n} \sum_{i=1}^{n} (x_i - \bar{x})^2 \qquad (5\text{-}11)$$

其中，$x_i$ 是样本，$\bar{x}$ 是样本均值，$n$ 是样本容量。

同样，复习一下无偏方差 $u^2$ 的数学式：

$$u^2 = \frac{1}{n-1} \sum_{i=1}^{n} \left( x_i - \bar{x} \right)^2 \qquad (5\text{-}12)$$

无偏方差和样本方差的区别在于，无偏方差使用 $n-1$ 作为分母，这使得无偏方差比样本方差稍大。

下面使用 Python 来计算样本方差和无偏方差。将函数 np.var 的参数 ddof 设置为 0 时计算样本方差，设置为 1 时计算无偏方差。

```
print('样本方差', round(np.var(sample, ddof=0), 3))
print('无偏方差', round(np.var(sample, ddof=1), 3))

样本方差 0.712
无偏方差 0.791
```

计算得到的样本方差和无偏方差都与总体方差（0.64）不一样。重复进行模拟，结果随机变化，但这些结果都不等于总体方差。

从 5-4-5 节开始，我们将探讨样本方差的均值和无偏方差的均值。

# 5-4-5 实现 样本方差的均值

我们以样本方差为对象进行模拟，计算 10 000 次样本方差，并计算它们的均值。

准备一个数组来存放这些样本方差。

```
sample_var_array = np.zeros(10000)
```

抽取 10 个数据并计算样本方差。执行 10 000 次同样的操作。

```
np.random.seed(1)
for i in range(0, 10000):
    sample_loop = population.rvs(size=10)
    sample_var_array[i] = np.var(sample_loop, ddof=0)
```

样本方差的均值如下。

```
round(np.mean(sample_var_array), 3)

0.575
```

总体方差是 0.64，而样本方差的均值是 0.575。样本均值的均值约等于总体均值，但样本方差的均值与总体方差有较大差异。可以看出，样本方差低估了总体方差。

## 5-4-6 实现 无偏方差的均值

下面通过模拟来计算无偏方差。除了参数 ddof=1，其他代码与 5-4-5 节的代码基本一致。

```
# 用于存放无偏方差的数组
unbias_var_array = np.zeros(10000)
# 进行10 000次"计算10个数据的无偏方差"的操作
np.random.seed(1)
for i in range(0, 10000):
    sample_loop = population.rvs(size=10)
    unbias_var_array[i] = np.var(sample_loop, ddof=1)
# 无偏方差的均值
round(np.mean(unbias_var_array), 3)
```

```
0.639
```

这个结果和 0.64 相近，因此我们可以将无偏方差的均值看作总体方差。

## 5-4-7 无偏方差用作总体方差的无偏估计量

无偏方差是总体方差的无偏估计量。借助模拟，我们可以简单快速地验证这一点。下面是对这个结论的补充说明。

### 1. 从模拟结果进一步推测

由 5-4-6 节的结果可知，无偏方差作为总体方差的估计量，既不会过大也不会过小，是没有偏差的估计量。这个性质使得无偏方差可以用作总体方差的估计量。即使总体不服从正态分布，只要样本服从独立同分布，无偏方差就可以用作总体方差的估计量。在推断总体的应用中，这是非常有效的定律，并且得到了广泛运用。

样本方差会低估总体方差，从而产生偏差。许多人因为无偏方差的数学式中以 $n-1$ 作为分母而感到困惑。通过模拟验证以 $n-1$ 作为分母能够消除偏差，应该更容易让人信服。

## 2. 直观解释

为什么样本方差会低估总体方差？下面用不太严谨的直观形式来进行说明。注意，此时的样本只是总体的一部分。

为简化说明，这里使用从很小的总体中抽取样本的示例。假设湖中只有 7 条鱼，体长数据为 {1, 2, 3, 4, 5, 6, 7}，总体均值是 4。

现在进行抽样，假设从湖中钓到 3 条鱼，样本为 {1, 2, 3}，样本均值是 2。

由于方差表示数据与均值之间的差异，因此我们原本应该计算数据与总体均值之间的差异。但是，因为总体均值是未知的，所以我们无法计算准确的方差，而如果使用样本均值替代总体均值进行计算，就会得到过小的方差，如图 5-4-1 所示。为了避免这个问题，我们对无偏方差进行了修正，使其比样本方差稍大。

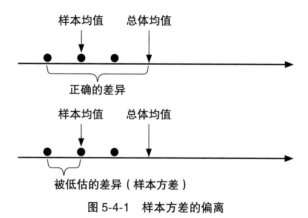

图 5-4-1　样本方差的偏离

## 5-4-8 【实现】 样本容量更大时的无偏方差

最后，我们看一看样本容量、无偏方差和总体方差之间的关系。我们将样本容量从 10 逐渐增加到 100 010，对每个样本容量只进行 1 次运算。

首先准备公差为 100 的样本容量，范围是 10 ~ 100 010。

```
size_array = np.arange(start=10, stop=100100, step=100)
size_array
```

```
array([    10,    110,    210, ...,  99810,  99910, 100010])
```

接下来准备存放无偏方差的数组。

```
unbias_var_array_size = np.zeros(len(size_array))
```

下面开始进行模拟。在改变样本容量的同时反复计算样本的无偏方差。

```
np.random.seed(1)
for i in range(0, len(size_array)):
    sample_loop = population.rvs(size=size_array[i])
    unbias_var_array_size[i] = np.var(sample_loop, ddof=1)
```

把计算结果保存在数据帧里。

```
size_var_df = pd.DataFrame({
    'sample_size': size_array,
    'unbias_var': unbias_var_array_size
})

print(size_var_df.head(3))
```

```
   sample_size  unbias_var
0           10    1.008526
1          110    0.460805
2          210    0.631723
```

以 x 轴为样本容量、y 轴为无偏方差绘制折线图（见图 5-4-2）。

```
sns.lineplot(x='sample_size', y='unbias_var',
             data=size_var_df, color='black')
```

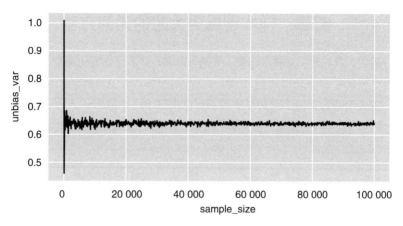

图 5-4-2　样本容量与无偏方差的关系

　　由图 5-4-2 可知，总体上，样本容量越大，无偏方差越接近总体方差。样本方差的结果与此类似，这里不再赘述。无偏方差和样本方差都满足一致性。

　　无偏方差多用作总体方差的无偏估计量。本书也使用无偏方差。

# 5-5

# 从正态总体衍生的概率分布

如果总体服从正态分布，那么样本均值和样本的无偏方差服从什么分布呢？本节将通过模拟，探讨 $\chi^2$ 分布、$t$ 分布和 $F$ 分布来解答这个问题。本节的结论还将在 5-6 节、第 6 章和第 8 章中再次用到。

## 5-5-1　实现　环境准备

导入所需的库。

```python
# 用于数值计算的库
import numpy as np
import pandas as pd
from scipy import stats

# 用于绘图的库
from matplotlib import pyplot as plt
import seaborn as sns
sns.set()

# 配置图形上的文字样式
from matplotlib import rcParams
rcParams['font.family'] = 'sans-serif'
rcParams['font.sans-serif'] = 'SimHei'
```

## 5-5-2 (术语) 样本分布

**样本分布**是样本的统计量所服从的概率分布。

例如，进行 10 000 次模拟抽样就能得到 10 000 个样本。我们可以计算这些样本的均值并得到 10 000 个均值，这 10 000 个样本均值所服从的分布就是样本分布。

## 5-5-3 正态分布的应用

5-3 节和 5-4 节探讨了样本均值的均值和无偏方差的均值。下面进一步探索样本均值的分布和无偏方差的分布。

在数理上推导样本分布并不容易，所以这里主要使用服从正态分布的总体。

要注意的是，本节的内容只适用于服从正态分布的总体，而 5-3 节和 5-4 节的结论也适用于正态分布以外的概率分布。

后文将把正态分布 $\mathcal{N}\left(X \mid \mu, \sigma^2\right)$ 简写为 $\mathcal{N}\left(\mu, \sigma^2\right)$。服从均值为 $\mu$、方差为 $\sigma^2$ 的正态分布 $\mathcal{N}\left(\mu, \sigma^2\right)$ 的总体叫作**正态总体 $\mathcal{N}\left(\mu, \sigma^2\right)$**。服从 $\mathcal{N}\left(\mu, \sigma^2\right)$ 的 $n$ 个独立随机变量 $X_1, X_2, \cdots, X_n$ 叫作**正态总体 $\mathcal{N}\left(\mu, \sigma^2\right)$ 的简单随机样本**。

## 5-5-4 (术语) $\chi^2$ 分布

下面介绍 $\chi^2$ 分布。

### 1. $\chi^2$ 分布的定义

均值为 0、方差为 1 的正态分布叫作标准正态分布，记作 $\mathcal{N}(0,1)$。

设有 $k$ 个随机变量 $X_1, X_2, \cdots, X_k$ 服从 $\mathcal{N}(0,1)$，它们的平方和服从自由度为 $k$ 的 $\chi^2$ **分布**，记作 $\chi^2(k)$。$\chi^2$ 分布的参数就是自由度 $k$。

### 2. $\chi^2$ 分布的用途

提及平方和，我们会想到方差的数学式。对于从正态总体 $\mathcal{N}\left(\mu, \sigma^2\right)$

中简单随机抽样得到的 $X_1, X_2, \cdots, X_n$，可以通过下式计算 $\chi^2$ 的值：

$$\chi^2 = \frac{n-1}{\sigma^2} U^2$$
$$= \frac{n-1}{\sigma^2}\left[\frac{1}{n-1}\sum_{i=1}^{n}\left(X_i - \bar{X}\right)^2\right] \quad (5\text{-}13)$$
$$= \frac{1}{\sigma^2}\sum_{i=1}^{n}\left(X_i - \bar{X}\right)^2$$

这个值服从自由度为 $n-1$ 的 $\chi^2$ 分布，即服从 $\chi^2(n-1)$。式（5-13）中的 $U^2$ 是无偏方差，$\bar{X}$ 是样本均值，$\bar{X}$ 与 $U^2$ 相互独立。

下面通过模拟来验证上述结论。

## 5-5-5 实现 模拟准备

我们以 $\mu = 4, \sigma = 0.8$ 的正态总体 $\mathcal{N}(4, 0.8^2)$ 为研究对象（$\mu$ 和 $\sigma$ 取其他值也不影响结论，感兴趣的读者可以尝试修改这两个值并进行模拟）。

```
mu = 4
sigma = 0.8
population = stats.norm(loc=mu, scale=sigma)
```

作为复习，我们按以下方式抽出 5 个样本。

```
# 样本容量
n = 5
# 抽样
np.random.seed(1)
sample = population.rvs(size=n)
sample
```
```
array([5.29947629, 3.51059487, 3.5774626 , 3.1416251 ,
       4.6923261 ])
```

## 5-5-6　**实现**　$\chi^2$分布

下面计算 $\chi^2$ 分布。

### 1. 在 Python 中的用法

$\chi^2$ 分布的概率密度使用 `stats.chi2.pdf` 来计算。服从 $\chi^2(n-1)$ 的随机变量为 2 时的概率密度如下。

```
round(stats.chi2.pdf(x=2, df=n - 1), 3)
```
```
0.184
```

在上述代码中，n 表示样本容量，即预先设定的 n = 5。

$\chi^2$ 分布的累积分布使用 `stats.chi2.cdf` 来计算。服从 $\chi^2(n-1)$ 的随机变量不大于 2 时的累积分布如下。

```
round(stats.chi2.cdf(x=2, df=n - 1), 3)
```
```
0.264
```

$\chi^2$ 分布的百分位数使用 `stats.chi2.ppf` 来计算。在服从 $\chi^2(n-1)$ 的随机变量 $X$ 中，使得 $P(X \leqslant x) = 0.5$ 的 $x$ 的值如下。

```
round(stats.chi2.ppf(q=0.5, df=n - 1), 3)
```
```
3.357
```

由结果可知，随机变量小于 3.357 的概率是 50%。

### 2. 模拟

下面验证式（5-13）计算的值服从 $\chi^2(n-1)$。首先计算 10 000 次。

```
# 样本容量
n = 5
# 随机数种子
np.random.seed(1)
# 存放 χ² 值的数组
```

```
chi2_value_array = np.zeros(10000)
# 开始执行
for i in range(0, 10000):
    sample = population.rvs(size=n)
    u2 = np.var(sample, ddof=1)       # 无偏方差
    chi2 = (n - 1) * u2 / sigma**2    # χ²值
    chi2_value_array[i] = chi2
```

当样本容量为 $n$ 时，chi2_value_array 应当服从 $\chi^2(n-1)$。我们在 0~20 的范围内计算 $\chi^2(n-1)$ 的概率密度。

```
# 随机变量
x = np.arange(start=0, stop=20.1, step=0.1)
# χ²分布的概率密度
chi2_distribution = stats.chi2.pdf(x=x, df=n - 1)
# 保存在数据帧里
chi2_df = pd.DataFrame({
    'x': x,
    'chi2_distribution': chi2_distribution
})
print(chi2_df.head(3))
```

```
     x   chi2_distribution
0  0.0          0.000000
1  0.1          0.023781
2  0.2          0.045242
```

比较模拟的结果 chi2_value_array 与 $\chi^2(n-1)$ 的概率密度，可以发现二者完全吻合，如图 5-5-1 所示。

```
# 直方图
sns.histplot(chi2_value_array, color='gray', stat='density')
# χ²分布
sns.lineplot(x='x', y='chi2_distribution',
             data=chi2_df, color='black',
             label='χ²分布')
```

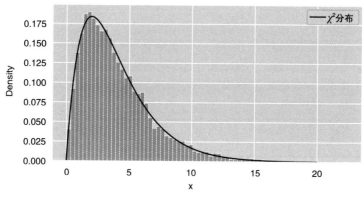

**图 5-5-1　$\chi^2$ 分布**

当以从正态总体中进行简单随机抽样的样本为研究对象时，$\chi^2$ 分布有助于我们研究样本的无偏方差的偏差。5-6 节将具体讲解它的应用。

## 5-5-7　样本均值服从的分布

下面讨论样本均值服从的分布。

### 1. 样本均值服从的概率分布

在来自正态总体 $\mathcal{N}\left(\mu,\sigma^2\right)$ 的简单随机抽样 $X_1,X_2,\cdots,X_n$ 中，样本均值 $\overline{X}$ 服从的概率分布如下：

$$\overline{X} \sim \mathcal{N}\left(\mu,\frac{\sigma^2}{n}\right) \tag{5-14}$$

由 5-3 节可知，样本均值的均值是 $\mu$，样本均值的标准差是 $\sigma/\sqrt{n}$。然而，当时我们并不清楚样本均值所服从的概率分布。

如果样本是来自正态总体的简单随机抽样，那么样本均值也服从正态分布。

## 2. 样本均值的标准化

由 4-4 节可知，将 $X \sim \mathcal{N}\left(\mu, \sigma^2\right)$ 的随机变量 $X$ 按如下方式标准化为 $Z$，那么 $Z$ 也服从正态分布：

$$Z = \frac{X - \mu}{\sigma} \qquad (5\text{-}15)$$

类似地，对样本均值 $\bar{X}$ 进行标准化，结果也服从正态分布：

$$Z = \frac{\bar{X} - \mu}{\sigma / \sqrt{n}} \qquad (5\text{-}16)$$

下面通过模拟来验证。

## 5-5-8 实现 样本均值的标准化

我们将样本容量设置为 3，进行 10 000 次样本均值的标准化计算。

```
# 样本容量
n = 3
# 随机数种子
np.random.seed(1)
# 存放z值的数组
z_value_array = np.zeros(10000)
# 开始执行
for i in range(0, 10000):
    sample = population.rvs(size=n)
    x_bar = np.mean(sample)              # 样本均值
    bar_sigma = sigma / np.sqrt(n)       # 样本均值的标准差
    z_value_array[i] = (x_bar - mu) / bar_sigma    # Z值
```

`z_value_array` 应当服从标准正态分布。我们在 −6~6 的范围内计算标准正态分布的概率密度。

```
# 随机变量
x = np.arange(start=-6, stop=6.1, step=0.1)
# 标准正态分布的概率密度
z_distribution = stats.norm.pdf(x=x, loc=0, scale=1)
```

```
# 保存在数据帧里
z_df = pd.DataFrame({
    'x': x,
    'z_distribution': z_distribution
})

print(z_df.head(3))
```

```
     x  z_distribution
0 -6.0     6.075883e-09
1 -5.9     1.101576e-08
2 -5.8     1.977320e-08
```

比较模拟的结果 z_value_array 与标准正态分布的概率密度，可以发现二者完全吻合，如图 5-5-2 所示。

```
# z值的直方图
sns.histplot(z_value_array, color='gray', stat='density')
# 标准正态分布
sns.lineplot(x='x', y='z_distribution', data=z_df,
             color='black', linestyle='dashed',
             label='标准正态分布')
# x轴的范围
plt.xlim(-6, 6)
```

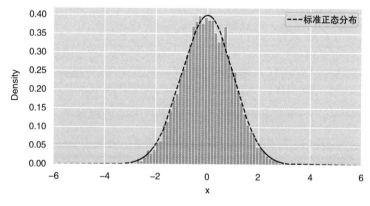

图 5-5-2　标准正态分布

## 5-5-9 　术语　$t$ 值

在对样本均值进行标准化时，我们使用了总体标准差 $\sigma$。但在大多数情况下，总体标准差是未知的。因此，我们考虑使用标准误差代替样本均值的标准差。通过下式可以得到 $t$ 值：

$$t = \frac{\bar{X} - \mu}{\text{SE}} = \frac{\bar{X} - \mu}{U / \sqrt{n}} = \frac{\bar{X} - \mu}{\sqrt{U^2 / n}} \qquad (5\text{-}17)$$

在式（5-17）中，样本均值在标准化时没有使用总体标准差 $\sigma$，而是使用了无偏方差的平方根 $U$。

$t$ 值看起来应该服从标准正态分布，但实际上，当样本容量较小时，它不服从标准正态分布。因为 $t$ 值使用了来自样本的 $U$ 值，它是随机变化的，所以 $t$ 值的分布和标准正态分布有较大的差异。

## 5-5-10 　术语　$t$ 分布

下面介绍 $t$ 分布。

### 1. $t$ 分布的定义

设有两个独立的随机变量 $X$ 和 $Y$，且 $X \sim \mathcal{N}(0,1)$，$Y \sim \chi^2(k)$，那么式（5-18）的结果服从的分布就是自由度为 $k$ 的 $t$ 分布，记作 $t(k)$。

$$\frac{X}{\sqrt{Y / k}} \qquad (5\text{-}18)$$

通过上述方法得到的 $t$ 分布的均值为 0。

### 2. $t$ 分布的用途

式（5-18）与 $t$ 值的数学式非常相似，根据无偏方差和 $\chi^2$ 分布的对应关系，我们可以推导出类似的结论：由正态总体 $\mathcal{N}(\mu, \sigma^2)$ 的简单随机样本 $X_1, X_2, \cdots, X_n$ 计算得到的 $t$ 值服从 $t(n-1)$。

下面通过模拟来验证。

## 5-5-11　实现　*t* 分布

下面通过模拟实现 *t* 分布。

### 1. 在 Python 中的用法

*t* 分布的概率密度可以使用 `stats.t.pdf` 函数计算，累积分布可以使用 `stats.t.cdf` 函数计算，百分位数可以使用 `stats.t.ppf` 函数计算。

*t* 分布的参数是自由度。例如在 *t*(*n*−1) 中，当随机变量等于 2 时，计算概率密度的语句是 `stats.t.pdf(x=2, df=n-1)`。

### 2. 模拟

我们依旧将样本容量设置为 3，计算 10 000 次 *t* 值。

```python
# 随机数种子
np.random.seed(1)
# 存放t值的数组
t_value_array = np.zeros(10000)
# 开始执行
for i in range(0, 10000):
    sample = population.rvs(size=n)
    x_bar = np.mean(sample)              # 样本均值
    u = np.std(sample, ddof=1)           # 标准差
    se = u / np.sqrt(n)                  # 标准误差
    t_value_array[i]  = (x_bar - mu) / se  # t值
```

当样本容量为 *n* 时，`t_value_array` 应当服从 *t*(*n*−1)。*t*(*n*−1) 的概率密度按如下方式计算。

```python
# t分布的概率密度
t_distribution = stats.t.pdf(x=x, df=n - 1)
# 保存在数据帧里
t_df = pd.DataFrame({
    'x': x,
    't_distribution': t_distribution
})

print(t_df.head(3))
```

```
     x   t_distribution
0 -6.0         0.004269
1 -5.9         0.004478
2 -5.8         0.004700
```

　　比较模拟的结果 t_value_array 与 $t(n-1)$ 的概率密度，可以发现二者完全吻合，如图 5-5-3 所示。这里同时绘制了标准正态分布的概率密度作为参考，可见二者存在较大差异。

```
# t值的直方图
sns.histplot(t_value_array, color='gray', stat='density')
# t分布
sns.lineplot(x='x', y='t_distribution',
             data=t_df, color='black',
             label='t分布')
# 标准正态分布
sns.lineplot(x='x', y='z_distribution', data=z_df,
             color='black', linestyle='dashed',
             label='标准正态分布')
# x轴的范围
plt.xlim(-6, 6)
```

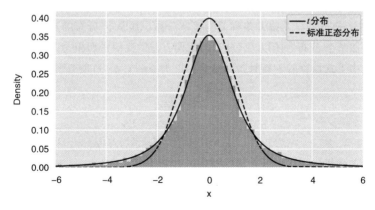

图 5-5-3　$t$ 分布和标准正态分布的比较

　　从图 5-5-3 可以看出，$t$ 分布的尾部比标准正态分布的尾部宽。也就是说，$t$ 分布更容易出现远离均值（0）的数据。$t$ 分布的方差大于标准正态分布的方差。

另外，$t$ 分布以均值为中心左右对称。当样本容量 $n$ 足够大时，$t$ 分布与标准正态分布一致。当样本容量 $n$ 比较小时，要研究样本均值的偏离程度，更推荐使用 $t$ 分布。

在研究正态总体的简单随机样本的样本均值时，$t$ 分布非常实用。5-6 节将讲解具体用法。

## 5-5-12　 术语 　$F$ 分布

下面介绍 $F$ 分布。

### 1. $F$ 分布的定义

设有两个独立的随机变量 $X$ 和 $Y$，且 $X \sim \chi^2(m)$，$Y \sim \chi^2(n)$，那么式（5-19）的结果服从的分布就是自由度为 $(m, n)$ 的 **$F$ 分布**，记作 $F(m, n)$。

$$\frac{X / m}{Y / n} \tag{5-19}$$

### 2. $F$ 分布的用途

$\chi^2$ 分布是与无偏方差有关的概率分布。服从 $\chi^2$ 分布的随机变量的比值服从 $F$ 分布。所以，$F$ 分布与无偏方差的比值密切相关。

由下式计算的 $F$ 统计量服从自由度为 $(m-1, n-1)$ 的 $F$ 分布：

$$F = \frac{u_X^2 / \sigma_X^2}{u_Y^2 / \sigma_Y^2} \tag{5-20}$$

其中，$X_1, X_2, \cdots, X_m$ 和 $Y_1, Y_2, \cdots, Y_n$ 相互独立，且分别为 $\mathcal{N}\left(\mu_X, \sigma_X^2\right)$ 和 $\mathcal{N}\left(\mu_Y, \sigma_Y^2\right)$ 的简单随机样本，无偏方差分别为 $u_X^2$ 和 $u_Y^2$。

假设这两个样本的总体方差相等，即 $\sigma_X^2 = \sigma_Y^2 = \sigma^2$，那么 $F$ 统计量就是无偏方差的比：

$$F = \frac{u_X^2 / \sigma^2}{u_Y^2 / \sigma^2} = \frac{u_X^2}{u_Y^2} \tag{5-21}$$

在假设总体方差相等的情况下，无偏方差的比值服从 $F$ 分布。无偏

方差的比也叫作 $F$ 比。

## 5-5-13　实现　$F$ 分布

下面通过模拟实现 $F$ 分布。

### 1. 在 Python 中的用法

$F$ 分布的概率密度使用 `stats.f.pdf` 函数计算，累积分布使用 `stats.f.cdf` 函数计算，百分位数使用 `stats.f.ppf` 函数计算。

$F$ 分布的参数是两个自由度。例如在 $F(m-1, n-1)$ 中，当随机变量为 2 时，计算概率密度的语句是 `stats.f.pdf(x=2, dfn=m-1, dfd=n-1)`。

### 2. 模拟

设 $X_1, X_2, \cdots, X_m$ 和 $Y_1, Y_2, \cdots, Y_n$ 相互独立，正态总体为 $\mathcal{N}(4, 0.8^2)$，样本容量为 $m=5, n=10$。在这个条件下计算 10 000 次 $F$ 比。

```python
# 样本容量
m = 5
n = 10
# 随机数种子
np.random.seed(1)
# 存放F比的数组
f_value_array = np.zeros(10000)
# 开始执行
for i in range(0, 10000):
    sample_x = population.rvs(size=m)      # 获得X样本
    sample_y = population.rvs(size=n)      # 获得Y样本
    u2_x = np.var(sample_x, ddof=1)        # X的无偏方差
    u2_y = np.var(sample_y, ddof=1)        # Y的无偏方差
    f_value_array[i]  = u2_x / u2_y        # F比
```

当样本容量为 $m, n$ 时，`f_value_array` 应当服从 $F(m-1, n-1)$。下面计算 $F(m-1, n-1)$ 的概率密度。

```
# 随机变量
x = np.arange(start=0, stop=6.1, step=0.1)
# F分布的概率密度
f_distribution = stats.f.pdf(x=x, dfn=m - 1,dfd=n - 1)
# 保存在数据帧里
f_df = pd.DataFrame({
    'x': x,
    'f_distribution': f_distribution
})

print(f_df.head(3))
```

```
     x   f_distribution
0  0.0        0.000000
1  0.1        0.368515
2  0.2        0.562143
```

对比模拟的结果 f_value_array 与 $F(m-1, n-1)$ 的概率密度，可以发现二者是完全吻合的，如图 5-5-4 所示。

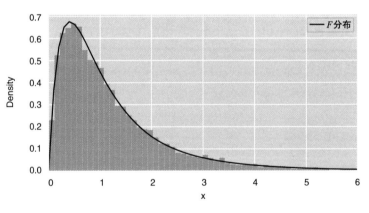

图 5-5-4　F 分布

```
# F比的直方图
sns.histplot(f_value_array, color='gray', stat='density')
# F分布
sns.lineplot(x='x', y='f_distribution',
            data=f_df, color='black',
            label='F分布')
```

```
# x轴的范围
plt.xlim(0, 6)
```

样本 $X_1, X_2, \cdots, X_m$ 和 $Y_1, Y_2, \cdots, Y_n$ 的总体方差是 $0.8^2$。由样本计算得到的无偏方差也应该接近 $0.8^2$，但这个值会因为样本不同而变化。

即使总体方差相等，两个样本的无偏方差的比值也未必恰好是 1。这里设置的样本容量很小，两个样本的无偏方差会相差很大。一般来说，$m, n$ 越大，$F$ 分布越集中在 1 的附近。

在比较两个样本的方差时，$F$ 分布非常实用。它将在第 8 章的方差分析中再次出现。

# 区间估计

本节将介绍区间估计。假设样本是来自正态总体的简单随机抽样，并使用 5-5 节介绍的样本分布。

我们首先引入与估计相关的术语，随后讲解总体均值的区间估计，最后讲解总体方差的区间估计。

## 5-6-1 实现 环境准备

首先导入所需的库。

```
# 用于数值计算的库
import numpy as np
import pandas as pd
from scipy import stats

# 用于绘图的库
from matplotlib import pyplot as plt
import seaborn as sns
sns.set()

# 配置图形上的文字样式
from matplotlib import rcParams
rcParams['font.family'] = 'sans-serif'
rcParams['font.sans-serif'] = 'SimHei'
```

然后读入鱼的虚构体长数据作为研究对象。我们将样本容量设置为 10，并假设这些数据是来自正态总体的简单随机抽样。

```
fish = pd.read_csv('5-6-1-fish_length.csv')['length']
fish
```

```
0    4.352982
1    3.735304
2    5.944617
3    3.798326
4    4.087688
5    5.265985
6    3.272614
7    3.526691
8    4.150083
9    3.736104
Name: length, dtype: float64
```

## 5-6-2  术语  点估计、区间估计

我们首先介绍与区间估计相对的概念——点估计。直接指定总体分布的参数为某一值的估计方法叫作**点估计**。

估计值具有一定范围的估计方法叫作**区间估计**。我们使用概率的方法计算这个范围。

因为估计值具有范围，所以可以引入估计误差。在对总体均值进行区间估计时，估计误差越小，区间估计的范围越小；样本容量越大，区间估计的范围越小。

## 5-6-3  实现  点估计

下面使用 Python 实现点估计。我们使用样本均值估计总体均值，使用无偏方差估计总体方差。

```
# 点估计
x_bar = np.mean(fish)
u2 = np.var(fish, ddof=1)

print('样本均值: ', round(x_bar, 3))
```

```
print('无偏方差: ', round(u2, 3))
```

样本均值: 4.187
无偏方差: 0.68

因为样本均值为 4.187，所以我们估计总体均值也为 4.187。因为无偏方差为 0.68，所以我们估计总体方差也为 0.68。以上就是点估计。

## 5-6-4　**术语** 置信水平、置信区间

下面介绍有助于我们理解区间估计的术语。

**置信水平**是表示区间估计的区间可信度的概率。例如，95%、99% 等数值都可以作为置信水平。

满足某个置信水平的区间叫作**置信区间**。

对于同一组数据，置信水平越高，置信区间就越大。直观地来说，要提高可信度，必然要扩大取值范围以保证安全。

## 5-6-5　**术语** 置信界限

置信区间的下界值与上界值叫作**置信界限**，这两个数值分别叫作**下置信界限**与**上置信界限**。

## 5-6-6　总体均值的区间估计

下面介绍置信水平为 95% 的区间估计方法。如果知道总体方差的值，可以直接使用标准正态分布，但总体方差一般是未知的，所以本书将在总体均值的区间估计中使用 $t$ 分布。

置信区间的计算步骤如下。

(1) 计算样本均值 $\bar{X}$ 和标准误差 SE。

(2) 设样本容量为 $n$，计算自由度为 $n-1$ 的 $t$ 分布的 2.5% 分位数和 97.5% 分位数。

① 将 $t$ 分布的 2.5% 分位数记作 $t_{0.025}$。

② 将 $t$ 分布的 97.5% 分位数记作 $t_{0.975}$。

③ 服从 $t$ 分布的随机变量在 $t_{0.025} \sim t_{0.975}$ 的概率为 95%。此处的 95% 为置信水平。

(3) $\bar{X} - t_{0.975} \cdot \text{SE}$ 为下置信界限。

(4) $\bar{X} - t_{0.025} \cdot \text{SE}$ 为上置信界限。

下面结合数学式理解以上步骤的含义。

首先回顾一下 $t$ 值的数学式：

$$t = \frac{\bar{X} - \mu}{\text{SE}} = \frac{\bar{X} - \mu}{U / \sqrt{n}} \tag{5-22}$$

其中，$\bar{X}$ 为样本均值，$\mu$ 为总体均值，SE 为样本的标准误差，$U$ 为无偏方差的平方根，$n$ 为样本容量。

$t$ 值服从 $t$ 分布，$t$ 值在 $t_{0.025} \sim t_{0.975}$ 的概率为 95%：

$$P\left( t_{0.025} \leqslant \frac{\bar{X} - \mu}{\text{SE}} \leqslant t_{0.975} \right) = 0.95 \tag{5-23}$$

由 $t_{0.025} \leqslant (\bar{X} - \mu) / \text{SE} \leqslant t_{0.975}$ 得到总体均值 $\mu$：

$$\begin{aligned} &\bar{X} - t_{0.975} \cdot \text{SE} \leqslant \mu \\ &\mu \leqslant \bar{X} - t_{0.025} \cdot \text{SE} \end{aligned} \tag{5-24}$$

这里，$\bar{X} - t_{0.975} \cdot \text{SE}$ 为下置信界限，$\bar{X} - t_{0.025} \cdot \text{SE}$ 为上置信界限。因为 $t$ 分布以 0 为中心左右对称，所以有些教材把上置信界限记为 $\bar{X} + t_{0.975} \cdot \text{SE}$。

## 5-6-7 　实现　总体均值的区间估计

下面进行总体均值的区间估计。

### 1. 按定义实现

进行区间估计需要自由度（样本容量 $-1$）、样本均值、标准误差这 3 个值。5-6-3 节已经计算出样本均值，所以我们还需要计算自由度和标准误差。

```
# 计算统计量
n = len(fish)              # 样本容量
df = n - 1                 # 自由度
u = np.std(fish, ddof=1)   # 标准差
se = u / np.sqrt(n)        # 标准误差

print('样本容量: ', n)
print('自由度  : ', df)
print('标准差  : ', round(u, 3))
print('标准误差: ', round(se, 3))
print('样本均值: ', round(x_bar, 3))
```

```
样本容量:  10
自由度  :  9
标准差  :  0.825
标准误差:  0.261
样本均值:  4.187
```

接下来计算自由度为 $n-1$ 的 $t$ 分布的 2.5% 分位数和 97.5% 分位数。

```
# 2.5%分位数和97.5%分位数
t_025 = stats.t.ppf(q=0.025, df=df)
t_975 = stats.t.ppf(q=0.975, df=df)

print('t分布的2.5%分位数 : ', round(t_025, 3))
print('t分布的97.5%分位数: ', round(t_975, 3))
```

```
t分布的2.5%分位数 :  -2.262
t分布的97.5%分位数:  2.262
```

$t$ 分布是左右对称的，$t_{0.025} = -t_{0.975}$。下面使用这些结果来计算置信区间。

```
# 总体均值的区间估计
lower_mu = x_bar - t_975 * se
upper_mu = x_bar - t_025 * se

print('下置信界限: ', round(lower_mu, 3))
print('上置信界限: ', round(upper_mu, 3))
```

```
下置信界限:  3.597
上置信界限:  4.777
```

总体均值的 95% 置信区间是 3.597~4.777。

## 2. 快速实现

使用 `stats.t.interval` 函数可以快速地完成总体均值的区间估计。参数 `alpha` 为置信水平，`df` 为自由度，`loc` 为样本均值，`scale` 为标准误差。

代码中变量 `res` 是 result 的缩写。输出的第 1 个元素为下置信界限，第 2 个元素为上置信界限。

```
res_1 = stats.t.interval(alpha=0.95, df=df, loc=x_bar, scale=se)
np.round(res_1, 3)
```

```
array([3.597, 4.777])
```

这个结果与按定义实现的结果相同。

## 5-6-8　决定置信区间大小的因素

如果样本的方差较大，意味着数据更偏离均值，也就是说，均值更不可信，从而导致置信区间更大。

我们不妨验证一下。先把样本标准差变为原来的 10 倍，再计算 95% 置信区间，可以看到这个区间变得很大。

```
se_2 = (u * 10) / np.sqrt(n)
res_2 = stats.t.interval(alpha=0.95, df=df, loc=x_bar, scale=se_2)
np.round(res_2, 3)
```

```
array([-1.713, 10.087])
```

对于这个现象，比较直观的理解是，置信区间越大，总体均值的位置越难确定。

相反，样本容量越大，样本均值就越可信，进而置信区间就越小。

这也可以用 Python 来验证。设样本容量为原来的 10 倍。可以看到，样本容量越大，自由度就越大，标准误差就越小。

```
n_2 = n * 10
df_2 = n_2 - 1
se_3 = u / np.sqrt(n_2)
res_3 = stats.t.interval(alpha=0.95, df=df_2, loc=x_bar, scale=se_3)
np.round(res_3, 3)
```

```
array([4.023, 4.351])
```

如果使用完全相同的数据，那么置信水平越高，为确保安全，置信区间就会越大。99% 置信区间的计算如下。

```
res_4 = stats.t.interval(alpha=0.99, df=df, loc=x_bar, scale=se)
np.round(res_4, 3)
```

```
array([3.339, 5.035])
```

可以看到，99% 置信区间比 95% 置信区间更大。

## 5-6-9 区间估计结果的解读

前面我们一直把"置信水平为 95%"中的 95% 理解为可信度，但并不知道它的具体含义。下面我们将结合模拟来理解它的含义（见图 5-6-1）。

"置信水平为 95%"中的 95% 可以按以下方式获得。

(1) 从正态总体中简单随机抽样。

(2) 使用 5-6-7 节的方法计算 95% 置信区间。

(3) 反复进行前两步操作。

(4) 所有试验所得的区间中包含总体均值的参数的概率为 95%。

也就是说，由 95% 的置信水平计算得到的置信区间的含义是：从同一个总体中多次进行简单随机抽样并进行区间估计，所得到的区间中包含正确值的概率是 95%。

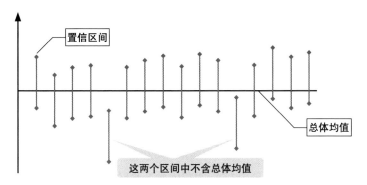

图 5-6-1 置信区间的解读

下面通过模拟来验证。首先准备模拟用的数据。总体分布是均值为4、标准差为 0.8 的正态分布，将标准差换为其他值也会得到同样的结果。

```
norm_dist = stats.norm(loc=4, scale=0.8)
```

试验次数 num_trials 为 20 000。置信区间包含总体均值（4）的次数保存在 included_num 中。

```
num_trials = 20000 # 执行次数
included_num = 0   # 置信区间包含总体均值的次数
```

下面开始进行模拟。

```
# 执行20000次抽样10个数据求95%置信区间的操作
np.random.seed(1) # 随机数种子
for i in range(0, num_trials):
    # 抽样
    sample = norm_dist.rvs(size=n)
    # 计算置信区间
    df = n - 1              # 自由度
    x_bar = np.mean(sample)    # 样本均值
    u = np.std(sample, ddof=1) # 标准差
    se = u / np.sqrt(n)        # 标准误差
    interval = stats.t.interval(0.95, df, x_bar, se)
    # 记录置信区间包含总体均值的次数
    if(interval[0] <= 4 <= interval[1]):
        included_num = included_num + 1
```

包含总体均值的置信区间的比例约为 0.95。

```
included_num / num_trials
```
```
0.948
```

## 5-6-10 总体方差的区间估计

下面介绍置信水平为 95% 的总体方差的区间估计方法。总体方差的区间估计使用 $\chi^2$ 分布。

置信区间的计算步骤如下。

(1) 计算无偏方差 $U^2$。

(2) 设样本容量为 $n$，计算自由度为 $n-1$ 的 $\chi^2$ 分布的 2.5% 分位数和 97.5% 分位数。

① 将 $\chi^2$ 分布的 2.5% 分位数记作 $\chi^2_{0.025}$。

② 将 $\chi^2$ 分布的 97.5% 分位数记作 $\chi^2_{0.975}$。

③ 服从 $\chi^2$ 分布的随机变量在 $\chi^2_{0.025} \sim \chi^2_{0.975}$ 的概率为 95%（此处的 95% 为置信水平）。

(3) $(n-1)U^2 / \chi^2_{0.975}$ 为下置信界限。

(4) $(n-1)U^2 / \chi^2_{0.025}$ 为上置信界限。

下面结合数学式理解以上步骤的含义。

由下式计算的 $\chi^2$ 值服从自由度为 $n-1$ 的 $\chi^2$ 分布：

$$\chi^2 = \frac{n-1}{\sigma^2} U^2 \qquad (5\text{-}25)$$

其中，$U^2$ 为无偏方差，$n$ 为样本容量。

$\chi^2$ 值在 $\chi^2_{0.025} \sim \chi^2_{0.975}$ 的概率为 95%：

$$P\left(\chi^2_{0.025} \leqslant \frac{n-1}{\sigma^2} U^2 \leqslant \chi^2_{0.975}\right) = 0.95 \qquad (5\text{-}26)$$

由 $\chi^2_{0.025} \leqslant (n-1)U^2 / \sigma^2 \leqslant \chi^2_{0.975}$ 计算总体方差 $\sigma^2$：

$$\frac{(n-1)U^2}{\chi^2_{0.975}} \leqslant \sigma^2$$

$$\sigma^2 \leqslant \frac{(n-1)U^2}{\chi^2_{0.025}}$$

（5-27）

这里，$(n-1)U^2 / \chi^2_{0.975}$ 为下置信界限，$(n-1)U^2 / \chi^2_{0.025}$ 为上置信界限。

## 5-6-11 实现 总体方差的区间估计

下面模拟相关计算。

首先计算自由度为 $n-1$ 的 $\chi^2$ 分布的 2.5% 分位数和 97.5% 分位数。

```
# 2.5%分位数和97.5%分位数
chi2_025 = stats.chi2.ppf(q=0.025, df=df)
chi2_975 = stats.chi2.ppf(q=0.975, df=df)

print('χ2分布的2.5%分位数 : ', round(chi2_025, 3))
print('χ2分布的97.5%分位数: ', round(chi2_975, 3))

χ2分布的2.5%分位数 :  2.7
χ2分布的97.5%分位数:  19.023
```

然后使用这些结果来计算置信区间。

```
# 总体方差的区间估计
upper_sigma = (n - 1) * u2 / chi2_025
lower_sigma = (n - 1) * u2 / chi2_975

print('下置信界限: ', round(lower_sigma, 3))
print('上置信界限: ', round(upper_sigma, 3))

下置信界限:  0.322
上置信界限:  2.267
```

总体方差的 95% 置信区间是 0.322~2.267。

第 **6** 章

假设检验

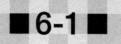

# 单样本 $t$ 检验

第 6 章的主题是假设检验。假设检验分为多种类型，但为了避免混淆，本章只解释较常用的几种。

本节将以单样本 $t$ 检验为例介绍假设检验的基础知识。

假设检验很常见，既可以用于分析自己的任务，也可以用于解读他人的检验结果。

6-4-8 节将讨论是否有必要学习假设检验，但可以肯定的是，我们至少应了解解读检验结果的方法。

## 6-1-1　假设检验入门

**假设检验**（简称为检验）是一种基于数据做出某种判断的方法。假设检验有多种类型，不同类型的假设检验适用于不同的研究对象。

在第 5 章中，我们学习了统计推断。所谓推断，就是尝试猜测总体分布的参数。例如，我们尝试使用样本均值这一估计量猜测总体均值这一参数。

本章将要介绍的假设检验则用于对总体的参数进行判断。例如，我们可以通过检验来判断总体均值是否为 50。

## 6-1-2　关于总体均值的单样本 $t$ 检验

假设检验的基础理论解释起来比较抽象。因此，本章将结合具体的检验方法解释相关术语和原理。

检验的方法有很多种，我们先介绍关于总体均值的单样本 t 检验（也称为单样本均值 t 检验）。请注意，单样本 t 检验假设数据是来自正态总体的随机样本。下面将基于这个假设进行说明。

单样本 t 检验用于判断均值是否与某个值存在差异。

例如，有一种薯片标称 50g，而事实上不可能每包薯片都恰好是50g，往往是既有 49g 的，也有 51g 的。

虽然每包薯片的质量会有一些偏差，但我们希望平均质量是 50g。如果平均质量不是 50g，就必须检查薯片装袋机是否出了问题。

这时就需要用到检验了。我们可以通过单样本 t 检验来判断薯片的平均质量是否和 50g 存在差异。

被称为 t 检验的假设检验适用于多种问题。例如，在第 8 章中，我们将对均值之外的对象应用 t 检验。不过，本节仅关注单变量数据的均值，因此我们将单样本 t 检验简称为 t 检验。

## 6-1-3　术语　零假设与备择假设

假设检验的过程是先提出一个假设，再基于数据客观地判断是否拒绝该假设。

作为被拒绝对象的最初的假设叫作**零假设**，通常记作 $H_0$，H 取自Hypothesis（假设）的首字母。

和零假设对立的假设叫作**备择假设**，通常记作 $H_1$。

例如，要判断薯片的平均质量是否为 50g，可以提出下列假设。

- 零假设：薯片的平均质量是 50g。
- 备择假设：薯片的平均质量不是 50g。

如果拒绝零假设，就表明存在显著性差异，即可以认为薯片的平均质量不是 50g。

虽然检验过程稍显烦琐，但这样判断较为严谨。

## 6-1-4　术语　显著性差异

顾名思义，**显著性差异**是指差异具有显著性。由于假设检验的目的是判断是否存在显著性差异，因此有时也被称为**显著性检验**。

　　下面仍以薯片为例介绍显著性差异的概念。假设要判断薯片的平均质量是否为 50g。

　　我们称量了 20 包薯片，计算其均值。就算装袋机工作正常，考虑到有可能多装入了一些薯片碎渣，或者测量时存在误差，薯片的平均质量也不太可能恰好是 50g。

　　检验的目的是判断是否存在显著性差异，而不是确定测量结果的误差大小。如果确实存在显著性差异，就可以拒绝零假设。

　　另外，在薯片的示例中，因为分析对象是均值的差异，所以"显著性差异"这一概念比较容易理解。然而，在一些问题中，差异的概念比较抽象。对于这些问题，我们也可以不使用"显著性差异"，而仅用"显著性"来描述。

　　虽然"显著"一词给人一种"结论明确"的感觉，但是我们不能盲目相信"存在显著性差异"这样的结论。关于假设检验的更多内容，我们将在 6-4 节中讲解。

## 6-1-5　t 检验的直观解释

　　下面对 t 检验中的显著性差异进行直观的解释。

　　例如，我们拆开两包薯片，然后使用家用的普通秤分别对里面的薯片进行称量。第 1 包是 55g，第 2 包是 44g，两包的平均质量是 49.5g。这显然与 50g 存在差异，但这个差异是否显著呢？

　　我们需要注意几点。首先，我们只拆开了两包薯片，而不是很多包，即没有采用容量更大的样本。其次，我们使用家用的普通秤进行称量，所得数据是否精准？最后，49.5g 其实非常接近 50g。

　　根据这样的结果，恐怕很难认为存在显著性差异。

　　然而，在下述条件下得到的结果则容易让人认为存在显著性差异。

- 进行了大量调查：样本容量大。
- 使用精密的仪器称量：数据浮动（方差）小。
- 平均质量与 50g 相差很大：均值的差异大。

　　在 t 检验中，如果满足上述 3 个条件，就可以认为存在显著性差异。

## 6-1-6　均值差异大不代表存在显著性差异

根据 *t* 检验的判断逻辑，我们可以得到一条重要的结论：**均值差异大不代表存在显著性差异**。这一点非常重要，应当时刻谨记。

下面举一个极端的例子进行说明。假设有一台老旧的秤，里面的弹簧已经变形，即使称量同一件物品，读数也未必一样。称量恰好为 50g 的砝码时也会给出 30g、70g 之类的结果。

用这台秤分别称量两包薯片。第 1 包是 10g，第 2 包是 60g，两包的平均质量是 35g。这与 50g 相差很大。

然而，这个测量结果的浮动（方差）太大，样本容量又过小，应该没有人会依据这样的结果认为存在显著性差异。

因此，在研究显著性差异时，我们还必须考虑样本容量和浮动（方差）大小，不能只通过对比均值就给出结论。

无论是否涉及假设检验，在解读数据时都应当考虑差异的显著性。

## 6-1-7　**术语**　检验统计量

用于检验的统计量称为**检验统计量**。

本节将对总体均值进行 *t* 检验。然而，我们刚刚得知一条重要结论：均值差异大不代表存在显著性差异。

我们该使用什么样的检验统计量来检验显著性呢？ *t* 检验将 *t* 值用作检验统计量。

## 6-1-8　回顾 *t* 值

在薯片示例的 *t* 检验中，如果满足下列 3 个条件，就可以认为存在显著性差异。

- 进行了大量调查：样本容量大。
- 使用精密的仪器称量：数据浮动（方差）小。
- 平均质量与 50g 相差很大：均值的差异大。

5-5 节介绍的 $t$ 值就是满足上述条件的检验统计量。我们来回顾一下 $t$ 值的数学式：

$$t = \frac{\overline{X} - \mu}{\mathrm{SE}} = \frac{\overline{X} - \mu}{U / \sqrt{n}} \qquad (6\text{-}1)$$

其中，$\overline{X}$ 是样本均值，$\mu$ 是总体均值，SE 是标准误差，$U$ 是标准差（无偏方差的平方根），$n$ 是样本容量。

在薯片的示例中，通过代入 $\mu = 50$ 来计算 $t$ 值，以检验总体均值 $\mu$ 和 50 之间是否有差异：

$$t = \frac{\overline{X} - 50}{\mathrm{SE}} \qquad (6\text{-}2)$$

如果 $t$ 值较大，就可以认为平均质量与 50g 之间存在显著性差异。

当样本均值 $\overline{X}$ 远小于对比值（50）时，$t$ 值也会很小。此时，应认为 $t$ 值的绝对值有意义。

## 6-1-9　小结 1

假设检验的相关术语较多，我们先来总结一下前面的内容。

### 1. 术语整理

【零假设与备择假设】

这是最先出现的一对术语。我们通过判断是否要拒绝零假设来做出有关总体的判断。

如果零假设是"总体的参数是 ××"，那么备择假设就是"总体的参数不是 ××"。

【显著性差异与显著性】

如果认为差异具有显著性，则称该差异为显著性差异，或仅用显著性来描述。在进行假设检验时，只要存在显著性差异，就应该拒绝零假设。

**【检验统计量】**

使用均值的差异大小等简单的指标很难正确判断是否存在显著性差异。因此,应先根据检验的目的计算出检验统计量,再做判断。

本节讲解的 *t* 检验使用 *t* 值作为检验统计量。不同的检验类型使用不同的检验统计量。

## 2. 接下来的学习内容

我们已经明确了进行假设检验的目的,下面开始学习判断是否存在显著性差异的具体过程。先来了解该过程中涉及的几个术语。

## 6-1-10 （术语） 第一类错误与第二类错误

零假设正确却拒绝了零假设的错误叫作**第一类错误**。反过来,零假设错误却接受了零假设的错误叫作**第二类错误**。

假设检验旨在控制发生第一类错误的概率。第一类错误和第二类错误的处理方式有所不同,我们将在 6-4 节中继续讨论这个问题。

## 6-1-11 （术语） 显著性水平

可以容忍第一类错误发生的概率称为**显著性水平**。显著性水平一般记作 $\alpha$。

显著性水平是拒绝零假设的标准。通常使用 5% 或 1% 作为显著性水平。除非特别说明,否则本书中的显著性水平为 5%。

## 6-1-12 （术语） 拒绝域与接受域

拒绝域与接受域是用于判断是否拒绝零假设的检验统计量的取值范围。

如果计算出的检验统计量落在**拒绝域**中,就要拒绝零假设;如果落在**接受域**中,则不应拒绝零假设。

当通过与某个给定值$c$的大小关系来判断检验统计量是否落在拒绝域中时，这个临界值$c$称为**拒绝点**或**拒绝界限**。拒绝域是根据显著性水平来计算的。

## 6-1-13　**术语**　$p$值

和拒绝域一样，$p$值的大小也能用于判断是否拒绝零假设，即是否存在显著性差异。本书主要使用$p$值判断。

根据美国统计学会的声明，我们可以大致认为，在特定的统计模型中，**$p$值**是衡量数据的统计摘要（如两组样本的均值差异）大于或等于观测值的概率（Wasserstein and Lazar (2017)）。这个解释可能不太好理解，后续章节会结合具体的数据来说明$p$值的含义。

如果$p$值小于显著性水平，就要拒绝零假设。

## 6-1-14　小结 2

我们再来总结一下前面的内容。

### 1. 术语整理

【第一类错误与第二类错误】

在判断是否拒绝零假设时，可能出现两类错误，即错误地拒绝了零假设的第一类错误与错误地接受了零假设的第二类错误。

【显著性水平】

可以容忍第一类错误发生的概率称为显著性水平。显著性水平由执行假设检验的数据分析师确定。本书按照惯例使用 5% 作为显著性水平。

检验是一种在力求控制第一类错误发生概率的前提下，帮助我们做出判断的技术。

【拒绝域与$p$值】

拒绝域和$p$值都能用于判断是否存在显著性差异。本书主要使用$p$

值来判断。

如果计算出的检验统计量落在拒绝域中，就要拒绝零假设。拒绝域是根据显著性水平来计算的。

通过计算 $p$ 值也能进行判断，如果 $p$ 值小于显著性水平，就要拒绝零假设。

## 2. 接下来的学习内容

我们已经了解：只要计算出称为拒绝域的范围或称为 $p$ 值的指标，就可以进行假设检验。

下面就来看一看如何计算拒绝域和 $p$ 值。我们还是以薯片为例。假设样本容量为 20，从该样本计算出的 $t$ 值（记作 $t_{sample}$）为 2.75，即 $t_{sample} = 2.75$。$t$ 值为正数说明样本均值（20 包薯片的平均质量）大于作为比较目标的 50g。那么，我们此时能否拒绝零假设呢？

## 6-1-15 回顾 $t$ 值与 $t$ 分布的关系

当数据是来自正态总体的随机样本时，若样本容量为 $n$，则 $t$ 值服从自由度为 $n-1$ 的 $t$ 分布。我们可以利用该结论计算拒绝域和 $p$ 值。

$t$ 分布是以 0 为中心、左右对称的概率分布。在自由度为 $n-1$ 的 $t$ 分布中，若将 2.5% 分位数记作 $t_{0.025}$，将 97.5% 分位数记作 $t_{0.975}$，则 $-t_{0.025} = t_{0.975}$。

## 6-1-16 术语 单侧检验与双侧检验

检验薯片的平均质量是否和 50g 之间**存在差异**的检验方法叫作**双侧检验**。此时，既要考虑平均质量大于 50g 的情况，也要考虑平均质量小于 50g 的情况。

检验薯片的平均质量是否**小于** 50g 的检验方法属于**单侧检验**。此时，不考虑平均质量大于 50g 的情况。为方便起见，我们将这种单侧检验称为**左单侧检验**。

另一种单侧检验称为**右单侧检验**，这种检验方法只检验薯片的平均质量是否**大于** 50g，而不考虑平均质量小于 50g 的情况。

检验方法不同，计算出的拒绝域和 $p$ 值也不同。使用哪一种方法取决于具体问题，不过除非有特殊原因，否则普遍认为只进行单侧检验不太合理，因而往往使用双侧检验。

## 6-1-17 计算拒绝域

下面介绍如何在单样本 $t$ 检验中计算拒绝域。

### 1. 双侧检验的拒绝域

若随机变量 $X$ 服从自由度为 $n-1$ 的 $t$ 分布，则根据百分位数的定义，可得 $P(X < t_{0.025}) = 0.025$。利用 $t$ 分布以 0 为中心、左右对称的性质，可得 $P(-t_{0.025} < |X|) = 0.05$。

我们将根据样本计算出的 $t$ 值记作 $t_{\text{sample}}$。已知来自正态总体的随机样本的 $t$ 值服从 $t$ 分布。当显著性水平 $\alpha = 0.05$ 时，若 $t_{\text{sample}}$ 的绝对值大于 $-t_{0.025}$，那么拒绝零假设。也就是说，$-t_{0.025} < |t_{\text{sample}}|$ 这个范围为拒绝域。在图 6-1-1 中，小于 $t_{0.025}$ 的范围和大于 $-t_{0.025}$ 的范围构成了拒绝域。

在零假设正确的前提下，使用上述规则错误地拒绝了零假设，即发生第一类错误的概率为 0.05。

另外，在自由度为 19 的 $t$ 分布中，$t_{0.025} \approx -2.09$。那么，当样本容量为 20 时，如果 $t_{\text{sample}}$ 的绝对值约为 2.09 或更大，就要拒绝零假设。

假设当样本容量为 20 时 $t_{\text{sample}} = 2.75$，则此时应该拒绝零假设。

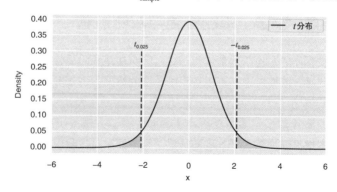

**图 6-1-1 双侧检验的拒绝域**

## 2. 单侧检验的拒绝域

我们再来看看如何计算单侧检验的拒绝域。

如果要检验"薯片的平均质量是否小于 50g",则拒绝域为 $t_{sample} < t_{0.05}$。

如果要检验"薯片的平均质量是否大于 50g",由于 $t_{0.95} = -t_{0.05}$,因此拒绝域为 $-t_{0.05} < t_{sample}$。

## 3. 双侧检验与单侧检验的对比

当显著性水平为 $\alpha$ 时,在双侧检验中与 $t_{\alpha/2}$ 比较,拒绝域为 $-t_{\alpha/2} < |t_{sample}|$,$\alpha/2$ 分位数在此发挥了重要作用。

单侧检验使用的是 $\alpha$ 分位数。对于左单侧检验,拒绝域为 $t_{sample} < t_{\alpha}$,而对于右单侧检验,拒绝域为 $-t_{\alpha} < t_{sample}$。

双侧检验同时考虑了"小于"和"大于"两种情况,所以使用的是 $\alpha/2$ 分位数。

# 6-1-18 计算 $p$ 值

下面计算当 $t_{sample} = 2.75$ 时的 $p$ 值。

## 1. 双侧检验的 $p$ 值

$p$ 值大致可被视作检验统计量取到其实际观测值($t_{sample}$)或更极端的值的概率。不过,在进行双侧检验时,计算 $p$ 值需要一些技巧。

在计算这个概率时,我们依赖一个隐含的关于模型的假设,即随机抽取的样本来自正态总体。建议大家稍加留意可能影响分析结果的模型假设。

在本次检验中,$t_{sample} = 2.75$,那么该数值是否大到足以使我们认为存在显著性差异呢?我们需要先计算 $p$ 值,即检验统计量取到其实际观测值或更极端的值的概率。如果 $p$ 值足够小,且小于或等于显著性水平,我们就可以认为存在显著性差异。

$p$ 值的数学式如下:

$$p = P\left(t_{sample} \leqslant X\right) \times 2 \tag{6-3}$$

其中，$X$ 是服从自由度为 $n-1$ 的 $t$ 分布的随机变量，$P\left(t_{\text{sample}} \leqslant X\right)$ 表示随机变量 $X$ 大于或等于 $t_{\text{sample}}$ 的概率。

因为是双侧检验，所以要乘以 2。也就是说，如果要计算薯片的平均质量是否不同于 50g 的概率，就需要考虑大于 50g 或小于 50g 这两种情况，因此需要乘以 2（如果使用的是非左右对称的概率分布，则需要采用其他方法，不能简单地乘以 2。由于篇幅有限，本书省略了这部分复杂内容）。

后面的章节将介绍使用 Python 计算 $p$ 值的方法。如果读者觉得相关代码比较难理解，不妨大致读一下就跳过。

计算 $p$ 值时要用到 $t$ 分布的累积分布函数。若 $X$ 是服从自由度为 $n-1$ 的 $t$ 分布的随机变量，则利用该累积分布函数，可计算出 $P\left(X \leqslant t_{\text{sample}}\right)$，即随机变量 $X$ 小于或等于 $t_{\text{sample}}$ 的概率。

但是，需要求解的是 $t_{\text{sample}}$ 小于或等于 $X$ 的概率，即 $P\left(t_{\text{sample}} \leqslant X\right)$。于是，利用 $t$ 分布以 0 为中心、左右对称的性质，先计算出 $P\left(X \leqslant -\left|t_{\text{sample}}\right|\right)$，再乘以 2，即 $P\left(X \leqslant -\left|t_{\text{sample}}\right|\right) \times 2$，即可计算出双侧检验的 $p$ 值。

在自由度为 19 的 $t$ 分布中，$P\left(X \leqslant -2.75\right) \times 2 \approx 0.013$。由于该 $p$ 值低于显著性水平 0.05，因此应拒绝零假设。

## 2. 单侧检验的 $p$ 值

计算单侧检验的 $p$ 值时不需要乘以 2。例如，右单侧检验的数学式如下：

$$p = P\left(t_{\text{sample}} \leqslant X\right) \tag{6-4}$$

只要 $p$ 值小于显著性水平，就应拒绝零假设。因此，相较于单侧检验，双侧检验更有可能产生更大的 $p$ 值，从而降低零假设被拒绝的可能性。

## 6-1-19  本节涉及的数学式

下面以双侧检验为例，通过列举数学式来总结一下单样本 $t$ 检验的过程。读者也可以略过本节，先学习相关 Python 代码。

假设数据 $X_1, X_2, \cdots, X_n$ 是来自正态总体 $\mathcal{N}\left(\mu, \sigma^2\right)$ 的随机样本。此时，

我们对总体均值 $\mu$ 提出以下两个假设，并事先设定显著性水平为 $\alpha$。

$$
\begin{aligned}
H_0: & \ \mu = \mu_0 \\
H_1: & \ \mu \neq \mu_0
\end{aligned}
\tag{6-5}
$$

这里的 $\mu_0$ 为任意常数。在薯片的示例中，$\mu_0 = 50$。

作为检验统计量的 $t$ 值按下式计算：

$$
t = \frac{\bar{X} - \mu}{\mathrm{SE}} = \frac{\bar{X} - \mu}{U / \sqrt{n}}
\tag{6-6}
$$

其中，$\bar{X}$ 是样本均值，$\mu$ 是总体均值，SE 是标准误差，$U$ 是标准差（无偏方差的平方根），$n$ 是样本容量。

若零假设正确，则 $\mu = \mu_0$。将 $\mu_0$ 代入式（6-6），可得：

$$
t = \frac{\bar{X} - \mu_0}{\mathrm{SE}} = \frac{\bar{X} - \mu_0}{U / \sqrt{n}}
\tag{6-7}
$$

我们将根据样本计算出的 $t$ 值记作 $t_{\mathrm{sample}}$。当数据是来自正态总体的随机样本，且零假设正确时，$t$ 值服从自由度为 $n-1$ 的 $t$ 分布。可以利用该结论计算拒绝域和 $p$ 值。

在自由度为 $n-1$ 的 $t$ 分布中，$\alpha \times 100\%$ 分位数记作 $t_\alpha$，拒绝域为 $-t_{\alpha/2} \leqslant |t_{\mathrm{sample}}|$。

若 $X$ 是服从自由度为 $n-1$ 的 $t$ 分布的随机变量，则 $P(t_{\mathrm{sample}} \leqslant X)$ 表示随机变量 $X$ 大于或等于 $t_{\mathrm{sample}}$ 的概率。当计算出的 $t_{\mathrm{sample}}$ 大于 0 时，$p$ 值就是 $P(t_{\mathrm{sample}} \leqslant X) \times 2$。不过，一般通过计算 $P(X \leqslant -|t_{\mathrm{sample}}|) \times 2$ 来得到 $p$ 值。

如果 $t_{\mathrm{sample}}$ 落在拒绝域中，或 $p$ 值小于显著性水平，就应拒绝零假设。

## 6-1-20　实现　环境准备

下面结合 Python 代码回顾一下计算流程。首先导入所需的库。

```python
# 用于数值计算的库
import numpy as np
import pandas as pd
from scipy import stats
```

然后，我们把虚构的薯片质量数据作为研究对象，读入这份数据并将其保存到序列类型的变量中。这份数据的样本容量是 20。

```
junk_food = pd.read_csv('6-1-1-junk-food-weight.csv')['weight']
junk_food.head()
```
```
0    58.529820
1    52.353039
2    74.446169
3    52.983263
4    55.876879
Name: weight, dtype: float64
```

针对这些数据，按以下方式进行单样本 t 检验。

- 零假设：薯片的平均质量是 50g。
- 备择假设：薯片的平均质量不是 50g。

假设显著性水平为 5%。

## 6-1-21　实现　计算 t 值

下面计算 t 值。为此，需要先计算样本均值。

```
x_bar = np.mean(junk_food)
round(x_bar, 3)
```
```
55.385
```

然后计算自由度。自由度等于样本容量减 1。

```
n = len(junk_food)
df = n - 1
df
```
```
19
```

接下来计算标准误差。标准误差的计算方法是"标准差 ÷ 样本容量的平方根"。

```
u = np.std(junk_food, ddof=1)
se = u / np.sqrt(n)
round(se, 3)
```

```
1.958
```

最后把这些值代入 *t* 值的数学式，即可计算出 *t* 值约为 2.75。

```
t_sample = (x_bar - 50) / se
round(t_sample, 3)
```

```
2.75
```

## 6-1-22 实现 计算拒绝域

下面先计算拒绝域，然后判断是否应拒绝零假设。

在自由度为 $n-1$ 的 *t* 分布中，求 2.5% 分位数 $t_{0.025}$。

```
round(stats.t.ppf(q=0.025, df=df), 3)
```

```
-2.093
```

拒绝域为 $-t_{0.025} < |t_{sample}|$。由于 $|t_{sample}| = 2.75$，$-t_{0.025} = 2.093$，即 $-t_{0.025} < |t_{sample}|$，因此应拒绝零假设。

## 6-1-23 实现 计算 *p* 值

下面计算 *p* 值。`stats.t.cdf` 是 *t* 分布的累积分布函数，`np.abs` 是用于取绝对值的函数。

```
p_value = stats.t.cdf(-np.abs(t_sample), df=df) * 2
round(p_value, 3)
```

```
0.013
```

*p* 值小于显著性水平 0.05，所以应拒绝零假设，即认为薯片的平均

质量与 50g 之间存在显著性差异。

另外，使用 `stats.ttest_1samp` 函数可以方便地进行单样本 $t$ 检验（这里减少了输出结果的位数）。

```
stats.ttest_1samp(junk_food, 50)

Ttest_1sampResult(statistic=2.7503, pvalue=0.0127)
```

结果中的 `statistic` 为 $t$ 值，`pvalue` 为 $p$ 值。

## 6-1-24 实现 通过模拟计算 $p$ 值

为了理解 $p$ 值的含义，下面再通过模拟计算一遍 $p$ 值。这种采用参数模型来描述总体分布，并通过模拟来求解 $p$ 值的方法称为**参数重抽样检验**（或称为参数自举检验）。

我们可以这样理解 $p$ 值：假设总体服从正态分布，那么在假定零假设正确的前提下，多次抽样并计算 $t$ 值，这些 $t$ 值中不小于 $t_{sample}$ 的 $t$ 值的概率就是 $p$ 值。在双侧检验中，$p$ 值是上述概率的 2 倍。

$p$ 值较小意味着当零假设正确时，得到超过 $t_{sample}$ 的 $t$ 值的概率较小。此时，若 $t_{sample}$ 足够大，就可认为存在显著性差异。

首先，将样本容量和样本标准差（无偏方差的平方根）分别保存在两个变量中。

```
n = len(junk_food)
u = np.std(junk_food, ddof=1)
```

下面通过模拟计算 50 000 次 $t$ 值。首先创建用于保存 $t$ 值的数组。

```
t_value_array = np.zeros(50000)
```

然后将 `stats.norm` 的均值设为 50，在零假设正确的前提下，反复进行 50 000 次抽样和 $t$ 值计算。

```
np.random.seed(1)
norm_dist = stats.norm(loc=50, scale=u)
for i in range(0, 50000):
    # 抽样
    sample = norm_dist.rvs(size=n)
    # 计算t值
    sample_x_bar = np.mean(sample)       # 样本均值
    sample_u = np.std(sample, ddof=1)    # 标准差
    sample_se = sample_u / np.sqrt(n)    # 标准误差
    t_value_array[i] = (sample_x_bar - 50) / sample_se  # t值
```

最后，计算这 50 000 个 t 值中不小于 $t_{sample}$ 的 t 值所占的比例，这个比例乘以 2 就是 p 值。

```
p_sim = (sum(t_value_array >= t_sample) / 50000) * 2
round(p_sim, 3)
```

```
0.013
```

可见，这样得到的 p 值约等于其理论值。

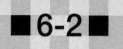

# 6-2

# 均值差检验

本节将讲解常用于实际分析的均值差检验的理论与操作方法。与 6-1 节一样，本节也假设总体服从正态分布。此外，这里使用 $t$ 检验的前提是总体方差未知。

在本节中，我们先学习配对样本 $t$ 检验，然后学习独立样本 $t$ 检验，最后了解一下扭曲统计假设检验结果的风险。

## 6-2-1　双样本 $t$ 检验

6-1 节的研究对象是单变量数据，如某种薯片的质量。本节将介绍如何判断两个变量之间的均值是否有差异。

例如，在研究吃药前后体温是否有变化，或者大钓钩和小钓钩对钓到的鱼的体长是否有影响时，就需要用到均值差检验。

## 6-2-2　配对样本 $t$ 检验

配对样本 $t$ 检验用于研究在两个不同条件下对同一对象进行测量所得结果的差异，比如服药前后体温的变化。

我们将结合下列虚构的调查数据认识配对样本 $t$ 检验（为便于说明，数据为杂乱格式）。

单位：℃

| 受试者 | 服药前的体温 | 服药后的体温 | 体温差 |
|---|---|---|---|
| A | 36.2 | 36.8 | 0.6 |
| B | 36.2 | 36.1 | −0.1 |
| C | 35.3 | 36.8 | 1.5 |
| D | 36.1 | 37.1 | 1.0 |
| E | 36.1 | 36.9 | 0.8 |

请注意最后一列，即服药前后的体温差。如果药物对体温没有影响，这一列的均值应当为 0。或者说，如果"体温差"列的均值不为 0，则可认为服药前后体温有变化。

在配对样本 t 检验中，要先求出数据的差，再检验这些差值的均值与 0 之间是否存在显著性差异。也就是说，将问题转化为单样本 t 检验。

## 6-2-3　实现　环境准备

首先导入所需的库。

```
# 用于数值计算的库
import numpy as np
import pandas as pd
from scipy import stats
```

然后读入虚构的服药前后的体温数据，并将其保存到数据帧类型的变量中。这份数据的样本容量是 10。

```
paired_test_data = pd.read_csv('6-2-1-paired-t-test.csv')
print(paired_test_data)

  person medicine  body_temperature
0      A   before              36.2
1      B   before              36.2
2      C   before              35.3
3      D   before              36.1
4      E   before              36.1
```

| 5 | A | after | 36.8 |
| 6 | B | after | 36.1 |
| 7 | C | after | 36.8 |
| 8 | D | after | 37.1 |
| 9 | E | after | 36.9 |

按以下方式进行配对样本 $t$ 检验。

- 零假设：服药前后体温不变。
- 备择假设：服药前后体温有变化。

假设显著性水平为 5%。如果 $p$ 值小于 0.05，就拒绝零假设，并可认为服药前后的体温之间存在显著性差异。

## 6-2-4　实现　配对样本 $t$ 检验

首先，计算服药前后体温的差值。从数据帧中提取的序列类型的数据难以直接使用，所以我们要将服药前后的体温数据转化为数组类型。

```
# 服药前后的样本数据
before = paired_test_data.query(
    'medicine == "before"')['body_temperature']
after = paired_test_data.query(
    'medicine == "after"')['body_temperature']
# 转化为数组类型
before = np.array(before)
after = np.array(after)
# 计算差值
diff = after - before
diff
```

```
array([ 0.6, -0.1, 1.5, 1. , 0.8])
```

然后，通过单样本 $t$ 检验观察体温差值的均值与 0 之间是否存在显著性差异（这里减少了输出结果的位数）。

```
stats.ttest_1samp(diff, 0)
```

```
Ttest_1sampResult(statistic=2.90169, pvalue=0.04404)
```

另外，使用 `stats.ttest_rel` 函数可以直接进行配对样本 $t$ 检验。

```
stats.ttest_rel(after, before)

Ttest_relResult(statistic=2.90169, pvalue=0.04404)
```

$p$ 值小于 0.05，所以可以认为服药前后的体温之间存在显著性差异。

## 6-2-5　独立样本 $t$ 检验（异方差）

下面介绍独立样本 $t$ 检验。

独立样本 $t$ 检验关注的是两组数据均值的差，而配对样本 $t$ 检验则是先求出数据的差值，再进行单样本 $t$ 检验。请注意二者的区别。

基于均值差的 $t$ 值的数学式稍显复杂。

先回顾一下单样本 $t$ 检验中 $t$ 值的数学式：

$$t = \frac{\bar{X} - \mu}{\text{SE}} = \frac{\bar{X} - \mu}{U / \sqrt{n}} \qquad (6\text{-}8)$$

其中，$\bar{X}$ 是样本均值，$\mu$ 是总体均值，SE 是标准误差，$U$ 是标准差（无偏方差的平方根），$n$ 是样本容量。

假设要对 $X$ 和 $Y$ 这两个变量的均值之差进行检验（比如 $X$ 和 $Y$ 分别为使用大钓钩和小钓钩钓到的鱼的体长），则独立样本 $t$ 检验中 $t$ 值的数学式如下：

$$t = \frac{\bar{X} - \bar{Y}}{\sqrt{U_x^2 / m + U_y^2 / n}} \qquad (6\text{-}9)$$

其中，$\bar{X}$ 为 $X$ 的均值，$\bar{Y}$ 为 $Y$ 的均值；$m$ 为 $X$ 的样本容量，$n$ 为 $Y$ 的样本容量；$U_x^2$ 为 $X$ 的无偏方差，$U_y^2$ 为 $Y$ 的无偏方差。

式（6-9）和式（6-8）类似，但由于这是在两个变量的方差不同（异方差）的基础上进行计算的，因此分母的标准误差稍显复杂。

接下来，计算自由度（$t$ 分布的参数）。利用下式计算出来的自由度未必是整数：

$$\text{自由度} = \frac{\left(U_x^2\,/\,m + U_y^2\,/\,n\right)^2}{\dfrac{\left(U_x^2\,/\,m\right)^2}{m-1} + \dfrac{\left(U_y^2\,/\,n\right)^2}{n-1}} \tag{6-10}$$

式（6-10）使用 Welch 近似法来计算自由度，求出自由度即可计算 $p$ 值。这种计算方法叫作 **Welch 检验**。

## 6-2-6　实现　独立样本 $t$ 检验（异方差）

下面对服药前后的体温数据进行独立样本 $t$ 检验。原则上，我们应根据数据的特点选择最合适的检验方法（本应进行配对样本 $t$ 检验），独立样本 $t$ 检验并不适合这组数据，这里只是为满足学习需求。

首先计算 $t$ 值。当代码较长时，可使用 "\" 换行。

```
# 均值
x_bar_bef = np.mean(before)
x_bar_aft = np.mean(after)

# 方差
u2_bef = np.var(before, ddof=1)
u2_aft = np.var(after, ddof=1)

# 样本容量
m = len(before)
n = len(after)

# t值
t_value = (x_bar_aft - x_bar_bef) / \
    np.sqrt((u2_bef / m + u2_aft / n))
round(t_value, 3)
```

```
3.156
```

然后计算自由度。

```
df = (u2_bef / m + u2_aft / n)**2 / \
  ((u2_bef / m)**2 / (m - 1) + (u2_aft / n)**2 / (n - 1))
```

```
round(df, 3)
```

```
7.998
```

最后计算 $p$ 值。

```
p_value = stats.t.cdf(-np.abs(t_value), df=df) * 2
round(p_value, 5)
```

```
0.01348
```

另外，使用 `stats.ttest_ind` 函数可以方便地完成独立样本 $t$ 检验。

```
stats.ttest_ind(after, before, equal_var=False)
```

```
Ttest_indResult(statistic=3.1557, pvalue=0.01348)
```

因为 $p$ 值小于 0.05，所以可以认为存在显著性差异。但此时的 $p$ 值不同于进行配对样本 $t$ 检验所得的 $p$ 值（约为 0.04）。可见，即使对同一组数据进行目的相同的检验，不同的检验方法得到的 $p$ 值也可能不同。

## 6-2-7  独立样本 $t$ 检验（同方差）

一些统计学的入门书指出，要先检验数据的同方差性，再根据情况进行相应的 $t$ 检验。

不过，若忽略两个变量的方差是否相同，直接以异方差为前提进行检验也无大碍。Ruxton (2006) 等推荐直接对任意双变量数据使用 Welch 检验。

如果将函数 `stats.ttest_ind` 的参数 `equal_var` 设置为 `False`，则表示进行异方差的 $t$ 检验，即 Welch 检验。

## 6-2-8  术语  $p$ 值操纵

均值差检验的方法众多。在这些方法中，配对样本 $t$ 检验的 $p$ 值不

同于独立样本 $t$ 检验的 $p$ 值。

除了这两种方法，还有曼 – 惠特尼的 $U$ 检验等方法可以用于均值差检验。但是，不同检验方法的 $p$ 值及得到显著性差异的难易程度并不相同。

有时，人们希望得到存在显著性差异的结论。

比如，为了增加鱼的体长而研发了一种新饲料。对比使用该饲料前后的数据，如果存在显著性差异，就说明新产品研发成功。

然而，异方差的 $t$ 检验的 $p$ 值有时会出现 0.053 这种比 0.05 稍大的值，而无法认为存在显著性差异。

在这种情况下，有些人会不断更换检验方法，直到出现显著性差异。比如换用 $U$ 检验，或者对数据进行变换、删除一部分数据，甚至不断抽样以增加数据量等。

若经过不断尝试，$p$ 值减小到 0.049，那就"大功告成"了。当然，当把这个结论写入论文时，通常不会表明这是通过不断变更检验方法得出的结果。

但是，用这类手段得到的显著性差异真的"显著"吗？

在对数据的样本容量、方差等多种性质进行分析之后认定的显著性差异才是真正的显著性差异。我们应避免为了得到主观希望的结果而一味地关注 $p$ 值。

任意改变 $p$ 值的行为称为 **$p$ 值操纵**。例如，粕谷英一（1998）介绍了多种 $p$ 值操纵的方法。无须伪造或篡改数据，仅仅通过操纵分析方法，就能轻易地修改 $p$ 值。

揭发个别的 $p$ 值操纵行为很困难，现阶段也没有有效防止这类行为的体系，于是有人提出应当禁用一切假设检验。

我们分析数据的目的不应是得到想要的结果，而是探求事实。

无论他人是否取巧，无论他人如何看待 $p$ 值，我们都要敢于拒绝 $p$ 值操纵。

**对于数据分析师而言，数据是最应该被诚实对待的。**

# 列联表检验

本节将介绍假设检验的重要应用——列联表检验。这种检验方法也叫作 $\chi^2$ 检验（卡方检验）。

我们先了解什么是列联表，再学习如何进行列联表检验。

## 6-3-1　使用列联表的优点

在学习列联表检验之前，我们先来看看使用列联表的优点。掌握列联表的正确知识有助于提高数据分析的质量。

假设我们要运营一个网站，现在需判断"购买"按钮或"咨询"按钮的颜色对点击率的影响。

我们得到的数据如下所示。

| 按钮 | 点击人数（人） |
|------|------|
| 蓝色按钮 | 20 |
| 红色按钮 | 10 |

显然，蓝色按钮的点击人数更多。那应该把按钮的颜色设置成蓝色吗？

这份数据其实存在严重的缺陷——没有包含未点击按钮的人数。

完整的数据如下所示。这种表就是列联表，也叫交叉列联表。

| 按钮 | 点击人数（人） | 未点击人数（人） |
|------|--------------|----------------|
| 蓝色按钮 | 20 | 180 |
| 红色按钮 | 10 | 90 |

从列联表可以看出，无论是蓝色按钮还是红色按钮，点击人数与未点击人数的比例都是 1 ∶ 9。也就是说，二者的点击率相同，蓝色按钮的点击人数更多只是因为蓝色按钮的数量更多。

如果我们又得到了下面的数据。

- 蓝色按钮：点击率为 50%
- 红色按钮：点击率为 10%

这让人觉得应该把按钮的颜色设置成蓝色。然而，如果这份数据来自下面的列联表呢？

| 按钮 | 点击人数（人） | 未点击人数（人） |
|------|--------------|----------------|
| 蓝色按钮 | 1 | 1 |
| 红色按钮 | 10 | 90 |

蓝色按钮的样本数量太少了。如果样本容量大一些，蓝色按钮的点击率或许会变低。因此，在研究哪种方案更好这类问题时，列联表的作用很大。

## 6-3-2  本节示例

本节以下列虚构的按钮点击数据为研究对象进行分析。

| 按钮 | 点击人数（人） | 未点击人数（人） | 合计（人） |
|------|--------------|----------------|-----------|
| 蓝色按钮 | 20 | 230 | 250 |
| 红色按钮 | 10 | 40 | 50 |
| 合计 | 30 | 270 | 300 |

实际得到的观测数据叫作**观测频数**。

如果只看点击率，蓝色按钮的点击率是 $20 \div 250 \times 100\% = 8\%$，红色按钮的点击率是 $10 \div 50 \times 100\% = 20\%$，可见红色按钮的点击率更高。至于二者的差异是否显著，还需要通过假设检验来判断。

## 6-3-3 计算期望频数

我们的目的是证明不同颜色的按钮具有不同的吸引力。首先思考一下如果按钮的颜色对吸引力完全没有影响，会得到什么样的数据。这样的数据叫作**期望频数**。

由 6-3-2 节表格的最后一行可知，若不考虑按钮颜色，点击人数与未点击人数的比是 30 : 270，即 1 : 9。也就是说，不论按钮是什么颜色，都有 1/10 的人点击了按钮。

作为实验对象的人数如下。

- 蓝色按钮的点击人数：250 人
- 红色按钮的点击人数：50 人

因为 1/10 的人点击了按钮，所以点击按钮的人的期望频数如下。

- 蓝色按钮的点击人数：25 人
- 红色按钮的点击人数：5 人

从总人数中减去点击过按钮的人数，得到的就是未点击按钮的人数。最后得到的期望频数如下。

| 按钮 | 点击人数（人） | 未点击人数（人） |
|------|------|------|
| 蓝色按钮 | 25 | 225 |
| 红色按钮 | 5 | 45 |

我们需要查看期望频数和观测频数之间的差异。如果差异较大，则可认为按钮的颜色会影响按钮的吸引力。

## 6-3-4 计算观测频数和期望频数的差异

期望频数和观测频数之间的差异可以通过下式计算：

$$\chi^2 = \sum_{i=1}^{2}\sum_{j=1}^{2}\frac{\left(O_{ij}-E_{ij}\right)^2}{E_{ij}} \tag{6-11}$$

其中，$O_{ij}$ 是列联表中第 $i$ 行第 $j$ 列的观测频数，$E_{ij}$ 是第 $i$ 行第 $j$ 列的期望频数。该式的结果为 $\chi^2$ 统计量。

代入观测频数（见 6-3-2 节表格）和期望频数（见 6-3-3 节表格）并计算：

$$\begin{aligned}\chi^2 &= \frac{(20-25)^2}{25}+\frac{(230-225)^2}{225}+\frac{(10-5)^2}{5}+\frac{(40-45)^2}{45}\\ &= 1+\frac{1}{9}+5+\frac{5}{9}\end{aligned} \tag{6-12}$$

计算的结果约为 6.667。

经证明，2 行 2 列的列联表对应的 $\chi^2$ 统计量的样本分布近似服从自由度为 1 的 $\chi^2$ 分布。与 $t$ 检验类似，我们也可以用 Python 快速获取 $\chi^2$ 分布的累积分布函数。

## 6-3-5　实现　环境准备

导入所需的库。

```
# 用于数值计算的库
import numpy as np
import pandas as pd
from scipy import stats
```

## 6-3-6　实现　计算 $p$ 值

下面使用自由度为 1 的 $\chi^2$ 分布的累积分布函数计算 $p$ 值。

```
1-stats.chi2.cdf(x=6.667, df=1)
```

```
0.009821437357809604
```

因为得到的结果小于 0.05，所以可以认为按钮的颜色显著地影响按钮的吸引力。

## 6-3-7　实现　列联表检验

通过 Python 可以快捷地进行列联表检验。首先读入数据（数据为整洁格式）。

```
click_data = pd.read_csv('6-3-1-click_data.csv')
print(click_data)

   color  click  freq
0  blue   click    20
1  blue     not   230
2   red   click    10
3   red     not    40
```

然后将数据转换为列联表。

```
cross = pd.pivot_table(
    data=click_data,
    values='freq',
    aggfunc='sum',
    index='color',
    columns='click'
)
print(cross)

click  click  not
color
blue      20  230
red       10   40
```

最后使用 stats.chi2_contingency 函数进行检验。该函数默认进行修正，这里使用 correction=False 禁用了修正。

```
stats.chi2_contingency(cross, correction=False)

(6.666666666666666,
```

```
0.009823274507519247,
1,
array([[ 25., 225.],
       [  5.,  45.]]))
```

　　输出的结果依次为 $\chi^2$ 统计量、$p$ 值、自由度和期望频数表。这个结果和前面分步计算的结果相同。

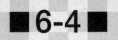

# 6-4

# 检验结果的解读

本节将介绍如何解读检验结果。

熟悉假设检验之后,仅通过简单的计算便可判断是否存在显著性差异。但这种便捷性也经常导致假设检验被滥用,因此我们有必要学习解读检验结果的方法。

## 6-4-1 $p$ 值小于或等于 0.05 时的表述方法

我们可以先简单记忆一些表述方法。

当 $p$ 值小于或等于 0.05 时,说明存在显著性差异。

例如,在检验薯片的平均质量是否为 50g 时,常见的表述是"薯片的平均质量与 50g 存在显著性差异",即"○○与 ×× 存在显著性差异"。

## 6-4-2 $p$ 值大于 0.05 时的表述方法

当 $p$ 值大于 0.05 时,不能拒绝零假设。此时的表述比较特殊。

当 $p$ 值大于 0.05 时,可以表述为"薯片的平均质量和 50g 没有显著性差异",即"○○与 ×× 没有显著性差异"。

有人将其表述为"○○与 ×× 相同",但这种表述是错误的,后文将说明原因。

## 6-4-3　假设检验的常见误区

关于假设检验，下述观点是错误的。

- $p$ 值越小，差异越大。
- 因为 $p$ 值大于 0.05，所以没有差异。
- "$1-p$ 值"是备择假设正确的概率。

下面依次探究这些观点错误的原因。

## 6-4-4　$p$ 值小不代表差异大

我们从第 1 个错误观点说起。

只要回想一下 $p$ 值的计算方法，就能明白这种观点为什么是错误的。

在单样本 $t$ 检验中，计算 $p$ 值之前要先计算 $t$ 值。$t$ 值越大，$p$ 值就越小，也越容易认为存在显著性差异。

回顾一下单样本 $t$ 检验中 $t$ 值的数学式：

$$t = \frac{\bar{X} - \mu}{\text{SE}} = \frac{\bar{X} - \mu}{U / \sqrt{n}} \tag{6-13}$$

分子中的"样本均值 − 总体均值"越大，看似差异越大。这就导致误区的产生。

影响 $t$ 值的还有其他因素。数据越集中，即标准差（方差）越小，$t$ 值就越大。另外，样本容量也是一个影响因素，样本容量增大，$t$ 值也会随之增大。

因此，判断是否存在显著性差异，除了查看差异大小，还要考虑其他因素。把这些因素全部包含进来并用概率表示，得到的值才是 $p$ 值。

例如，要判断某种减肥药的效果是否显著。即使计算得到的 $p$ 值是 0.000 01，也不能认为这种药的效果显著。

之所以得到这么小的 $p$ 值，还可能是因为样本容量特别大（参与试验的有 1000 人），或者使用了非常精密的测量工具，如以 0.1g 为单位进行测量。

即使服用减肥药后体重减轻了 0.5g，也不能认为拥有了理想的身材。仅根据 $p$ 值就得出结论是不稳妥的。

通过计算数据的均值，或者绘制出箱形图或小提琴图等，可以降低错误解读的风险。

## 6-4-5 $p$ 值大于 0.05 不代表没有差异

第 2 个观点，即 "$p$ 值大于 0.05，所以没有差异" 不正确的原因是，通过 $p$ 值可以控制零假设错误的概率，但无法控制零假设正确的概率。

第 3 个观点，即 "'$1-p$ 值'是备择假设正确的概率" 不正确的原因也大致相同。

这也反映出假设检验的缺陷。

## 6-4-6 术语 假设检验的非对称性

第一类错误的概率是可控的，第二类错误的概率是不可控的，这叫作**假设检验的非对称性**。

假设检验无法控制第二类错误的概率，即零假设错误却接受了零假设的概率。

要牢记，假设检验只能控制第一类错误的概率。

## 6-4-7 在检验之前确定显著性水平

还有一个细节值得注意，即要在检验之前确定显著性水平。如果按显著性水平为 1% 进行检验，当 $p$ 值为 0.037 时应认为没有显著性差异。这时不能修改显著性水平，即不应该为了说明存在显著性差异，而把显著性水平改成 5%。

5% 和 1% 常被作为显著性水平，但至于为何选取这两个数值，并没有特别的理由。

笔者来自生物学研究室，工作中经常使用 5% 作为显著性水平，本书也将显著性水平设为 5%。不过不同领域所用的数值有所不同，请读者结合已有的研究资料来确定显著性水平。

## 6-4-8　是否有必要学习假设检验

我们有必要学习假设检验吗？笔者认为，不必学习假设检验的那一天可能会到来，但肯定不是现在。

虽然不知道将来会怎样，但当下如果脱离假设检验，数据分析会面临更多困难且效率低下。

在进行数据分析时，不了解假设检验可能会遭遇重重困难，甚至无法与他人有效沟通。不论你是否打算积极地应用假设检验，都应该了解一些理论知识。掌握了假设检验后，若发现误用的情况，也许还能提出一些具有建设性的意见。

## 6-4-9　是否满足前提条件

能够进行 $t$ 检验的前提条件是，数据是来自正态总体的随机样本。

本书反复强调了这一点，因为如果总体不服从正态分布，计算出来的 $p$ 值就是错误的。

我们通过模拟推导出了 $t$ 分布，但如果数据不满足前提条件，模拟的方法就是错的，样本分布服从 $t$ 分布的依据也就没有了。

数据分析看起来是机械性工作，但事实上并没有这么简单。我们每时每刻都要考虑如何才能减小样本和前提条件之间的偏差。

在认真研究数据分析中的前提条件后，我们会发现传统的均值差检验等方法在解决这种偏差问题时显得很无力。

第 7 章将讲解统计模型。统计模型能结合实际灵活地进行数据分析，可以说是统计学的新标准。

# 第7章

# 统计模型基础

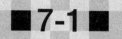

# 7-1

# 统计模型

本节将介绍统计模型的基础理论。什么是统计模型？为什么数据分析要用到统计模型？这些疑问都将在本节得到解答。

## 7-1-1 　术语　 模型

**模型**是现实世界的抽象。

## 7-1-2 　术语　 建模

**建模**就是建立模型，统计建模就是建立统计模型。

## 7-1-3 模型的作用

无须考察真正的飞机，只要制作一个小小的飞机模型，我们就能借助它来掌握飞机的许多特性。例如，飞机能否起飞、飞机在气流中如何运动等问题都能用模型解决。

使用模拟现实世界的模型有助于我们理解和预测现实事物。

## 7-1-4 从正态总体中随机抽样的模型

5-1 节和 5-2 节阐述了"从总体中进行简单随机抽样"和"服从独

立同分布的随机变量"的对应关系。后者是基于统计学理论的抽象概念，更是模型的基础。

在第 5 章和第 6 章中，我们假设待分析的数据是来自正态总体的随机样本。若将数据记作随机变量 $X$，则 $X \sim \mathcal{N}\left(\mu, \sigma^2\right)$。

在统计学中，模型能够简洁地描述生成观测数据的随机过程。下一次获取的数据会遵循怎样的规则呢？对于这类问题，我们可以提出一个模型，如 $X \sim \mathcal{N}\left(\mu, \sigma^2\right)$，并回答：接下来得到的数据应该服从均值为 $\mu$、方差为 $\sigma^2$ 的正态分布。

假设数据是根据该模型随机生成（获取）的，那么我们就可以通过数学推导或计算机模拟得出 $t$ 分布（见 5-5 节）等各种样本分布。利用这些分布可以进行区间估计和假设检验。

前 6 章讲解的统计推断理论是以模型为基础的。从本章开始，我们将学习并使用比 $X \sim \mathcal{N}\left(\mu, \sigma^2\right)$ 更复杂、更实用的模型。

## 7-1-5　术语　数学模型

从现在开始，我们将介绍一些更复杂的模型及相关术语。本书主要举例说明如何为多个变量之间的关系建模。

**数学模型**使用数学式来表示现象。

假设有一个啤酒销售额随气温变化的模型。为了得知销售额是随着气温升高而增加，还是随着气温降低而增加，我们用数学模型来表示二者的关系，如下式所示：

$$\text{啤酒销售额（万日元）} = 20 + 4 \times \text{气温（℃）} \tag{7-1}$$

从式（7-1）可以看出，气温每升高 1℃，销售额就增加 4 万日元。

当气温为 0℃时，销售额为 20 万日元；当气温为 20℃时，销售额为 100 万日元。

数学式能够更加明确地表示啤酒销售额与气温的关系。

## 7-1-6　术语　概率模型

**概率模型**是数学模型中用概率的语言描述的模型。

在现实中，啤酒销售额在气温为 20℃时不太可能恰好是 100 万日元。在同样的气温下，啤酒有卖得好的时候，也有卖得不好的时候，不过销售额的均值应该是 100 万日元。此时，我们可以使用概率模型来表示。

要想建立概率模型，就要使用概率分布，如正态分布。具体使用哪种分布需要结合具体数据来判断，广义线性模型中常见的还有二项分布和泊松分布。

假设啤酒销售额服从正态分布，则通过气温来解释销售额的概率模型表示如下：

$$啤酒销售额 \sim \mathcal{N}\left(20+4\times 气温,\sigma^2\right) \qquad (7\text{-}2)$$

式（7-2）表示啤酒销售额服从均值为 $20+4\times$ 气温 、方差为 $\sigma^2$ 的正态分布。此式还可以改写为：

$$啤酒销售额 = 20+4\times 气温+\varepsilon,\varepsilon \sim \mathcal{N}\left(0,\sigma^2\right) \qquad (7\text{-}3)$$

式（7-3）的含义为：啤酒销售额为 $20+4\times$ 气温 $+$ 噪声 $\varepsilon$，其中的噪声 $\varepsilon$ 服从均值为 0、方差为 $\sigma^2$ 的正态分布。若啤酒销售额服从正态分布，则式（7-2）和式（7-3）等价。

## 7-1-7　模型的估计

当我们使用概率模型拟合数据时会遇到一些问题。例如，我们调查了气温均为 20℃的 30 天内的啤酒销售情况，发现平均销售额为 110 万日元，方差为 2。这与"气温为 20℃时平均销售额为 100 万日元"的概率模型的预测结果有出入。

如果我们在气温均为 30℃的多天内进行统计，发现平均销售额为 160 万日元。那么，以下模型似乎更契合实际：

$$啤酒销售额 \sim \mathcal{N}\left(10+5\times 气温,\sigma^2\right) \qquad (7\text{-}4)$$

为了掌握数据的规律和特征，我们需要基于概率模型的结构，通过调整参数来拟合数据，从而建立统计模型。

## 7-1-8 模型的升级

本书的前 6 章关注的都是像 $X \sim \mathcal{N}\left(\mu, \sigma^2\right)$ 这样相对简单的模型。下面开始讨论概率分布的期望值随其他变量的改变而变化的模型，如 $X \sim \mathcal{N}\left(10+5 \times 气温, \sigma^2\right)$ 这样结构稍微复杂的模型。

复杂的统计模型可以揭示概率分布中参数的变化模式。例如，啤酒销售额的均值会随气温的升高而增加。这是使用复杂统计模型的主要优势。

## 7-1-9 基于模型的预测

假设我们估计出的统计模型如下：

$$啤酒销售额 \sim \mathcal{N}\left(10+5 \times 气温, \sigma^2\right) \tag{7-5}$$

我们可以认为当气温为 10℃时，可预测出一系列销售额数据，它们服从期望值为 60、方差为 $\sigma^2$ 的正态分布，销售额的期望值（60 万日元）是其中的一个代表值。

统计模型的预测结果可以表述为条件概率分布，例如上述模型的预测结果就是已知解释变量（气温）时的销售额的概率分布。另外，条件期望值通常作为预测值的一个代表值。

## 7-1-10 简化复杂的世界

我们应该如何对啤酒销售额的数据建模呢？啤酒销售额受多个因素的影响，比如当天的气温和湿度、棒球队的输赢、国家的经济形势、喜欢喝啤酒的人数，以及 15 个月前暖流的运动（它会影响海水温度，进而影响用来下酒的鱼的捕获量）等。

但是，如果考虑所有因素，建模工作会非常低效，而且会得到让人无法理解的模型。一般来说，人们很难相信暖流的变化会让 15 个月后的啤酒销售额平均增加 0.5 日元。

如果直接忽略大部分因素，只关注当天气温的影响，那就很简单了。天气热，所以想喝啤酒——这样的逻辑很容易让人接受。但是，如果过度简化，模型又会与现实不符。

模型要充分简单，能够让人理解，又要足够完善，能够恰当解释复杂的现实。我们要建立的就是这种**面向复杂世界的简单模型**。

# 7-1-11　从某个角度观察复杂的现象

我们可以将模型理解为从某个角度观察现实所得的结果。

从当天的气温这个角度观察啤酒销售额所得的模型，反映了气温与啤酒销售额的关系。

从长期的消费者人数的变化趋势这个角度观察啤酒销售额所得的模型，反映了喜欢喝啤酒的人数与啤酒销售额的关系。

这些角度无所谓对错。观察的角度和建立的模型都可以随着分析目的的改变而变化。

# 7-1-12　统计模型与经典数据分析的对比

均值差检验等经典数据分析方法只是统计模型应用的一个方面。

例如，我们想研究商品价格和销售额的关系。

当检验同一件商品的销售额均值在高价和低价的情况下是否存在显著性差异时，使用的是均值差检验。

均值差检验本质上是评价以下两个模型哪个更合适。

- 模型 1：价格高低对销售额的均值没有显著影响
- 模型 2：价格高低对销售额的均值存在显著影响

也就是说，均值差检验分为两步：第一步是建立两个模型；第二步是判断哪个模型更合适。第二步更受关注。

专注于建模过程同样能实现对复杂现象的分析。

例如，某商品低价促销的日子大部分是雨天，那么该商品在雨天应该比晴天更难卖。因此，我们必须同时分析雨天和低价促销对销售额的影响。如果只考虑其中一个因素而直接进行均值差检验，就会得到错误的结果。

通过建立兼顾天气和价格的统计模型，我们就可以正确分析低价促销对销售额的影响。这就是专注于建模过程的一大优势。

## 7-1-13　统计模型的应用

通过建立模型和研究模型，我们可以得到多种结论。统计模型既可以用来解释"气温越高，啤酒销售额就越高"等现象，也可以用来进行"基于气温变量预测啤酒销售额"等预测。

然而，需要注意的是，只有完成估计的模型才能用于解释现象和预测数据。

如果建模时未能估计出正确的参数，就无法得到有效的结论，甚至会出现"就算气温升高了，啤酒也卖不出去"之类的错误解读。分析者有时未必能处理所有的建模错误。另外，如果待分析的数据本身有误，那么肯定无法得到正确的模型。统计模型基于当前的数据和假设，反映的是当下的现实。

尽管如此，统计模型还是显著推动了数据分析的发展，堪称现代数据分析的标准框架。

我们将在后面的章节中讲述使用统计模型的意义、建模方法及评估方法。希望读者掌握这些知识，能够正确、充分地使用模型。

# 7-2

# 建立线性模型的方法

本节将讲解建立统计模型的总体流程，让读者了解建模工作的整体情况。本书主要介绍线性模型。从 7-3 节开始，我们将详细讲解线性模型的建立方法。

## 7-2-1 本节示例

本节将沿用 7-1 节中的示例，以建立啤酒销售额的预测模型为例进行讲解。

假设影响啤酒销售额的因素有 3 个，分别为气温、天气（阴天、雨天、晴天）和啤酒价格。

## 7-2-2 〔术语〕 响应变量与解释变量

我们先来学习几个与建模相关的术语。

**响应变量**是根据某些因素而变化（或者说响应某些因素的变化）的变量。以本节示例中的模型为例，啤酒销售额就是响应变量。响应变量也称为**因变量**。

**解释变量**是对所关注对象的变化进行解释的变量。气温、天气和啤酒价格这 3 个变量都是解释变量。解释变量也称为**自变量**。

在统计模型中，解释变量与响应变量的关系具有方向性，应使用解释变量对响应变量的变化进行建模。

解释变量可以有多个，比如使用气温和天气这两个解释变量对啤酒销售额进行建模。

概率模型多记作"响应变量～解释变量"。响应变量在波浪号（～）左侧，解释变量在波浪号右侧。

## 7-2-3 术语 线性模型

在**线性模型**中，响应变量和解释变量之间的关系为线性关系。线性模型属于参数模型。尽量简化现象、用极少数参数表达的模型称为参数模型。

本书主要讲解线性模型，它便于估计和解读，也是数据分析实践中核心的分析方法。

基于"啤酒销售额和气温之间的关系是线性关系"这一假设，我们可以得到如下模型表达式：

$$啤酒销售额（万日元）=20+4×气温（℃）\qquad (7\text{-}6)$$

在这个模型中，气温每升高 1℃，销售额就增加 4 万日元。而且，无论当前气温是 20℃ 还是 35℃，这个关系都一直保持不变。式（7-6）描述的关系就是线性关系。有些关系表面上不是线性的，但通过变形可以变成线性关系，那么反映这些关系的模型也是线性模型。线性模型与非线性模型的对比如图 7-2-1 所示。相关示例请参考第 9 章。

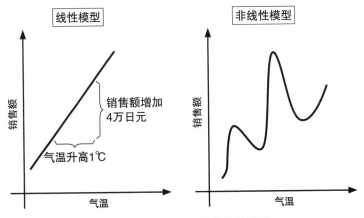

**图 7-2-1 线性模型与非线性模型**

## 7-2-4 术语 系数与权重

统计模型中使用的参数叫作**系数**（coefficient）。仅使用气温预测啤酒销售额的模型如下：

$$啤酒销售额 \sim \mathcal{N}\left(\beta_0 + \beta_1 \times 气温, \sigma^2\right) \tag{7-7}$$

其中，$\beta_0$ 和 $\beta_1$ 都是系数，$\beta_0$ 也叫作**截距**，$\beta_1$ 也叫作**斜率**。通过这两个系数和解释变量（气温），就可以预测响应变量（啤酒销售额）的均值。

在机器学习领域中，统计模型的系数也叫作**权重**。

## 7-2-5 如何建立线性模型

下面介绍如何建模。

建模大致分为两个步骤：第一步是**模型选择**，即使用数学式表达模型的结构；第二步是**参数估计**。

"销售额随着气温的变化而变化"就是模型的结构。只有确定了结构，才能继续建模。

选择模型后要进行参数（系数）估计。"气温每升高 1℃，啤酒销售额就增加 $\beta_1$ 万日元"中的 $\beta_1$ 就是要估计的参数。完成参数估计之后，我们不仅能明确气温和销售额之间的关系（正相关还是负相关等），还可以借助气温数据来预测销售额。

在建模时，必须确定模型的结构和模型的参数。我们做出的决定（或基于数据做出的假设）可能会出错，如果最终模型给出的预测不够精确，那么既有可能是模型选择错误，也有可能是参数估计错误。在遇到问题时，需要仔细检查这两个步骤。

如果使用简单概率分布来建立线性模型，则参数估计这一步很少出错，我们可以将精力集中在探讨模型的结构上。因此，在统计建模的入门阶段，适合学习线性模型。

然而，在深度学习等复杂的机器学习领域，参数估计也经常出错。这时不仅要掌握模型选择的方法，还要学习参数估计的各种经验和技巧。

## 7-2-6　线性模型的选择

在本书中，我们建立的线性模型较简单，所以参数估计（建模的第二个步骤）几乎可以交给 Python 自动完成（当然了解背后的工作原理也很重要）。

当假设模型为线性模型时，可借助以下两种方法调整模型的结构。

- 改变模型使用的解释变量
- 改变响应变量服从的概率分布

## 7-2-7　(术语) 变量选择

**变量选择**就是为模型选择解释变量。

为了选择合适的变量，我们通常需要尝试不同的变量组合，并为每种组合建立模型。如果有 A、B 和 C 这 3 个解释变量，那么可能的变量组合包括以下几种。

- 响应变量 ~ 无解释变量
- 响应变量 ~ A
- 响应变量 ~ B
- 响应变量 ~ C
- 响应变量 ~ A + B
- 响应变量 ~ A + C
- 响应变量 ~ B + C
- 响应变量 ~ A + B + C

如果响应变量是啤酒销售额，解释变量包括气温、天气、啤酒价格等，那么在无解释变量的模型中，啤酒销售额的均值就是常数。

所谓变量选择，就是从上述变量组合中选出最合适的一组。

本书主要介绍两种选出最合适的变量组合的方法，分别是假设检验和信息量准则。

## 7-2-8 术语 空模型

没有解释变量的模型叫作**空模型**（null model）。null 表示"空"或"无"。

## 7-2-9 通过假设检验选择变量

我们将结合以下模型讲解通过假设检验选择变量的方法：

$$\text{啤酒销售额} \sim \mathcal{N}\left(\beta_0 + \beta_1 \times \text{气温}, \sigma^2\right) \tag{7-8}$$

要使用假设检验，需先提出以下假设。

- 零假设：解释变量的系数 $\beta_1$ 是 0。
- 备择假设：解释变量的系数 $\beta_1$ 不是 0。

如果拒绝零假设，则认定气温的系数不是 0，也就相当于认定模型需要气温这个解释变量。

如果不能拒绝零假设，就依照**模型应当足够简单**的原则去除相关解释变量（此处为气温）。如果去除的是唯一的解释变量，模型就会变为空模型。

还有一种叫作方差分析的检验方法，第 8 章将结合 Python 代码来讲解。

## 7-2-10 通过信息量准则选择变量

模型选择的另一种方法是使用**信息量准则**，如常用的**赤池信息量准则**（Akaike information criterion，AIC）。信息量准则可以量化模型与数据的契合度。

从某种意义上来说，AIC 的值越小，说明模型越合适。因此，我们可以基于所有可能的变量组合建立模型，再比较这些模型的 AIC 值，最后选择 AIC 值最小的那个模型。

## 7-2-11　模型评估

即使经过了细致的变量选择，我们也不能盲目信任所选择的模型，还必须对模型进行评估。

常用的模型评估方法有两种：一种是评估预测精度，预测精度越高，预测结果越好；另一种是检验模型是否满足建模时所假设的条件。

假设啤酒销售额的模型表达式如下：

$$啤酒销售额(万日元) = 20 + 4 \times 气温(℃) + \varepsilon, \quad \varepsilon \sim \mathcal{N}(0, \sigma^2) \quad (7\text{-}9)$$

如果该模型满足建模时所假设的前提条件，销售额的预测值和实测值的差 $\varepsilon$ 就应该服从均值为 0 的正态分布。我们要检查的正是这一点。不过，检查过程比较烦琐，我们将在第 8 章中结合 Python 代码完成检查。

## 7-2-12　在建模之前确定分析目的

最后补充一个注意事项，我们应当在编写程序之前确定分析目的，并依据这个目的收集数据和建模。

如果我们的目的是提高啤酒的销售额，建立气温和销售额之间的关系模型就没有太大意义，因为人力不能改变气温。但如果我们的目的是基于气温预测销售额，并将结果应用在仓库管理上，这个模型就很有实用价值。

要提高销售额，我们可以考虑广告、价格等因素与销售额之间的关系并为此建模。当然，为了提高模型精度，也可以把气温等因素纳入考量。请注意，数据分析（或建模）的过程与基于数据分析改善现状之间存在一定差距。

但是，数据分析（或建模）的过程是改善现状的基石这一点毫无疑问。让我们尝试将从本书中学到的建模技术应用到现实世界中吧。

# 7-3

# 数据表示与模型名称

前面的章节单独介绍过几种分析方法，本节将从统计模型框架的角度，回顾并统观这些分析方法。

## 7-3-1 从广义线性模型的角度对模型进行分类

本书主要讲解**广义线性模型**这种具有线性结构的统计模型。下面先简要介绍其概念，然后从广义线性模型的角度对各种模型进行分类。关于广义线性模型的细节，我们将在第 9 章中讲解。

广义线性模型的一大特点是除了正态分布，还可以使用二项分布、泊松分布等概率分布。第 8 章将讲解应用正态分布的广义线性模型，第 9 章将介绍使用其他概率分布的广义线性模型。

## 7-3-2 （术语） 正态线性模型

假设响应变量服从正态分布的广义线性模型叫作**正态线性模型**（具体细节详见第 8 章）。既然响应变量服从正态分布，那它就是取值范围为（$-\infty$, $\infty$）的连续随机变量。

第 8 章将重点讲解正态线性模型。由于假设概率分布为正态分布，因此建模过程相对简单，但要注意判断"概率分布为正态分布"这一假设是否妥当。

## 7-3-3　术语　回归分析

在正态线性模型中，解释变量为定量数据的模型叫作**回归模型**，使用回归模型的分析方法叫作**回归分析**。

回归模型这一术语的含义可能会因应用领域和用途的不同而略有差异。为避免产生歧义，本书会酌情补充相关信息。

## 7-3-4　术语　多元回归分析

含有多个解释变量的回归分析叫作**多元回归分析**。

与此相对，只有一个解释变量的回归分析叫作**一元回归分析**。

## 7-3-5　术语　方差分析

在正态线性模型中，解释变量为分类数据的模型叫作**方差分析模型**，使用该模型的分析方法叫作**方差分析**。

另外，有一种假设检验的方法也叫作方差分析。为避免混淆，本书不使用"方差分析模型"这个名称，在其余章节中出现的"方差分析"均指假设检验的方法。

解释变量均属于同一种类型的方差分析叫作**一元方差分析**。当解释变量分属两种类型时，这样的方差分析叫作**二元方差分析**。这些术语经常出现，请尽量结合正态线性模型来理解它们。

## 7-3-6　术语　协方差分析

在正态线性模型中，有些模型的解释变量既有定量数据又有分类数据，使用这类模型的分析方法叫作**协方差分析**。

第 9 章将详细介绍逻辑斯谛回归分析和泊松回归分析。许多统计学的教科书会大量提到名字以"分析"结尾的分析方法，而广义线性模型整合了这些方法。因此，理解广义线性模型有助于我们从整体上把握多种分析方法。

## 7-3-7 机器学习中的术语

在机器学习领域中，回归是指响应变量为定量数据的模型，正态线性模型属于广义上的回归模型。

响应变量为分类数据的模型叫作分类模型或判别模型。

根据所应用的概率分布，广义线性模型既可叫作分类模型，也可叫作回归模型。如果概率分布为二项分布，它就是分类模型；如果概率分布为正态分布或泊松分布，它就是回归模型。

即使是同样的事物，在不同的领域中名称也可能不一样，请多加注意。

# 7-4

# 参数估计：最大化似然

本节将讲解一种参数估计的方法——最大似然法。对于本书所涉及的简单模型，具体的计算可以使用 Python 函数快速完成。因此，本节的重点是介绍计算的意义和解释，而不是计算的过程。

本节后半部分将出现一些数学式，如果觉得比较难可以先略过，后续我们将通过相关的 Python 代码重现计算过程。

## 7-4-1　为什么要学习参数估计

不懂电视机的原理并不影响我们看电视。同理，不懂参数估计的原理也不影响我们用 Python 建立统计模型，并用于预测或解释实际现象。

但是，只有懂得电视机的原理的人才能维修电视机。

当参数估计的计算过程中出现错误或警告时，只有懂得其原理的人才能探明原因。在新技术问世时，只有已经懂得其原理的人才能迅速掌握并应用新技术。

我们无须深挖算法的细节，本书也不会介绍这些内容。但是，了解参数估计的原理和计算的意义对我们大有帮助。

## 7-4-2　**术语**　似然

下面先介绍一些与参数估计相关的术语。

在估计参数时，我们使用称为**似然**的指标来表示得到特定样本的"可能性"。似然常用其英文（Likelihood）的首字母 $\mathcal{L}$ 表示。

似然是一个指标，这里所说的"可能性"只是一种理解方式。然而，似然的应用范围非常广泛，涵盖绝大多数数据建模领域。

似然是当参数为某值时获取特定样本的概率（密度）。下面以抛硬币为例看看如何计算似然。

我们将参数记作 $\theta$。假设以两次抛硬币的结果为样本，其中第一次为正面向上，第二次为反面向上。若硬币正面向上的概率为 $1/2$，那么 $1/2$ 就是参数，即 $\theta = 1/2$。硬币反面向上的概率是 $1-\theta$。

此时，第一次正面向上、第二次反面向上的概率为 $(1/2) \times (1-1/2) = 1/4$，即 $\theta = 1/2$ 时的似然是 $1/4$。

若参数 $\theta$ 为 $1/3$，则得到上述样本的概率为 $(1/3) \times (1-1/3) = (1/3) \times (2/3) = 2/9$，即 $\theta = 1/3$ 时的似然是 $2/9$。

## 7-4-3　术语　似然函数

在给定参数时计算似然的函数叫作**似然函数**。

我们继续以抛硬币为例。参数为正面向上的概率，用 $\theta$ 表示。通过参数 $\theta$ 计算似然的似然函数记为 $\mathcal{L}(\theta)$。该似然函数的定义如下：

$$\mathcal{L}(\theta) = \theta \times (1-\theta) \tag{7-10}$$

虽然参数 $\theta$ 可以取 0 和 1 之间的实数值，但是在 $0 \leqslant \theta \leqslant 1$ 这个范围内对 $\mathcal{L}(\theta)$ 进行积分的结果未必是 1。一般来说，似然函数的总和或积分不会等于 1。因此，似然函数不能被视为概率质量函数或概率密度函数。

## 7-4-4　术语　对数似然

似然的对数称为**对数似然**。取对数可以简化后续的许多计算。

## 7-4-5 对数的性质

掌握了对数的性质就能理解为什么要取对数。这里简要介绍一下对数的性质，已经掌握的读者可以略过。

### 1. 指数

在讲解对数之前，我们先回顾一下什么是指数。

形如 $2^3$（读作"2 的 3 次方"）的数就是指数，其含义是 $2 \times 2 \times 2$，结果为 8。

"●的▼次方"的计算方法为"把▼个●相乘"。

### 2. 对数

以数学式"●的▼次方 = ■"为例，"已知●与■，求▼"的计算就是对数运算。对数运算的符号为 log。

例如，我们可以对照"2 的 3 次方 = 8"理解 $\log_2 8 = 3$。

$\log_2 8$ 中的 2 叫作**对数的底**。

我们经常见到自然对数的底 $e$，它的值约为 2.7。使用自然对数的底可以简化一些计算。在本书中，$x$ 的自然对数 $\log_e x$ 写作 $\log x$。

### 3. 对数的性质①：单调递增

对数的性质之一是单调递增。

在函数 $f(x) = \log_a x$（$a > 0$ 且 $a \neq 1$）中，当 $a > 1$ 时，$x$ 越大，则 $\log_a x$ 越大，如 $\log_2 8 > \log_2 2$。

根据这个性质可以知道，寻找使得似然最大的参数等价于寻找使得对数似然最大的参数。

### 4. 对数的性质②：乘法运算转化为加法运算

取对数可以把乘法运算转化为加法运算。

考察以下乘法算式：

$$2 \times 4 = 8 \tag{7-11}$$

两边取对数可得：

$$\log_2\left(2\times 4\right)=\log_2 8 \tag{7-12}$$

将等式左边的乘法运算提到 log 运算符外侧，乘法运算就变为加法运算：

$$\log_2 2+\log_2 4=\log_2 8 \tag{7-13}$$

$\log_2 2+\log_2 4=1+2=3$，$\log_2 8=3$，故二者结果相等。

一般来说，下式成立：

$$\log\left(xy\right)=\log x+\log y \tag{7-14}$$

再来看一个稍微复杂的对数计算。先回顾一下用于求和的 Σ 符号及用于求积的 Π 符号：

$$\sum_{i=1}^{5}i=1+2+3+4+5 \tag{7-15}$$

$$\prod_{i=1}^{5}i=1\times 2\times 3\times 4\times 5 \tag{7-16}$$

求积运算取对数就会变为求和运算：

$$\begin{aligned}\log\left(\prod_{i=1}^{5}i\right)&=\log\left(1\times 2\times 3\times 4\times 5\right)\\&=\log 1+\log 2+\log 3+\log 4+\log 5\\&=\sum_{i=1}^{5}\log i\end{aligned} \tag{7-17}$$

因为加法运算比较简单，所以将乘法运算转化为加法运算后，计算更方便。取对数可以简化计算的原因就在于此。

## 5. 对数的性质③：绝对值不会过小

取对数还可以避免绝对值过小。在计算机上进行计算时这一点尤为重要。一般来说，像 0.000 000 000 000 01 这样的数，在计算机中多被当作 0 处理。

例如，有一个绝对值较小（约为 0.001）的数：

$$\frac{1}{1024} \tag{7-18}$$

我们可以对其取以 2 为底的对数，得到：

$$\log_2 \frac{1}{1024} = -10 \tag{7-19}$$

因为 $2^{10} = 1024$，所以取对数后的值是 $-10$，相较于 0.001，绝对值明显变大。这样，计算机就不会将其视为 0 了。

在计算似然时，大量的概率相乘很容易得到接近 0 的值。但只要取对数，就可以将数值变得更适合计算机计算。

## 7-4-6 术语 最大似然法

求使得似然或对数似然最大的参数，并把该参数作为参数估计量的方法就是**最大似然法**。

我们仍以抛硬币为例。当参数 $\theta$（正面向上的概率）为 $1/2$ 时，得到第一次正面向上、第二次反面向上的似然为 $1/4$；当参数 $\theta$ 为 $1/3$ 时，似然为 $2/9$。

因为 $1/4 > 2/9$，所以 $1/2$ 更适合作为 $\theta$ 的取值。事实上，当 $\theta = 1/2$ 时似然最大（证明略），所以通过最大似然法可得，硬币模型的参数 $\theta = 1/2$。

## 7-4-7 术语 最大似然估计量

通过最大似然法估计得到的参数叫作**最大似然估计量**。为了表明这样的参数 $\theta$ 是一个估计量，需要在其符号上面加个"帽子"，记作 $\hat{\theta}$。

## 7-4-8 术语 最大对数似然

最大似然估计量对应的对数似然叫作**最大对数似然**，记作 $\log \mathcal{L}(\hat{\theta})$。

## 7-4-9 服从正态分布的数据的似然

下面介绍假设概率分布为正态分布时最大似然法的计算过程。

首先来看无解释变量的空模型的参数估计方法。

设啤酒销售额为变量 $y$（从本章开始，随机变量和实际值都用小写字母表示），$y$ 服从均值为 $\mu$、方差为 $\sigma^2$ 的正态分布：

$$y \sim \mathcal{N}\left(\mu, \sigma^2\right) \tag{7-20}$$

虽说样本容量越大越好，但为了简化计算，这里不妨设样本容量为 2。

出现样本值 $y_1$ 的概率密度为 $\mathcal{N}\left(y_1 \mid \mu, \sigma^2\right)$，出现样本值 $y_2$ 的概率密度为 $\mathcal{N}\left(y_2 \mid \mu, \sigma^2\right)$。

此时，似然的数学式如下：

$$\begin{aligned} \mathcal{L} &= \mathcal{N}\left(y_1 \mid \mu, \sigma^2\right) \times \mathcal{N}\left(y_2 \mid \mu, \sigma^2\right) \\ &= \frac{1}{\sqrt{2\pi\sigma^2}} \mathrm{e}^{\left[-\frac{(y_1-\mu)^2}{2\sigma^2}\right]} \times \frac{1}{\sqrt{2\pi\sigma^2}} \mathrm{e}^{\left[-\frac{(y_2-\mu)^2}{2\sigma^2}\right]} \end{aligned} \tag{7-21}$$

接下来，只要求出使 $\mathcal{L}$ 最大的参数 $\mu$ 和 $\sigma^2$ 即可计算出最大似然估计量。在数学式的第 2 行中，我们代入了正态分布的概率密度函数。

## 7-4-10 术语 多余参数

与问题没有直接关系的参数叫作**多余参数**。

正态分布有均值和方差两个参数。由于方差可以由均值求得，因此只要估计出均值，就可以间接得到方差。此时，方差按已知看待，无须再考虑。

若总体服从正态分布，那么使用最大似然法时，方差 $\sigma^2$ 通常被视作多余参数。因此，对于空模型，仅需要估计均值 $\mu$。

## 7-4-11 正态线性模型的似然

我们基于如下的啤酒销售额模型来讲解如何使用最大似然法进行参数

估计。这里假设响应变量服从正态分布，所以这个模型为正态线性模型。

$$啤酒销售额 \sim \mathcal{N}\left(\beta_0 + \beta_1 \times 气温, \sigma^2\right) \tag{7-22}$$

下面计算已知系数 $\beta_0$ 和 $\beta_1$ 时的似然。设样本容量为 2，啤酒销售额记作 $y$，当日的气温记作 $x$。似然的数学式如下，其中 $\sigma^2$ 为多余参数：

$$\mathcal{L} = \mathcal{N}\left(y_1 \mid \beta_0 + \beta_1 x_1, \sigma^2\right) \times \mathcal{N}\left(y_2 \mid \beta_0 + \beta_1 x_2, \sigma^2\right) \tag{7-23}$$

当样本容量为 $n$ 时，样本似然的数学式如下：

$$\mathcal{L} = \prod_{i=1}^{n} \mathcal{N}\left(y_i \mid \beta_0 + \beta_1 x_i, \sigma^2\right) \tag{7-24}$$

两边取对数，将求积转换为求和，得到：

$$\log \mathcal{L} = \sum_{i=1}^{n} \log\left[\mathcal{N}\left(y_i \mid \beta_0 + \beta_1 x_i, \sigma^2\right)\right] \tag{7-25}$$

使用最大似然法时，使得对数似然最大的系数 $\beta_0$ 和系数 $\beta_1$ 被用作参数估计量。运算符 arg max 表示求使得函数值最大的参数。采用最大似然法估计 $\beta_0$ 和 $\beta_1$ 的数学式如下：

$$\arg\max_{\beta_0, \beta_1} \log \mathcal{L} = \arg\max_{\beta_0, \beta_1} \sum_{i=1}^{n} \log\left[\mathcal{N}\left(y_i \mid \beta_0 + \beta_1 x_i, \sigma^2\right)\right] \tag{7-26}$$

把 $\mathcal{N}(\ )$ 换为正态分布的概率密度函数，就可以计算对数似然了。具体的计算过程如下所示，如果感到不好理解，可以略去过程，只看结果。

$$
\begin{aligned}
&\arg\max_{\beta_0, \beta_1} \log \mathcal{L} \\
&= \arg\max_{\beta_0, \beta_1} \sum_{i=1}^{n} \log\left(\frac{1}{\sqrt{2\pi\sigma^2}} \exp\left\{-\frac{\left[y_i - (\beta_0 + \beta_1 x_i)\right]^2}{2\sigma^2}\right\}\right) \\
&= \arg\max_{\beta_0, \beta_1} \sum_{i=1}^{n} \left[\log\left(\frac{1}{\sqrt{2\pi\sigma^2}}\right) + \log\left(\exp\left\{-\frac{\left[y_i - (\beta_0 + \beta_1 x_i)\right]^2}{2\sigma^2}\right\}\right)\right] \\
&= \arg\max_{\beta_0, \beta_1} \sum_{i=1}^{n} \left\{\log\left(\frac{1}{\sqrt{2\pi\sigma^2}}\right) - \frac{\left[y_i - (\beta_0 + \beta_1 x_i)\right]^2}{2\sigma^2}\right\}
\end{aligned} \tag{7-27}
$$

为了让指数部分看起来更加清晰，这里用 $\exp(x)$ 表示 $e^x$。

从第 2 行到第 3 行的变形所依据的法则是，内部的乘法运算提到 log 运算符外侧，乘法运算变为加法运算。

从第 3 行到第 4 行的变形所依据的法则是，对数的底和指数的底都是 e，可互相抵消。

我们无须记忆这个数学式，使用 Python 中的 stats.norm.pdf 函数可以很容易地计算出似然，重要的是掌握数学式背后的概念和法则。

这里假设总体服从正态分布，其实最大似然法也可用于其他概率分布，相关示例详见第 9 章。

# 7-4-12　最大似然法计算示例

通过求导可以得到参数的解析解，这里简单介绍一下这种方法。后续章节不会采用该方法，读者如果感到难以理解，可以略过。

由于引入解释变量会使数学式复杂化，因此这里以最简单的空模型为例来估计参数 $\mu$：

$$啤酒销售额 \sim \mathcal{N}\left(\mu, \sigma^2\right) \tag{7-28}$$

我们先整理一下对数似然的内容：

$$
\begin{aligned}
&\arg\max_{\mu} \log \mathcal{L} \\
&= \arg\max_{\mu} \sum_{i=1}^{n} \log\left[\mathcal{N}\left(y_i \mid \mu, \sigma^2\right)\right] \\
&= \arg\max_{\mu} \sum_{i=1}^{n}\left[\log\left(\frac{1}{\sqrt{2\pi\sigma^2}}\right) - \frac{\left(y_i - \mu\right)^2}{2\sigma^2}\right]
\end{aligned}
\tag{7-29}
$$

求最大值的常规方法是找到使导数为 0 的点。对于上式，若要求出使得对数似然函数最大的参数 $\mu$，就应先将对数似然函数视为关于 $\mu$ 的函数并求导，然后解出导数为 0 时的 $\mu$ 值。

求导并清理杂项后可得：

$$\sum_{i=1}^{n} \frac{2\left(y_i - \mu\right)}{2\sigma^2} = 0 \tag{7-30}$$

$\sigma^2$ 为多余参数，故将它视作常量，则上式可继续简化为：

$$\sum_{i=1}^{n} \left( y_i - \mu \right) = 0 \qquad (7\text{-}31)$$

将 $\mu$ 提到 $\sum$ 符号之外，得到：

$$\sum_{i=1}^{n} y_i - n\mu = 0 \qquad (7\text{-}32)$$

最后得到：

$$\mu = \frac{1}{n} \sum_{i=1}^{n} y_i \qquad (7\text{-}33)$$

可见，空模型中使得对数似然函数最大的参数 $\mu$ 就是响应变量的样本均值。样本均值可被视作总体均值的最大似然估计量。

## 7-4-13 最大似然估计量的性质

从估计误差的角度来看，最大似然估计量具有一些特殊的性质。

当样本容量趋向于无穷大（$n \to \infty$）时，最大似然估计量的样本分布渐近服从正态分布，这个性质叫作渐近正态性。这是一个对参数估计本身也很实用的性质，多在假设检验中应用。

在所有具有渐近正态性的估计量中，最大似然估计量的渐近方差最小，即最大似然估计量是渐近有效估计量。样本分布的方差小，表明估计量的方差和估计误差小。这些也是最大似然估计量具有的特殊性质。

另外，最大似然估计量是一致估计量，但未必是无偏估计量。

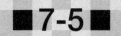

# 7-5

# 参数估计：最小化损失

参数估计的基本思想是选取能提升模型契合度的参数。最大似然法是先用似然量化模型的契合度，再估计出使得似然最大的参数。

本节将从机器学习方法中常用的最小化损失的角度重新审视参数估计，介绍参数估计的另一种方法——最小二乘法。本节还将提及最小二乘法与最大似然法的联系和区别。简而言之，二者是一体两面的关系。

## 7-5-1　**术语**　损失函数

**损失函数**在参数估计中被当作最小化的目标。

如何定义损失非常关键，如果定义得很模糊，就得不到合适的模型，所以应该选取适当的指标作为损失。

## 7-5-2　**术语**　拟合值与预测值

我们以如下啤酒销售额的模型为例：

$$啤酒销售额 \sim \mathcal{N}\left(\beta_0 + \beta_1 \times 气温, \sigma^2\right) \qquad (7\text{-}34)$$

如果气温为 20℃，啤酒销售额的期望值就是 $\beta_0 + \beta_1 \times 20$。

对于用于进行参数估计的已知数据，按如下方式计算出的 $\hat{y}$ 称作**拟合值**：

$$\hat{y} = \beta_0 + \beta_1 \times 气温 \tag{7-35}$$

当参数估计完毕，使用模型进行预测时，预测出的未知数据称为**预测值**。

## 7-5-3 （术语）残差

**残差**是响应变量的实际值与通过模型得出的响应变量的拟合值之间的差值。残差的英文为 residual，有时也简记为 $e$（取自 error 的首字母）。

设响应变量（如啤酒销售额）的实际值为 $y$，通过模型得出的响应变量的拟合值为 $\hat{y}$，则残差的数学式如下：

$$residual = y - \hat{y} \tag{7-36}$$

## 7-5-4 为什么不能将残差之和直接作为损失指标

直接将残差之和作为损失指标看似可行，但实际上并不起作用。

假设响应变量（$y$）与解释变量（$x$）的组合如下：

$$\begin{aligned} y_1 = 2, y_2 = 4 \\ x_1 = 1, x_2 = 2 \end{aligned} \tag{7-37}$$

令系数 $\beta_0 = 0$，$\beta_1 = 2$，由拟合值的数学式 $\beta_0 + \beta_1 x$ 可得：

$$\hat{y}_1 = 0 + 2 \times 1 = 2$$
$$\hat{y}_2 = 0 + 2 \times 2 = 4$$

计算出的结果和响应变量的值相等，残差之和自然是 0：

$$y_1 - \hat{y}_1 = 2 - 2 = 0$$
$$y_2 - \hat{y}_2 = 4 - 4 = 0$$

然而，即使系数变为 $\beta_0 = 3$，$\beta_1 = 0$，残差之和也依然是 0。此时的拟合值为：

$$\hat{y}_1 = 3 + 0 \times 1 = 3$$
$$\hat{y}_2 = 3 + 0 \times 2 = 3$$

残差计算如下：

$$y_1 - \hat{y}_1 = 2 - 3 = -1$$
$$y_2 - \hat{y}_2 = 4 - 3 = 1$$

这两个残差的和为 0。

由图 7-5-1 可以看出，左图所示的情况（$\beta_0 = 0$，$\beta_1 = 2$）更契合实际，右图所示的情况（$\beta_0 = 3$，$\beta_1 = 0$）即使背离了实际数据，残差之和也依然为 0。因此，残差之和不适合作为损失指标。

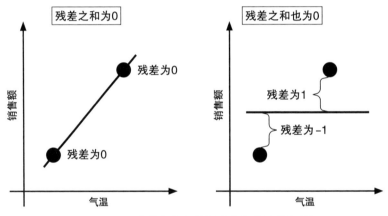

图 7-5-1　残差之和用作损失指标带来的问题

## 7-5-5　术语　残差平方和

**平方**即两个相同的数相乘的运算。将各残差进行平方后求和，得到的就是**残差平方和**。残差平方和可以解决残差之和的问题。

当系数 $\beta_0 = 0$，$\beta_1 = 2$ 时，残差平方和为 $(0)^2 + (0)^2 = 0$。

当系数 $\beta_0 = 3$，$\beta_1 = 0$ 时，残差平方和为 $(-1)^2 + (1)^2 = 2$。

可见，后者对应的模型的契合度明显不如前者。

对于样本容量为 $n$ 的样本，其残差平方和的数学式如下：

$$\text{RSS} = \sum_{i=1}^{n} \left( y_i - \hat{y}_i \right)^2 \tag{7-38}$$

RSS 是 residual sum of squares（残差平方和）的缩写。

## 7-5-6 术语 最小二乘法

求使得残差平方和最小的参数，并将其作为参数估计量的方法就是**最小二乘法**。使用最小二乘法估计出的估计量称为**最小二乘估计量**。

也可以说，最小二乘法以残差平方和为损失函数，求使得损失最小的参数，并将其作为估计量。普通最小二乘法的英文为 ordinary least squares，通常缩写为 OLS。

## 7-5-7 最小二乘法与最大似然法的关系

最小二乘估计量在假设概率分布为正态分布的情况下，等同于最大似然估计量。

最大似然法的目标是最大化如下对数似然：

$$\underset{\beta_0,\beta_1}{\arg\max}\ \log\mathcal{L}$$
$$= \underset{\beta_0,\beta_1}{\arg\max} \sum_{i=1}^{n} \left\{ \log\left(\frac{1}{\sqrt{2\pi\sigma^2}}\right) - \frac{\left[y_i - \left(\beta_0 + \beta_1 x_i\right)\right]^2}{2\sigma^2} \right\} \tag{7-39}$$

$\sigma^2$ 为多余参数，无须直接估计。这样一来，就可以忽略 $1/\sqrt{2\pi\sigma^2}$ 和 $2\sigma^2$。又由于 $\beta_0 + \beta_1 x_i$ 就是拟合值 $\hat{y}_i$，因此最终可以化简为：

$$\underset{\beta_0,\beta_1}{\arg\max}\ \log\mathcal{L}$$
$$= \underset{\beta_0,\beta_1}{\arg\max} \sum_{i=1}^{n} \left\{ -\left[y_i - \left(\beta_0 + \beta_1 x_i\right)\right]^2 \right\} \tag{7-40}$$
$$= \underset{\beta_0,\beta_1}{\arg\max} \sum_{i=1}^{n} \left[ -\left(y_i - \hat{y}_i\right)^2 \right]$$

要最大化 $\sum_{i=1}^{n}\left[-(y_i - \hat{y}_i)^2\right]$，相当于让残差平方和最小。因此，若概率分布为正态分布，最大似然估计量等同于最小二乘估计量。

最小二乘法在实践中是一种非常高效的方法，所以为了简化流程，我们应该在允许的情况下尽量使用该方法。此外，即使概率分布不是正态分布，最小二乘估计量通常也更具便捷性。关于最小二乘估计量的性质可参考佐和隆光（1979）等资料。

## 7-5-8　术语　误差函数

在机器学习领域中，将对数似然函数取反后得到的函数称为**误差函数**。求误差函数的最小值，相当于求对数似然函数的最大值。从这个角度来看，最小二乘法的目标是当概率分布为正态分布时，使误差函数最小化。

## 7-5-9　多种损失函数

在正态线性模型中，以残差平方和作为损失函数的最小二乘法等价于最大似然法，两种方法得到的估计量一致。

然而，如果概率分布不是正态分布，最大似然估计量就不同于最小二乘估计量。例如，"雌或雄""正面或反面"这种服从二项分布的分类数据，其残差平方和就不适合作为损失函数。我们应当根据数据的特征选择合适的损失函数。

# 预测精度的评估与变量选择

变量选择的方法有多种，本书主要使用其中的两种，即假设检验和信息量准则。

第 6 章对假设检验进行了介绍，本节将讲解信息量准则的基本概念和应用方法。

## 7-6-1　术语　拟合精度与预测精度

掌握相关术语的含义能够更好地理解变量选择的意义，其中最重要的是掌握拟合精度与预测精度的区别。

**拟合精度**是指模型与已知数据的契合度。

**预测精度**是指模型与未知数据的契合度。

对数似然、残差平方和等指标都可以用来表示契合度。

## 7-6-2　术语　过拟合

拟合精度很高，预测精度却很低的现象叫作**过拟合**。

过拟合是由模型过于契合已知数据导致的。

## 7-6-3　变量选择的意义

解释变量过多容易导致过拟合。

例如，啤酒销售额的模型应避免使用"3 年前的暖流运动""落向地球的流星数量"等解释变量。"因为今年流星很多，所以啤酒销额应该会增加"，这种关系很难让人信服。删除多余的解释变量有助于提高预测精度，然而即使增加不必要的解释变量，拟合精度也可能提高。

多余的解释变量会引发过拟合，因此我们需要进行变量选择。

## 7-6-4　术语　泛化误差

预测值和未知数据之间的误差叫作**泛化误差**。

统计学的很多场景中会用到"预测"一词，其含义容易被混淆。在讨论过拟合问题时，使用泛化误差这个术语可以避免混淆。

## 7-6-5　术语　训练集与测试集

用来估计参数的数据集合叫作**训练集**。

通过评估模型与训练集的契合度可以求出拟合精度，但难以评估泛化误差。

为了评估泛化误差，在估计参数时特意保留的一部分已知数据的集合叫作**测试集**。

使用测试集评估模型的精度可以在一定程度上评估泛化误差。

## 7-6-6　术语　交叉验证

基于特定的规则把数据分为训练集和测试集，并评估测试集预测精度的方法叫作**交叉验证**（cross validation，CV）。

交叉验证主要分为留 $p$ 交叉验证（leave-$p$-out CV）和 $K$ 折交叉验证（$K$-fold CV）两种。

### 1. 留 $p$ 交叉验证

留 $p$ 交叉验证的特点是从已知数据中取出 $p$ 个数据作为测试集。

例如，留 2 交叉验证（leave-2-out CV）是从已知数据中取出 2 个数据来评估预测精度，将其余数据作为训练集。取出 $p$ 个数据的方法有多种，留 $p$ 交叉验证需要计算所有可能的取法对应的预测精度，将预测精度的均值作为最终的评估值。

### 2. $K$ 折交叉验证

$K$ 折交叉验证把已知数据分为 $K$ 组，每次取其中一组作为测试集，重复 $K$ 次，将预测精度的均值作为最终的评估值。

假设样本容量为 100，当留 $p$ 交叉验证留出 1 个数据，$K$ 折交叉验证将已知数据分为 100 组时，测试集其实都是 1 个数据，因此两种验证方法等价。

变量选择的一种思路是，通过交叉验证评估预测精度，并从中选出精度最高的变量组合。

## 7-6-7　术语　赤池信息量准则

**赤池信息量准则**（AIC）的数学式如下：

$$\text{AIC} = -2 \times \left(\text{最大对数似然} - \text{参与估计的参数个数}\right) \qquad (7\text{-}41)$$

AIC 的值越小，模型越合适。

对数似然越大，拟合精度就越高。但如果过于注重拟合精度，泛化误差可能会变大。于是，AIC 以参数个数为惩罚指标。

解释变量越多，对数似然越大，同时惩罚指标也会变大。AIC 可以评估对数似然的增加能否抵消惩罚指标的增大。

我们可以使用 AIC 删除多余的变量。比起交叉验证，AIC 的一大优势是计算量更小。

## 7-6-8　术语　相对熵

下面简单解释 AIC 的推导过程，详细论证请参考相关文献，如岛谷健一郎（2017）。

AIC 的关注点是统计模型预测能力的强弱。统计模型的预测结果也服从某种概率分布,把它和数据真正服从的概率分布相比较,两者之间的差异就是讨论重点。**相对熵**是用来衡量这种差异的指标。

相对熵也叫作两个概率分布之间的伪距离,它的数学式如下:

$$相对熵 = \int g(x) \log \frac{g(x)}{f(x)} dx \tag{7-42}$$

其中,$g(x)$ 和 $f(x)$ 均为概率密度函数。

对数内的除法可以变换为对数外的减法,因此上式可以变为更清晰的形式:

$$相对熵 = \int g(x) \big[ \log g(x) - \log f(x) \big] dx \tag{7-43}$$

再回顾一下使用概率密度函数计算期望值的数学式:

$$E(X) = \int f(x) \cdot x dx \tag{7-44}$$

将两个概率密度函数的对数差($\log g(x) - \log f(x)$)看作期望值,可以更好地理解为什么说相对熵是衡量概率分布差异的指标。

## 7-6-9 相对熵的最小化与平均对数似然

如何才能缩小真实分布与预测结果的分布之间的差距呢?先回顾一下 7-6-8 节中相对熵的数学式:

$$\int g(y) \big[ \log g(y) - \log f(y) \big] dy \tag{7-45}$$

其中,$y$ 是响应变量,$g(y)$ 是真实分布,$f(y)$ 是模型预测结果的分布。

将上式变形为:

$$\int \big[ g(y) \log g(y) - g(y) \log f(y) \big] dy \tag{7-46}$$

其中,$g(y)$ 是不变的,所以为了缩小差距,只需使下式最小:

$$\int -g(y) \log f(y) dy \tag{7-47}$$

对式（7-47）取负，便得到**平均对数似然**。

$f(y)$ 为模型预测的响应变量的概率分布。例如，啤酒销售额模型中的 $f(y)$ 是 $\mathcal{N}\left(\beta_0 + \beta_1 \times 气温, \sigma^2\right)$，即均值为"$\beta_0 + \beta_1 \times 气温$"的正态分布。

从真实分布中反复随机抽样，根据样本的分布与预测结果的分布多次计算对数似然，这些对数似然的均值就是平均对数似然。

最小化真实分布与预测结果的分布之间的差距，就是让平均对数似然取负后的值最小。

如果平均对数似然最大，真实分布与预测结果的分布之间的差距就最小。

## 7-6-10　AIC 与平均对数似然中的偏差

由于直接计算平均对数似然很难，因此我们经常使用最大对数似然来代替，这样就带来一个问题：最大对数似然有时远大于平均对数似然，即偏差过大。数学上已经证明，这个偏差的大小就是参与估计的参数个数。

因此，去除这个偏差的结果就是 AIC，其数学式为：

$$\text{AIC} = -2 \times \left(最大对数似然 - 参与估计的参数个数\right) \quad （7-48）$$

## 7-6-11　使用 AIC 进行变量选择

AIC 是评估模型优劣的指标，AIC 越小，模型越合适。使用 AIC 进行变量选择时，应选用使得 AIC 最小的变量组合。

## 7-6-12　用变量选择代替假设检验

在分析两组数据的均值差异时，既可以使用第 6 章介绍的 $t$ 检验判断差异是否显著，也可以使用 AIC 进行变量选择达成目的。我们可以根据分析目的选择合适的方法。

例如，需要判断服药后体温是否升高，那么先建立如下两个模型。

- 模型 1：体温 ~ 无解释变量
- 模型 2：体温 ~ 是否服药

然后分别估计这两个模型，并计算它们的 AIC。

如果模型 2 的 AIC 更小，就选用模型 2，这说明模型应该包含是否服药这个解释变量。

不过，AIC 主要是为了提高预测精度而设计的指标，它和假设检验的解读方法差异很大。

根据 AIC 最小准则选择模型 2，是因为模型 2 能更准确地预测体温。换句话说，AIC 无法保证模型 2 是正确的。即使样本容量足够大，也无法保证总能选到"正确的模型"。粕谷英一（2012）提出，模拟的结果表明存在未能成功选择"正确的模型"的可能性。要牢记，AIC 的用途是借助已知数据最大化模型的平均预测精度。

## 7-6-13　应该使用假设检验还是 AIC

假设检验和 AIC 哪个更好呢？这个问题没有定论。重要的是，不论选用哪个，我们都应该学会给出合理的解读。

另外，不能因为假设检验没有给出希望的结果就换用 AIC。这种行为与 p 值操纵类似，都没有诚实地对待数据。

信息量准则中除了 AIC，还有 BIC、AICc 等指标。我们同样不可以为了得到想要的结果而切换指标。

第 8 章将同时介绍假设检验与 AIC 在模型选择中的应用，了解这两种方法有助于我们阅读其他参考资料。不过，合理应用各种检验方法有一定难度，而且检验的非对称性会提高解读的复杂程度。

本书侧重于讲解如何使用 AIC 进行模型选择，第 9 章几乎只使用基于 AIC 的模型选择结果。

第 **8** 章

# 正态线性模型

# ■8-1■

# 含有单个连续型解释变量的 模型（一元回归）

本节将以只含一个连续型解释变量的正态线性模型为研究对象，讲解用 Python 估计这类模型的方法。只有一个解释变量的回归分析叫作一元回归分析。

我们先按照定义，使用最小二乘法估计系数，然后学习如何使用 statsmodels 库获取估计值。我们还将学习如何使用 AIC 进行变量选择并使用已建立的模型进行预测，以及如何绘制回归直线。

## 8-1-1　实现　环境准备

首先导入所需的库。从本章开始，在打印数组内元素和数据帧内元素时，统一四舍五入到小数点后 3 位。

```
# 用于数值计算的库
import numpy as np
import pandas as pd
from scipy import stats
# 设置浮点数打印精度
pd.set_option('display.precision', 3)
np.set_printoptions(precision=3)

# 用于绘图的库
from matplotlib import pyplot as plt
import seaborn as sns
sns.set()

# 用于估计统计模型的库
```

```
import statsmodels.formula.api as smf
import statsmodels.api as sm
```

# 8-1-2 实现 读入数据并绘制其图形

下面读入虚构的啤酒销售额数据。

```
beer = pd.read_csv('8-1-1-beer.csv')
print(beer.head(n=3))

   beer  temperature
0  45.3         20.5
1  59.3         25.0
2  40.4         10.0
```

读入数据后可先绘制出图形（见图 8-1-1），以便于把握数据的概况。

```
sns.scatterplot(x='temperature', y='beer',
                data=beer, color='black')
```

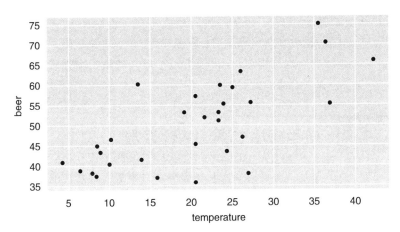

图 8-1-1　用散点图表示气温和啤酒销售额的关系

图 8-1-1 是横轴为气温、纵轴为啤酒销售额的散点图。从图中可以看出，啤酒销售额大致上随着气温的升高而增加。

## 8-1-3 建模

建立如下的啤酒销售额模型：

$$啤酒销售额 \sim \mathcal{N}\left(\beta_0 + \beta_1 \times 气温,\ \sigma^2\right) \qquad (8\text{-}1)$$

这是正态线性模型，响应变量为啤酒销售额，解释变量只有气温。因此，要完成这个模型，只需判断是否将气温纳入模型。在估计参数时只估计式中的 $\beta_0$ 和 $\beta_1$，暂且忽略多余参数 $\sigma^2$。

下面我们结合第 7 章的内容，列举一些建模的好处。

- 可以解释现象

  如果通过检验确认系数 $\beta_1$ 不为 0，就可以认为 "气温会影响啤酒销售额"。

  我们也可以使用 AIC 代替假设检验来进行模型选择。如果通过 AIC 确认系数 $\beta_1$ 不为 0，则可以理解为 "要预测啤酒销售额，气温是必需的"。

  根据系数 $\beta_1$ 的正负，可以判断随着气温的升高，啤酒销售额是增加还是减少。

- 可以进行预测

  根据系数 $\beta_0$、$\beta_1$ 和气温可以预测啤酒销售额的期望值。

  我们可以这样预测：当气温为 $x$℃时，啤酒的销售额大约为 $\beta_0 + \beta_1 \cdot x$（万日元）。

## 8-1-4 使用最小二乘法估计系数

如 7-5 节所述，假设总体服从正态分布，则最大似然法的结果与最小二乘法的结果一致。下面将介绍使用最小二乘求解系数 $\beta_0$ 和 $\beta_1$ 的过程。如果只关注如何使用 Python 进行系数估计，可以跳过本节和 8-1-5 节。

最小二乘法用于求解使得残差平方和最小的系数，残差平方和（RSS）的数学式如下：

$$RSS = \sum_{i=1}^{n} (y_i - \hat{y}_i)^2 \qquad (8-2)$$

其中，响应变量（在本例中为啤酒销售额）为 $y_i$。$\hat{y}_i$ 是模型的拟合值，计算方法如下：

$$\hat{y}_i = \beta_0 + \beta_1 \cdot x_i \qquad (8-3)$$

这里的 $x_i$ 是解释变量（在本例中为气温）。

对于给定的数据，RSS 是 $\beta_0$ 和 $\beta_1$ 的函数，即调整这两个系数就会改变 RSS 的大小。我们需要找到使 RSS 的值最小的 $\beta_0$ 和 $\beta_1$：

$$RSS(\beta_0 \cdot \beta_1) = \sum_{i=1}^{n} (y_i - \beta_0 - \beta_1 \cdot x_i)^2 \qquad (8-4)$$

在求最大值或最小值时，常规的方法是对函数求导，并求出使导数为 0 的系数。按照该方法最终解出：

$$\hat{\beta}_0 = \bar{y} - \hat{\beta}_1 \bar{x} \qquad (8-5)$$

$$\hat{\beta}_1 = \frac{\mathrm{Cov}(x, y)}{s_x^2} \qquad (8-6)$$

其中，$\bar{x}$ 是 $x$ 的均值，$\bar{y}$ 是 $y$ 的均值，$\mathrm{Cov}(x, y)$ 是 $x$ 和 $y$ 的协方差，$s_x^2$ 是 $x$ 的样本方差。在计算 $\hat{\beta}_1$ 时，分子 $\mathrm{Cov}(x, y)$ 和分母 $s_x^2$ 都需要除以样本容量 $n$，因为分子和分母同时除以 $n$ 结果不变，所以 $\hat{\beta}_1$ 的数学式常简写为：

$$\hat{\beta}_1 = \frac{SS_{xy}}{SS_{xx}} \qquad (8-7)$$

$SS_{xy}$ 是协方差公式中的分子，$SS_{xx}$ 是 $x$ 的样本方差公式中的分子。数学式如下：

$$SS_{xy} = \sum_{i=1}^{n} (x_i - \bar{x})(y_i - \bar{y}) \qquad (8-8)$$

$$SS_{xx} = \sum_{i=1}^{n} (x_i - \bar{x})^2 \qquad (8-9)$$

## 8-1-5　实现　估计系数

下面根据式（8-5）和式（8-6）估计系数。先整理一下数据。

```
x = beer['temperature']
y = beer['beer']
```

然后获取协方差矩阵。回顾一下 3-5 节的内容，协方差矩阵就是将变量的方差和协方差放在一起形成的矩阵。

$$\boldsymbol{\Sigma} = \begin{bmatrix} s_x^2 & \mathrm{Cov}(x, y) \\ \mathrm{Cov}(x, y) & s_y^2 \end{bmatrix} \qquad (8\text{-}10)$$

```
cov_mat = np.cov(x, y, ddof=0)
cov_mat
```
```
array([[ 93.963,  71.922],
       [ 71.922, 109.237]])
```

有了协方差矩阵和均值，就可以根据式（8-5）和式（8-6）估计系数了。

```
# 均值
x_bar = np.mean(x)
y_bar = np.mean(y)

# 协方差和方差
cov_xy = cov_mat[0, 1]
s2_x = cov_mat[0, 0]

# 估计系数
beta_1 = cov_xy / s2_x
beta_0 = y_bar - beta_1 * x_bar

print('截距     : ', round(beta_0, 3))
print('气温的系数 : ', round(beta_1, 3))
```
```
截距     :  34.61
气温的系数 :  0.765
```

## 8-1-6 估计出的系数的期望值与方差

本节将介绍估计出的回归系数 $\hat{\beta}_0$ 和 $\hat{\beta}_1$ 的期望值与方差。如果读者觉得本节的数学式比较难理解，不妨大致读一下就跳过。

### 1. 估计出的系数的期望值

系数的期望值如下：

$$E\left(\hat{\beta}_0\right) = \beta_0 \qquad (8\text{-}11)$$

$$E\left(\hat{\beta}_1\right) = \beta_1 \qquad (8\text{-}12)$$

从式（8-11）和式（8-12）可以看出，$\hat{\beta}_0$ 和 $\hat{\beta}_1$ 是无偏估计量。在一定假设下，$\hat{\beta}_0$ 和 $\hat{\beta}_1$ 也可被视作一致估计量（consistent estimator）。

### 2. 估计出的系数的方差

系数的方差如下：

$$V\left(\hat{\beta}_0\right) = \sigma^2 \left[ \frac{1}{n} + \frac{(\bar{x})^2}{\mathrm{SS}_{xx}} \right] \qquad (8\text{-}13)$$

$$V\left(\hat{\beta}_1\right) = \frac{\sigma^2}{\mathrm{SS}_{xx}} \qquad (8\text{-}14)$$

从式（8-13）和式（8-14）可以看出，误差的方差 $\sigma^2$ 越大，估计量 $\hat{\beta}_0$ 和 $\hat{\beta}_1$ 的方差也越大。这是比较直观的。

估计量 $\hat{\beta}_0$ 和 $\hat{\beta}_1$ 的方差的分母中包含 $\mathrm{SS}_{xx}$，这也是一个很重要的特征。$\mathrm{SS}_{xx}$ 可视作解释变量 $x$ 的方差大小，这意味着当解释变量的值上下浮动较大时，估计量的方差会变小。在啤酒销售额和气温的示例中，相较于仅使用冬日的数据，使用冷热交替的不同气温下的销售额数据会估计得更准确。这一点也比较好理解。

### 3. 关于方差的补充

式（8-13）和式（8-14）中都出现了误差的方差 $\sigma^2$，该值可通过残差计算。残差 $e_i$ 的计算方法如下：

$$e_i = y_i - \hat{y}_i \tag{8-15}$$

另外，已知残差 $e_i$ 的均值 $\bar{e}$ 为 $0$，即 $\bar{e} = 0$。

可通过下式估计误差的方差 $\sigma^2$。由于除以 $n$ 会造成低估，因此这里除以 $n-2$，这一点与无偏方差的计算类似。由于是估计量，故写作 $\hat{\sigma}^2$。已知 $\hat{\sigma}^2$ 是 $\sigma^2$ 的无偏估计量。

$$\hat{\sigma}^2 = \frac{\sum\limits_{i=1}^{n}\left(e_i - \bar{e}\right)^2}{n-2} = \frac{\sum\limits_{i=1}^{n} e_i^2}{n-2} \tag{8-16}$$

估计量的方差 $V\left(\hat{\beta}_0\right)$ 和 $V\left(\hat{\beta}_1\right)$ 的平方根是标准差。在计算标准差时，将 $\sigma^2 = \hat{\sigma}^2$ 代入 $V\left(\hat{\beta}_0\right)$ 和 $V\left(\hat{\beta}_1\right)$ 的数学式后，最终的计算结果实际上是估计量的标准误差。

## 8-1-7　实现　使用 statsmodels 建模

下面建立正态线性模型。为了估计统计模型，我们通过 import statsmodels.formula.api as smf 语句导入了 statsmodels。statsmodels 库可以帮助我们轻松建模。代码中用到了 smf.ols 函数，ols 是 ordinary least squares（普通最小二乘法）的缩写。

```
lm_model = smf.ols(formula='beer ~ temperature',
                   data=beer).fit()
```

定义模型结构的参数是 formula。'beer ~ temperature' 代表模型的响应变量为 beer，解释变量为 temperature。通过改变 formula 的值，我们可以定义出各种模型，相关功能将在估计更复杂的模型时进行说明。

在设置 formula 的同时，我们还要给出与之对应的数据帧，且数据帧中的列名必须和 formula 中的变量名一致，这样才算完成了模型的定义。最后，不要忘记 .fit() 方法，该方法的功能是自动完成参数估计。

## 8-1-8　**实现**　打印估计结果并检验系数

我们使用 summary 函数打印估计结果。

```
lm_model.summary()
```

OLS Regression Results

| Dep.Variable: | beer | R-squared: | 0.504 |
|---|---|---|---|
| Model: | OLS | Adj.R-squared: | 0.486 |
| Method: | Least Squares | F-statistic: | 28.45 |
| Date: | Wed, 29 Sep 2021 | Prob(F-statistic): | 1.11e-05 |
| Time: | 15:51:16 | Log-Likelihood: | -102.45 |
| No.Observations: | 30 | AIC: | 208.9 |
| Df Residuals: | 28 | BIC: | 211.7 |
| Df Model: | 1 | | |
| Covariance Type: | nonrobust | | |

| | coef | std err | t | P>ltl | [0.025 | 0.975] |
|---|---|---|---|---|---|---|
| Intercept | 34.6102 | 3.235 | 10.699 | 0.000 | 27.984 | 41.237 |
| temperature | 0.7654 | 0.144 | 5.334 | 0.000 | 0.471 | 1.059 |

| Omnibus: | 0.587 | Durbin-Watson: | 1.960 |
|---|---|---|---|
| Prob(Omnibus): | 0.746 | Jarque-Bera(JB): | 0.290 |
| Skew: | -0.240 | Prob(JB): | 0.865 |
| Kurtosis: | 2.951 | Condo. No. | 52.5 |

输出内容包含 3 个表格。我们先来看第 2 个表格。

| | coef | std err | t | P>ltl | [0.025 | 0.975] |
|---|---|---|---|---|---|---|
| Intercept | 34.6102 | 3.235 | 10.699 | 0.000 | 27.984 | 41.237 |
| temperature | 0.7654 | 0.144 | 5.334 | 0.000 | 0.471 | 1.059 |

表中的 `Intercept` 和 `temperature` 分别对应以下模型中的系数 $\beta_0$ 和系数 $\beta_1$。$\beta_0$ 是截距，$\beta_1$ 为斜率。`coef` 列中的数值是这两个系数的值，即 $\beta_0 = 34.6102$，$\beta_1 = 0.7654$，这与按照最小二乘法的定义计算出的结果一致。

$$啤酒销售额 \sim \mathcal{N}\left(\beta_0 + \beta_1 \times 气温, \sigma^2\right) \tag{8-17}$$

`coef` 列右边的列依次为系数的标准误差（`std err`）、$t$ 值（`t`）、零假设为 "系数为 0" 时的 $p$ 值（`P>|t|`）、95% 置信区间的下置信界限（`[0.025]`）与上置信界限（`0.975`）。$t$ 值等于估计出的系数除以标准误差。$p$ 值和置信区间的含义可参考第 5 章和第 6 章的对应内容。

$p$ 值很小，在 3 位小数内均为 0，可认为气温的系数与 0 之间存在显著性差异。

通过上表可知，气温的确会影响啤酒销售额。系数的值反映了影响程度，0.7654 为正数，说明气温越高，啤酒销售额越高。

## 8-1-9　实现　`summary` 函数的输出

我们继续看 `summary` 函数输出的表格。这里介绍第 1 个表格（下表）的含义，第 3 个表格将在评估模型时讲解。

| Dep.Variable: | beer | R-squared: | 0.504 |
|---|---|---|---|
| Model: | OLS | Adj.R-squared: | 0.486 |
| Method: | Least Squares | F-statistic: | 28.45 |
| Date: | Wed, 29 Sep 2021 | Prob(F-statistic): | 1.11e-05 |
| Time: | 15:51:16 | Log-Likelihood: | -102.45 |

（续）

| No.Observations: | 30 | AIC: | 208.9 |
|---|---|---|---|
| Df Residuals: | 28 | BIC: | 211.7 |
| Df Model: | 1 | | |
| Covariance Type: | nonrobust | | |

- Dep.Variable：响应变量的名称，Dep 为 depended 的缩写。
- Model/Method：OLS/Least Squares 表示这里使用了普通最小二乘法。
- Date/Time：对模型进行估计的日期和时间。
- No.Observations：样本容量。
- Df Residuals：样本容量减去参与估计的参数个数。
- Df Model：用到的解释变量的个数。
- Covariance Type：协方差类型，默认为 nonrobust。
- R-squared：决定系数（见 8-2 节）。
- Adj.R-squared：修正决定系数（见 8-2 节）。
- F-statistic/Prob(F-statistic)：方差分析的结果（见 8-3 节）。
- Log-Likelihood：最大对数似然。
- AIC：赤池信息量准则。
- BIC：贝叶斯信息量准则，属于信息量准则的一种，本书不进行介绍。

细节可能会因所使用的库及库的版本不同而有所差异。我们只需关注上表中的样本容量、决定系数及 AIC 即可。

## 8-1-10　实现 使用 AIC 进行模型选择

下面使用 AIC 进行模型选择。模型里只有气温这一个解释变量，我们不妨对比一下含有该解释变量的模型的 AIC 和空模型的 AIC。

### 1. 使用 AIC 实现模型选择

当没有解释变量时，可通过 beer ~ 1 建立一个空模型。

```
null_model = smf.ols(formula='beer ~ 1', data=beer).fit()
```

接下来分别计算二者的 AIC。空模型的 AIC 如下。

```
round(null_model.aic, 3)
```
```
227.942
```

含有解释变量（气温）的模型的 AIC 如下。

```
round(lm_model.aic, 3)
```
```
208.909
```

后者的 AIC 更小，所以可认为含有解释变量（气温）的模型的预测精度更高，即用来预测啤酒销售额的模型应该考虑气温因素。

## 2. AIC 的计算方法

下面分步计算 AIC 的值，以加深印象。回顾一下 AIC 的数学式：

$$\text{AIC} = -2 \times \left( \text{最大对数似然} - \text{参与估计的参数个数} \right) \quad (8\text{-}18)$$

首先计算估计完毕的模型的对数似然。

```
round(lm_model.llf, 3)
```
```
-102.455
```

接下来只要知道参与估计的参数个数即可。这个值没有包含在模型里（lm_model 中没有对应的属性），我们可以先找出解释变量的个数，代码如下。

```
lm_model.df_model
```
```
1.0
```

事实上，截距（$\beta_0$）也参与了估计，所以上面的结果加上 1 就是参与估计的参数个数。

计算 AIC 的最终代码如下。

```
round(-2 * (lm_model.llf - (lm_model.df_model + 1)), 3)
```

```
208.909
```

参与估计的参数个数的计算方法有多种。这里没有把多余参数包含在内，但其实有时（如 R 语言等工具）也会算上这些参数（这种情况下的 AIC 是 210.909）。

我们关注 AIC 的数值相对大小。换言之，AIC 的绝对值并不重要。只要采用相同的计算方法进行计算，AIC 的大小关系就不会改变，所以不会影响模型选择。这意味着我们要避免跨工具计算 AIC。

## 8-1-11 实现 使用一元回归进行预测

一元回归模型的系数已经估计出来了，我们可以用其进行预测。

### 1. 拟合值

估计完毕的模型可以用 predict 函数进行拟合或预测。当参数为空时，将输出训练集对应的拟合值。

```
lm_model.predict()
```

```
array([50.301, 53.746, 42.264, 55.2  , 46.704, 37.825,
       ...
       66.911, 52.904, 62.854, 41.423, 62.472, 39.509])
```

另外，也可以通过执行 lm_model.fittedvalues 获取拟合值。

### 2. 气温为 0℃时的预测值

使用 predict 函数进行预测时需指定气温的值，该函数的参数为数据帧。先来计算气温为 0℃时的啤酒销售额的期望值。

```
lm_model.predict(pd.DataFrame({'temperature':[0]}))
```

```
0    34.61
dtype: float64
```

回顾一下我们正在使用的模型：

$$啤酒销售额 \sim \mathcal{N}\left(\beta_0 + \beta_1 \times 气温,\ \sigma^2\right) \qquad (8\text{-}19)$$

模型的预测值是"$\beta_0 + \beta_1 \times$气温"，即正态分布的期望值。当气温为 0℃时，预测值应该是 $\beta_0$。

为了验证上述结论，我们用 lm_model.params 查看模型的参数。

```
lm_model.params

Intercept      34.610
temperature     0.765
dtype: float64
```

Intercept 就是 $\beta_0$，其值和气温为 0℃时的预测值相等。

### 3. 气温为 20℃时的预测值

下面计算气温为 20℃时的啤酒销售额的期望值。

```
lm_model.predict(pd.DataFrame({'temperature':[20]}))

0    49.919
dtype: float64
```

结果与 $\beta_0 + \beta_1 \times 20$ 的值相等。

```
beta0 = lm_model.params[0]
beta1 = lm_model.params[1]
temperature = 20

round(beta0 + beta1 * temperature, 3)

49.919
```

## 8-1-12　实现　置信区间和预测区间

使用模型进行预测，我们不仅可以得到点估计值，还可以进行区间估计。下面从计算置信区间和预测区间开始，逐步介绍相关方法。

## 1. 什么是置信区间和预测区间

正如第 5 章所述，置信区间用于衡量均值的估计误差，**预测区间**用于衡量数据的浮动程度。8-1-15 节将结合绘制出的回归直线详细讲解这两个区间。

## 2. 计算置信区间和预测区间

我们将再次预测气温为 20 ℃时的啤酒销售额。但这次不是使用 predict 函数，而是改用 get_prediction 函数来预测，然后对函数的返回结果调用 summary_frame 函数。通过指定 alpha = 0.05 即可获取预测值的 95% 置信区间和 95% 预测区间。

```
pred_interval = lm_model.get_prediction(
    pd.DataFrame({'temperature':[20]}))
pred_frame = pred_interval.summary_frame(alpha=0.05)
print(pred_frame)

     mean   mean_se   mean_ci_lower   mean_ci_upper   \
0   49.919   1.392          47.067          52.77

   obs_ci_lower   obs_ci_upper
0       34.053         65.785
```

输出结果中各字段的含义分别如下。
- mean：预测值（点估计值）。
- mean_se：预测值的标准误差。
- 从 mean_ci_lower 到 mean_ci_upper 的范围：置信区间。
- 从 obs_ci_lower 到 obs_ci_upper 的范围：预测区间。

预测区间比置信区间宽是因为除了均值的估计误差，预测区间还考虑了数据的浮动。

## 8-1-13　术语　回归直线

**回归直线**是一条直线，表示模型对响应变量的拟合值。对于非线性模型，这样的线称为**回归曲线**。

## 8-1-14　实现　使用 seaborn 绘制回归直线

回归直线有多种绘制方法，即使不使用 statsmodels 也可以绘制。例如可以使用 seaborn 中的 lmplot 函数来绘制（见图 8-1-2）。

```
sns.lmplot(x='temperature', y='beer', data=beer,
        scatter_kws={'color': 'black'},
        line_kws   ={'color': 'black'},
        ci=None, height=4, aspect=2)
```

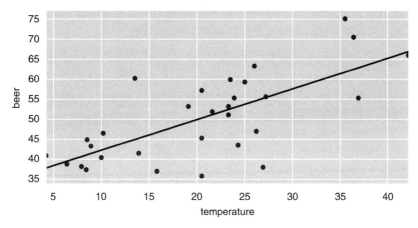

图 8-1-2　使用 sns.lmplot 绘制回归直线

lmplot 是一个图级函数，seaborn 还提供了一个轴级函数 regplot，使用该函数也可绘制出几乎相同的回归直线。本书主要使用性能更好的 lmplot 函数绘制回归直线。

图 8-1-2 所示的散点图的横轴为气温、纵轴为啤酒销售额，图上有一条回归直线。散点图的样式由参数 scatter_kws 控制，回归直线的样式由参数 line_kws 控制。

参数 ci=None 表示不绘制置信区间。稍后我们将根据 get_prediction 函数的输出结果绘制置信区间。

## 8-1-15 实现 绘制置信区间和预测区间

在图上绘制出回归直线的置信区间和预测区间，有助于我们直观地了解其特征。下面，我们不再直接使用 lmplot 函数绘制，而是分步绘制。

首先，求出所有拟合值的置信区间和预测区间。

```
pred_all = lm_model.get_prediction()
pred_frame_all = pred_all.summary_frame(alpha=0.05)
```

接下来，加入气温数据，作为图表横轴上的值。为了使折线图看起来更美观，我们按气温的升序对数据进行排列。

```
# 加入解释变量（气温）
pred_graph = pd.concat(
    [beer.temperature, pred_frame_all], axis = 1)
# 按气温的升序对数据进行排序
pred_graph = pred_graph.sort_values("temperature")
```

然后，基于存放着原始数据的数据帧 beer 绘制散点图，并根据数据帧 pred_graph 中的数据绘制回归直线。

```
# 绘制散点图
sns.scatterplot(x='temperature', y='beer',
                data=beer, color='black')

# 绘制回归直线
sns.lineplot(x='temperature', y='mean',
             data=pred_graph, color='black')

# 置信区间
sns.lineplot(x='temperature', y='mean_ci_lower',
             data=pred_graph, color='black',
             linestyle='dashed')
sns.lineplot(x='temperature', y='mean_ci_upper',
             data=pred_graph, color='black',
             linestyle='dashed')

# 预测区间
sns.lineplot(x='temperature', y='obs_ci_lower',
```

```
            data=pred_graph, color='black',
            linestyle='dotted')
sns.lineplot(x='temperature', y='obs_ci_upper',
            data=pred_graph, color='black',
            linestyle='dotted')
```

如图 8-1-3 所示，两条虚线之间是 95% 置信区间，两条点线之间是 95% 预测区间。虽然有很多数据落在 95% 置信区间之外，但几乎没有落在预测区间之外的数据。如果在预测时需要考虑数据的浮动，建议使用预测区间。

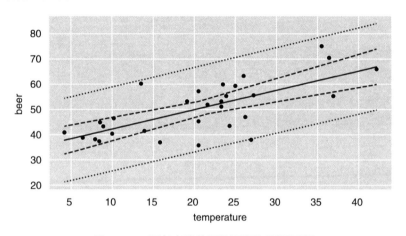

图 8-1-3　回归直线的置信区间和预测区间

# 8-1-16　回归直线的方差

从图 8-1-3 可以看出，气温会影响回归直线的置信区间和预测区间的宽度。本节将简单说明这一具有启发性的现象背后的原因。

## 1. 直观的解释

当解释变量的值相较于均值过小或过大时，回归直线的置信区间和预测区间就会相对较宽。简而言之，置信区间过宽意味着估计的精度较低。

我们还是以啤酒销售额和气温为例。当气温的浮动较小时，预测销售额相对容易。但若忽冷忽热且温差巨大，则很难准确预测销售额。

## 2. 回归直线穿过响应变量的均值和解释变量的均值

当解释变量刚好等于均值，即 $x_i = \bar{x}$ 时，回归直线的置信区间较窄，估计的精度较高。这可以从回归直线总是穿过响应变量的均值和解释变量的均值这一性质推断出来。

对估计量的数学式 $\hat{\beta}_0 = \bar{y} - \hat{\beta}_1 \bar{x}$ 做如下变形：

$$\hat{\beta}_0 + \hat{\beta}_1 \bar{x} = \bar{y} \tag{8-20}$$

可见，当解释变量为 $\bar{x}$ 时，对应着回归直线上坐标为 $(\bar{x}, \bar{y})$ 的点，即回归直线穿过响应变量的均值和解释变量的均值。

## 3. 用于计算置信区间的方差

响应变量的拟合值可由 $\hat{y}_i = \hat{\beta}_0 + \hat{\beta}_1 x_i$ 计算得出。回归直线的方差的计算方法如下：

$$V(\hat{y}_i) = \sigma^2 \left[ \frac{1}{n} + \frac{(x_i - \bar{x})^2}{\text{SS}_{xx}} \right] \tag{8-21}$$

从上式可以看出，当误差的方差 $\sigma^2$ 较大时，回归直线的方差也较大。另外，$(x_i - \bar{x})^2$ 越大，即解释变量与其均值的偏离程度越大，回归直线的方差也越大。

计算置信区间时，需要先将 $\sigma^2 = \hat{\sigma}^2$ 代入上式，再取平方根求出标准误差。

## 4. 用于计算预测区间的方差

用于计算预测区间的方差可通过响应变量拟合值的方差与误差的方差相加得到：

$$V(\hat{y}_i) + \sigma^2 = \sigma^2 \left[ 1 + \frac{1}{n} + \frac{(x_i - \bar{x})^2}{\text{SS}_{xx}} \right] \tag{8-22}$$

因此，预测区间比置信区间宽。

# 8-2

# 正态线性模型的评估

本节将以 8-1 节建立的一元回归模型为例，说明评估模型的方法。在使用模型进行预测之前，应该先评估模型。本节主要介绍基于模型残差的评估方法（残差诊断）。在获取残差之后，我们可以计算决定系数和修正决定系数。本节还将结合图表讲解模型的评估方法。

## 8-2-1　实现　环境准备

导入所需的库。

```
# 用于数值计算的库
import numpy as np
import pandas as pd
from scipy import stats
# 设置浮点数打印精度
pd.set_option('display.precision', 3)
np.set_printoptions(precision=3)

# 用于绘图的库
from matplotlib import pyplot as plt
import seaborn as sns
sns.set()

# 用于估计统计模型的库
import statsmodels.formula.api as smf
import statsmodels.api as sm
```

我们再次使用 8-1 节中的数据定义并估计一元回归模型，然后判断该模型与数据的契合度。

```
# 读入数据
beer = pd.read_csv('8-1-1-beer.csv')

# 建模
lm_model = smf.ols(formula='beer ~ temperature',
                   data=beer).fit()
```

## 8-2-2  实现  获取残差

残差分析是模型评估的重要方法之一。如何获取残差呢？

### 1. 获取残差

获取残差的方式如下。

```
e = lm_model.resid
e.head(3)

0   -5.001
1    5.554
2   -1.864
dtype: float64
```

### 2. 通过拟合值计算残差

在实践中，直接通过 resid 属性获取残差即可，但为了加深印象，我们手动计算一遍残差。回顾一下残差 $e_i$ 的数学式：

$$e_i = y_i - \hat{y}_i \tag{8-23}$$

其中，$\hat{y}_i = \beta_0 + \beta_1 \times 气温$。

计算拟合值 $\hat{y}_i$ 的代码如下。

```
beta0 = lm_model.params[0] # 截距
beta1 = lm_model.params[1] # 斜率
```

```
y_hat = beta0 + beta1 * beer.temperature # 拟合值
y_hat.head(3)
```
```
0    50.301
1    53.746
2    42.264
Name: temperature, dtype: float64
```

此外，还可以通过 `lm_model.fittedvalues` 或 `lm_model.predict()` 直接获取拟合值。

真实值减去拟合值就是残差。

```
(beer.beer - y_hat).head(3)
```
```
0    -5.001
1     5.554
2    -1.864
dtype: float64
```

## 8-2-3　术语　决定系数

`summary` 函数输出结果中的 `R-squared` 叫作**决定系数**。决定系数用来评估模型与已知数据的契合度。

决定系数 $R^2$ 的数学式如下：

$$R^2 = \frac{\sum_{i=1}^{n}\left(\hat{y}_i - \bar{y}\right)^2}{\sum_{i=1}^{n}\left(y_i - \bar{y}\right)^2} \qquad (8\text{-}24)$$

其中，$y_i$ 是响应变量的真实值，$\hat{y}_i$ 是模型的拟合值，$\bar{y}$ 是 $y$ 的均值。

如果模型的拟合值和响应变量的真实值全部相等，$R^2$ 就为 1。

## 8-2-4　实现　决定系数

下面使用 Python 计算决定系数。

## 1. 计算决定系数

我们可以按照定义来计算决定系数。

```
y = beer.beer              # 响应变量y的真实值
y_bar = np.mean(y)         # y的均值
y_hat = lm_model.predict() # y的拟合值

round(np.sum((y_hat - y_bar)**2) / np.sum((y - y_bar)**2), 3)
```
```
0.504
```

直接使用以下语句也可获取决定系数。

```
round(lm_model.rsquared, 3)
```
```
0.504
```

## 2. 决定系数的另一种计算方法

下面介绍另一种计算决定系数的方法。了解不同的计算方法有助于我们深入理解决定系数。

残差的数学式为 $e_i = y_i - \hat{y}_i$，变形后可得 $y_i = \hat{y}_i + e_i$。利用该式可将式（8-24）的分母 $\sum_{i=1}^{n}(y_i - \bar{y})^2$ 进行如下分解：

$$\sum_{i=1}^{n}(y_i - \bar{y})^2 = \sum_{i=1}^{n}(\hat{y}_i - \bar{y})^2 + \sum_{i=1}^{n}e_i^2 \qquad (8\text{-}25)$$

我们注意到，等式左边的 $\sum_{i=1}^{n}(y_i - \bar{y})^2$ 正是响应变量方差的分子。因此，$\sum_{i=1}^{n}(y_i - \bar{y})^2$ 表示响应变量的整体差异大小。这个差异的大小由两部分构成，即模型可以解释的差异 $\sum_{i=1}^{n}(\hat{y}_i - \bar{y})^2$ 与模型不可解释的残差平方和 $\sum_{i=1}^{n}e_i^2$。因此，决定系数相当于模型可以解释的差异在整体差异中所占的比例。

下面借助 Python 来验证式（8-25）。先计算模型可以解释的差异与模型不可解释的残差平方和的总和，即式（8-25）的右侧。

```
round(np.sum((y_hat - y_bar)**2) + sum(e**2), 3)
```
```
3277.115
```

它恰好等于整体差异，即式（8-25）的左侧。

```
round(np.sum((y - y_bar)**2), 3)
```
```
3277.115
```

式（8-25）变形后可得：

$$\sum_{i=1}^{n}\left(\hat{y}_i - \bar{y}\right)^2 = \sum_{i=1}^{n}\left(y_i - \bar{y}\right)^2 - \sum_{i=1}^{n}e_i^2 \qquad （8-26）$$

既然存在这个关系，那么将式（8-26）代入式（8-24）并化简后，就可以得到另一种计算决定系数的方法：

$$\begin{aligned} R^2 &= \frac{\displaystyle\sum_{i=1}^{n}\left(\hat{y}_i - \bar{y}\right)^2}{\displaystyle\sum_{i=1}^{n}\left(y_i - \bar{y}\right)^2} \\ &= \frac{\displaystyle\sum_{i=1}^{n}\left(y_i - \bar{y}\right)^2 - \sum_{i=1}^{n}e_i^2}{\displaystyle\sum_{i=1}^{n}\left(y_i - \bar{y}\right)^2} \\ &= 1 - \frac{\displaystyle\sum_{i=1}^{n}e_i^2}{\displaystyle\sum_{i=1}^{n}\left(y_i - \bar{y}\right)^2} \end{aligned} \qquad （8-27）$$

用 Python 验证上式。

```
round(1 - np.sum(e**2) / np.sum((y - y_bar)**2), 3)
```
```
0.504
```

可见，这个一元回归模型可以解释的啤酒销售额的差异几乎占整体差异的一半。

## 8-2-5 术语 修正决定系数

**修正决定系数**包含对解释变量过多的惩罚指标，它通过自由度修正了决定系数。解释变量越多，决定系数越大，而决定系数过大会导致过拟合，因此需要对其进行修正。

修正决定系数 $R_{\text{adj}}^2$ 的数学式如下：

$$R_{\text{adj}}^2 = 1 - \frac{\sum_{i=1}^{n} e_i^2 / (n-d-1)}{\sum_{i=1}^{n} (y-\bar{y})^2 / (n-1)} \tag{8-28}$$

其中，$n$ 为样本容量，$d$ 为解释变量的个数。

若残差平方和 $\sum_{i=1}^{n} e_i^2$ 的大小不变，则解释变量的个数 $d$ 越多，$R_{\text{adj}}^2$ 的值越小。

## 8-2-6 实现 修正决定系数

下面用 Python 计算修正决定系数。

```
n = len(beer.beer) # 样本容量
d = 1              # 解释变量的个数
r2_adj = 1 - ((np.sum(e**2) / (n - d - 1)) /
    (np.sum((y - y_bar)**2) / (n - 1)))
round(r2_adj, 3)
```

```
0.486
```

我们也可以用以下语句获取修正决定参数。

```
round(lm_model.rsquared_adj, 3)
```

```
0.486
```

## 8-2-7 **实现** 残差的可视化

下面通过直方图和散点图来了解残差的特征。

### 1. 残差的直方图

要了解残差的特征，最简单的方法就是绘制直方图。由此我们可以判断残差是否服从正态分布（见图 8-2-1）。

```
sns.histplot(e, color='gray')
```

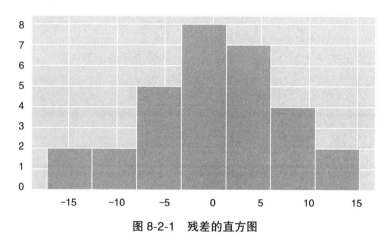

图 8-2-1 残差的直方图

残差的直方图大致左右对称，形状也接近正态分布。

### 2. 残差的散点图

下面使用 residplot 函数绘制横轴为拟合值、纵轴为残差的散点图（见图 8-2-2）。

```
sns.residplot(x=lm_model.fittedvalues, y=e, color='black')
```

图 8-2-2 在普通散点图的基础上增加了一条虚线，以突出参考值 0。从图中可以看出，残差是随机出现的，之间没有相关性，且没有非常大的残差。

即使不进行详细的检验，只是绘制出直方图和散点图，有时也能发现明显的问题。

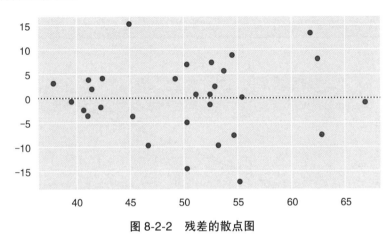

**图 8-2-2 残差的散点图**

---

## 8-2-8 术语 分位图

**分位图**是用来比较理论分位数与实际分位数的散点图，也叫 Q-Q 图。Q 是 Quantile（分位数）的缩写。

四分位数即把数据按升序排列后分别位于 25% 和 75% 位置上的数据。这里将计算数据的所有分位数，如果有 101 个数据，那么每隔 1% 取 1 个位置，就能得到 100 个分位数。

正态分布的百分位数就是理论分位数，通过分位图对比理论分位数与实际分位数，就可以直观地判断残差是否近似服从正态分布。

---

## 8-2-9 实现 分位图

下面绘制分位图。

### 1. 绘制分位图

我们可以使用 sm.qqplot 函数绘制分位图（见图 8-2-3）。参数 line='s' 用于绘制正态分布对应的参考线，如果散点全部落在线上，就表示数据服从正态分布。从图中可以看出，数据（残差）基本服从正态分布。

```
fig = sm.qqplot(e, line='s')
```

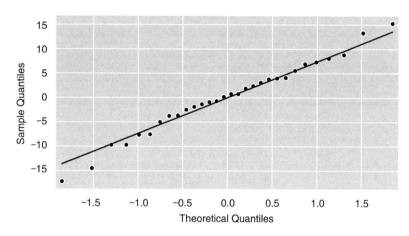

图 8-2-3　**sm.qqplot** 生成的分位图

## 2. 尝试自己绘制分位图

为了理解背后的原理，我们尝试自己绘制分位图，而不使用 sm.qqplot 函数。首先，将数据（残差）按升序排列。

```
e_sort = e.sort_values()
e_sort.head(n=3)

3     -17.200
21    -14.501
12     -9.710
dtype: float64
```

样本容量是 30，最小的数据所在的位置是 1÷31。注意，这里是从 1 开始计数的。

```
round(1 / 31, 3)

0.032
```

然后，对这 30 个数据执行上述计算，得到理论上的累积概率。

```
nobs = len(e_sort)
cdf = np.arange(1, nobs + 1) / (nobs + 1)
cdf
```

```
array([0.032, 0.065, 0.097, 0.129, 0.161, 0.194, 0.226,
       ...
       0.935, 0.968])
```

接下来使用正态分布的百分位数得到理论分位数。

```
ppf = stats.norm.ppf(cdf)
ppf
```

```
array([-1.849, -1.518, -1.3  , -1.131, -0.989, -0.865,
       ...
        0.865,  0.989,  1.131,  1.3  ,  1.518,  1.849])
```

以横轴为理论分位数（ppf）、纵轴为已排序的实际数据（e_sort）绘制出的散点图就是分位图。这样绘制出的图与图 8-2-3 相同，故不再展示。

```
sns.scatterplot(x=ppf, y=e_sort, color='black')
```

## 8-2-10  实现  对照 summary 函数的输出结果分析残差

残差的分析结果在 summary 函数输出的第 3 个表格中，如下所示。

| Omnibus: | 0.587 | Durbin–Watson: | 1.960 |
|---|---|---|---|
| Prob(Omnibus): | 0.746 | Jarque–Bera(JB): | 0.290 |
| Skew: | −0.240 | Prob(JB): | 0.865 |
| Kurtosis: | 2.951 | Condo. No. | 52.5 |

输出的信息比较丰富，下面简单讲解一下。

Prob(Omnibus) 和 Prob(JB) 是残差的正态性检验结果。

- 零假设：残差服从正态分布。
- 备择假设：残差不服从正态分布。

我们要判断这里的 $p$ 值是否大于 0.05。由检验的非对称性可知，即使 $p$ 值大于 0.05，也不代表残差一定服从正态分布。此处的检验只能用来判断结果是否存在明显的问题。

要判断残差是否服从正态分布，还要观察 Skew（偏度）和 Kurtosis（峰度）的值。

**偏度**表示直方图左右非对称性的方向和程度。偏度大于 0，则图形的右侧更宽。正态分布左右对称，所以它的偏度为 0。偏度的数学式如下：

$$\text{Skew} = E\left[\frac{(X - \mu)^3}{\sigma^3}\right] \qquad (8\text{-}29)$$

其中，$E(\ )$ 为求期望值的函数，$X$ 为随机变量（此处为残差），$\mu$ 为 $X$ 的均值，$\sigma$ 为 $X$ 的样本标准差。

**峰度**表示直方图中心附近的尖锐程度。峰度越高，图形显得越尖锐。正态分布的峰度为 3。

峰度的数学式如下：

$$\text{Kurtosis} = E\left[\frac{(X - \mu)^4}{\sigma^4}\right] \qquad (8\text{-}30)$$

Durbin-Watson 表示残差的自相关程度，如果它的值近似等于 2，就说明没什么问题。在分析时间序列的数据时必须判断该值是否近似等于 2。

如果残差自相关，系数的 $t$ 检验结果便不可信，这个现象叫作**伪回归**。如果 Durbin-Watson 统计量远大于 2，就需要使用广义最小二乘法进一步讨论。详细内容请参考马场真哉（2018）。

# 8-3

# 方差分析

本节将介绍方差分析的理论及其在 Python 中的实现。

方差分析是在正态线性模型中广泛应用的假设检验方法。本节先介绍经典的单因素方差分析，再介绍方差分析在正态线性模型中的作用。

## 8-3-1　本节示例

本节模型中的响应变量是啤酒销售额，解释变量只有天气。天气分为阴、雨、晴 3 种情况。按经典术语来讲，这种建模方法叫作单因素方差分析。

下面我们通过检验来考察天气的变化是否会显著地影响啤酒销售额。

## 8-3-2　什么时候应该使用方差分析

**方差分析**是用来检验不同水平之间均值差异的方法。这里的水平是指天气状况、鱼的种类等分类变量。

我们可以使用第 6 章介绍的 $t$ 检验进行均值差异的检验。但在某些情况下，单纯使用 $t$ 检验行不通。

如果水平大于 2 个，要检验各水平的均值之间是否存在显著性差异，就要使用方差分析。例如，我们可以使用方差分析来判断啤酒销售额在阴、雨、晴这 3 种天气下是否存在显著性差异。

在介绍 $t$ 检验时，我们研究的问题是服药前后体温是否存在显著变化，这是水平为 2 个的数据。本节研究的问题是能否认为阴、雨、晴这 3 种天气的变化显著地影响了啤酒销售额，这是水平大于 2 个的数据。后面我们还会看到，在正态线性模型的框架里，很多问题适合使用方差分析来解决。

方差分析是在正态线性模型中使用的检验方法，因此，只有当数据服从正态分布，且各个水平内部的方差相等时才能使用。这两个条件有时统称为同方差正态分布假设，本章后续内容都是以该假设成立为前提的。

## 8-3-3　【术语】多重假设检验

反复检验导致显著性结果更易出现的问题叫作**多重假设检验**问题。

设显著性水平为 0.05，则出现第一类错误的概率是 5%。

现连续进行两次检验，每次检验的显著性水平都为 0.05。检验的规则是"如果至少有一次检验拒绝了零假设，就接受备择假设"。在这种情况下，出现第一类错误的概率是 $1-(0.95 \times 0.95) = 0.0975$，约为 10%，超过了 5%。检验次数越多，越容易拒绝零假设，也就更容易出现第一类错误。

例如，要检验阴、雨、晴这 3 个水平下销售额的差异，就要分别对"阴、雨""阴、晴""雨、晴"这 3 个组合进行 $t$ 检验，这就导致了多重假设检验问题。

在方差分析中，我们可以通过一次整体的检验完成天气是否显著影响啤酒销售额的判断，无须分别考察各个组合的情况。

## 8-3-4　方差分析的直观理解：$F$ 比

方差分析的零假设与备择假设如下。

- 零假设：各水平之间的均值没有差异。
- 备择假设：各水平之间的均值存在差异。

方差分析将数据的差异分为误差和效应，并据此计算称作 **$F$ 比**的检验统计量。$F$ 比的概念式为：

$$F = \frac{\text{效应的方差}}{\text{误差的方差}} \tag{8-31}$$

在本例中，效应是指"天气导致的啤酒销售额的变化"，误差是指"无法通过天气这个变量解释的啤酒销售额的变化"。

我们使用方差来量化影响的大小。"天气变化带来的数据方差"就是"天气导致的啤酒销售额的变化"。误差的影响的大小也可以通过计算残差的方差得到。如果 $F$ 比的值较大，就认为效应的影响比误差的影响大。

求这两个方差的比值，并对这一统计量进行检验，就是方差分析（analysis of variance，缩写为 **ANOVA**）。

## 8-3-5 显著性差异与小提琴图

为了直观地感受方差分析这种检验方法，我们不妨通过小提琴图来观察存在显著性差异与没有显著性差异时的数据特征。

图 8-3-1 是存在显著性差异的数据对应的小提琴图。此时，销售额的均值因天气变化而出现明显浮动，而在同样的天气下，销售额的方差较小。

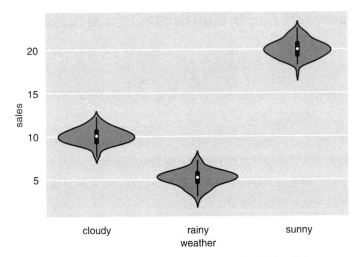

**图 8-3-1 存在显著性差异的数据对应的小提琴图**

图 8-3-2 是没有显著性差异的数据对应的小提琴图。此时，销售额的均值几乎不随天气的变化而变化，但在同样的天气下，销售额的方差较大。

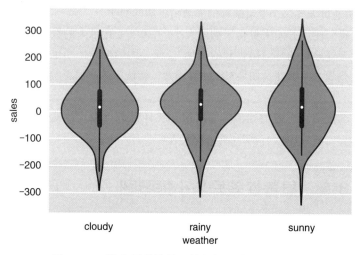

**图 8-3-2 没有显著性差异的数据对应的小提琴图**

## 8-3-6 方差分析的直观理解：分离效应和误差

我们可以结合图形来直观地了解误差的大小和效应的大小。为严谨起见，我们还要借助实际的计算来加深理解。

在图 8-3-3 中，小提琴之间的高度差表示效应的大小，每个小提琴的高度表示误差的大小。

各个小提琴代表了各个天气水平。小提琴起伏大表示天气对销售额的影响大，所以小提琴之间的高度差就是天气的效应。

不过，即使在同样的天气下，销售额也存在一定的浮动。这种不能用天气的变化解释的销售额变化就是误差。

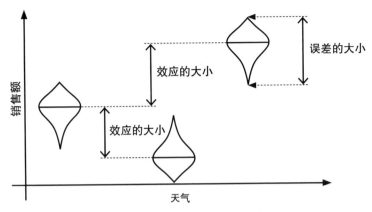

图 8-3-3 方差分析的直观理解

# 8-3-7  术语  组间差异与组内差异

小提琴之间的高度差，即效应的大小，叫作**组间差异**。

各个小提琴的高度，即误差的大小，叫作**组内差异**。

在方差分析中，需要将数据的方差分为组间差异和组内差异，然后取二者的比值作为统计量进行检验。

# 8-3-8  实现  环境准备

下面开始用 Python 进行方差分析。首先导入所需的库。

```
# 用于数值计算的库
import numpy as np
import pandas as pd
from scipy import stats
# 设置浮点数打印精度
pd.set_option('display.precision', 3)
np.set_printoptions(precision=3)


# 用于绘图的库
from matplotlib import pyplot as plt
```

```
import seaborn as sns
sns.set()

# 用于估计统计模型的库
import statsmodels.formula.api as smf
import statsmodels.api as sm
```

## 8-3-9  实现  生成数据并可视化

为了让计算结果更清晰，这里以小样本数据为对象。请注意，方差分析仅适用于服从正态分布的数据。

```
# 生成一组示例数据
weather = [
    'cloudy','cloudy',
    'rainy','rainy',
    'sunny','sunny'
]
beer = [6,8,2,4,10,12]

# 转换成数据帧
weather_beer = pd.DataFrame({
    'beer'   : beer,
    'weather': weather
})
print(weather_beer)
```

```
   beer weather
0     6  cloudy
1     8  cloudy
2     2   rainy
3     4   rainy
4    10   sunny
5    12   sunny
```

因为样本容量很小，所以我们绘制箱形图（见图 8-3-4）替代小提琴图。

```
sns.boxplot(x='weather',y='beer',
            data=weather_beer, color='gray')
```

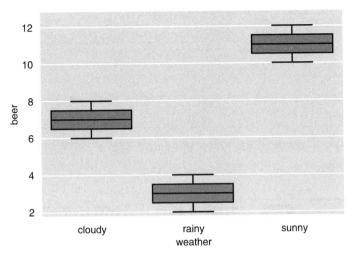

图 8-3-4 不同天气下销售额的箱形图

## 8-3-10 实现 计算各水平均值与总体均值

为便于后续处理，我们先从数据帧 weather_beer 中提取出啤酒
销售额数据（beer）。

```
y = weather_beer.beer.to_numpy()
y
```
```
array([ 6,  8,  2,  4, 10, 12], dtype=int64)
```

计算出的总体均值为 7。

```
y_bar = np.mean(y)
y_bar
```
```
7.0
```

再来计算各种天气下销售额的均值。由于下角标 $i$ 常用于表示数据
的索引，因此这里用下标 $j$ 来表示水平的索引。y_bar_j 表示各水平
（j）中销售额（y）的均值（y_bar）。

```
y_bar_j = weather_beer.groupby('weather').mean()
print(y_bar_j)

        beer
weather
cloudy    7.0
rainy     3.0
sunny    11.0
```

可见，雨天的销售额较低，晴天的销售额较高，阴天的销售额介于两者之间。

## 8-3-11  实现  方差分析①：计算组间偏差平方和与组内偏差平方和

我们先不调用 statsmodels 库中的函数，而是手动分步完成单因素方差分析。计算过程分为 3 步，第 1 步先来计算偏差平方和，即方差的分子。

### 1. 组间偏差平方和

首先计算效应的大小，即组间差异。我们在 8-3-10 节中算出了不同天气下销售额的均值 y_bar_j。阴天的销售额均值为 7，其含义为"阴天时销售额的期望值是 7 万日元"。同理，雨天时销售额的期望值是 3 万日元，晴天时销售额的期望值是 11 万日元。

由于阴、雨、晴 3 种天气各有 2 天，因此在只考虑天气因素的情况下，销售额的期望值如下。

```
# 各水平的样本容量
n_j = 2
# 只考虑天气因素的情况下，销售额的期望值
effect = np.repeat(y_bar_j.beer, n_j)
effect

weather
cloudy    7.0
cloudy    7.0
```

```
rainy      3.0
rainy      3.0
sunny     11.0
sunny     11.0
Name: beer, dtype: float64
```

effect 的方差可以用来计算组间差异。下面计算组间偏差平方和，它是组间差异的分子。平方和的英文是 sum of squares，可缩写为 ss。组间通常用单词 between 的首字母 b 表示。因此，存放着组间偏差平方和的变量可记作 ss_b。

```
ss_b = np.sum((effect - y_bar) ** 2 )
ss_b
```

```
64.0
```

## 2. 组内偏差平方和

从原始数据中减去效应就是误差。

```
resid = y - effect
resid
```

```
weather
cloudy   -1.0
cloudy    1.0
rainy    -1.0
rainy     1.0
sunny    -1.0
sunny     1.0
Name: beer, dtype: float64
```

计算组内偏差平方和时需注意误差均值为 0 的情况。组内通常用单词 within 的首字母 w 表示。因此，存放着组内偏差平方和的变量可记作 ss_w。

```
ss_w = np.sum(resid ** 2)
ss_w
```

```
6.0
```

# 8-3-12　**实现**　方差分析②：计算组间方差与组内方差

手动进行方差分析的第 2 步是计算组间方差与组内方差。

## 1. 计算方法

样本方差就是样本的偏差平方和除以样本容量得到的数值。在计算无偏方差时，除数为样本容量减 1。

同理，在方差分析中计算组间方差和组内方差时，分母也不是样本容量，而是自由度。这样求得的方差也叫作均方。

组间差异的自由度取决于水平个数。本例中有阴、雨、晴 3 个水平，用 3 减去 1，即可得到自由度为 2。

组内差异的自由度取决于样本容量和水平个数。本例中的样本容量为 6，减去水平个数（3），得到自由度为 3。

## 2. 使用 Python 计算

在代码中，定义变量 df_b 为组间差异的自由度，df_w 为组内差异的自由度，其中的 df 是 degree of freedom（自由度）的缩写。

```
df_b = 2 # 组间差异的自由度
df_w = 3 # 组内差异的自由度
```

组间方差按以下方式计算。

```
sigma_b = ss_b / df_b
sigma_b
```
```
32.0
```

组内方差按以下方式计算。

```
sigma_w = ss_w / df_w
sigma_w
```
```
2.0
```

# 8-3-13　实现　方差分析③：计算 $F$ 比和 $p$ 值

手动进行方差分析的最后一步是计算 $F$ 比和 $p$ 值。$F$ 比就是组间方差与组内方差的比。

```
f_ratio = sigma_b / sigma_w
f_ratio
```
```
16.0
```

如果 $F$ 比的值较大，说明效应的影响比误差的影响大，因此可以认为存在显著性差异。那么，多大的 $F$ 比算较大呢？这就要用到 $p$ 值了。

已知使用上述方法计算出的 $F$ 比服从 $F$ 分布。使用 $F$ 分布可以计算出 $p$ 值，即若零假设正确，检验统计量 $F$ 比与实际值相同或为极端值的概率。

$p$ 值可通过 stats.f.cdf 函数，即使用 $F$ 分布的累积分布函数来计算。参数为 $F$ 比的值、组间差异的自由度和组内差异的自由度。

```
p_value = 1 - stats.f.cdf(x=f_ratio, dfn=df_b, dfd=df_w)
round(p_value, 3)
```
```
0.025
```

$p$ 值小于 0.05，所以可以认为天气显著影响啤酒销售额。

# 8-3-14　单因素方差分析的计算过程

我们总结一下单因素方差分析的计算过程。

## 1. 计算过程

方差分析将数据的差异分为效应和误差，并将二者量化为方差。效应为组间差异，误差为组内差异。

组间方差与组内方差的比值是统计量 $F$ 比。若总体服从同方差正态分布且假定零假设正确时的 $F$ 比服从 $F$ 分布，则可以使用 $F$ 分布的累积

分布函数计算 $p$ 值，并与 0.05 比较。

## 2. 计算过程中涉及的数学式

我们来梳理一下使用 Python 代码分 3 步完成方差分析的过程中涉及的数学式。如果读者觉得数学式比较难理解，不妨大致读一下就跳过。

待检验的数据记作 $y_{ij}$，表示第 $j$ 个水平中的第 $i$ 个数据。第 $j$ 个水平的均值记作 $\bar{y}_j$。总水平数为 $J$ 且 $J = 3$。

各水平中的数据个数记作 $n_j$。在本例中，$n_1 = n_2 = n_3 = 2$。总样本容量 $n$ 计算如下：

$$n = \sum_{j=1}^{J} n_j \tag{8-32}$$

第 $j$ 个水平的均值 $\bar{y}_j$ 计算如下：

$$\bar{y}_j = \frac{1}{n_j} \sum_{i=1}^{n_j} y_{ij} \tag{8-33}$$

在本例中，各水平中的数据和其均值如下表所示。

| | 阴天 $j=1$ | 雨天 $j=2$ | 晴天 $j=3$ |
|---|---|---|---|
| $i=1$ | $y_{11}=6$ | $y_{12}=2$ | $y_{13}=10$ |
| $i=2$ | $y_{21}=8$ | $y_{22}=4$ | $y_{23}=12$ |
| 均值 | $\bar{y}_1=7$ | $\bar{y}_2=3$ | $\bar{y}_3=11$ |

所有数据的均值 $\bar{y}$ 计算如下：

$$\bar{y} = \frac{1}{n} \sum_{j=1}^{J} \sum_{i=1}^{n_j} y_{ij} \tag{8-34}$$

双重 $\Sigma$ 符号的部分看似复杂，其实仅表示先计算上表中各列的总和，再计算这些总和的总和。

水平间的平方和（组间偏差平方和）计算如下：

$$SS_B = \sum_{j=1}^{J} n_j \left( \bar{y}_j - \bar{y} \right)^2 \qquad (8\text{-}35)$$

无法通过效应解释的变化就是误差（残差），计算如下：

$$e_{ij} = y_{ij} - \bar{y}_j \qquad (8\text{-}36)$$

水平内的平方和（组内偏差平方和）计算如下：

$$SS_W = \sum_{j=1}^{J} \sum_{i=1}^{n_j} e_{ij}^2 \qquad (8\text{-}37)$$

接下来计算用于计算均方的自由度。水平间的自由度（组间差异的自由度）$df_B$ 与水平内的自由度（组内差异的自由度）$df_W$ 分别计算如下：

$$\begin{aligned} df_B &= J - 1 \\ df_W &= n - J \end{aligned} \qquad (8\text{-}38)$$

水平间的均方（组间方差）$\sigma_B$ 与水平内的均方（组内方差）$\sigma_W$ 分别计算如下：

$$\begin{aligned} \sigma_B &= \frac{SS_B}{df_B} \\ \sigma_W &= \frac{SS_W}{df_W} \end{aligned} \qquad (8\text{-}39)$$

$F$ 比的计算如下：

$$F = \frac{\sigma_B}{\sigma_W} \qquad (8\text{-}40)$$

如果总体服从同方差正态分布，且 $y_{ij}$ 是来自其中的随机样本，那么假定零假设正确时的 $F$ 比服从 $F$ 分布 $F\left( df_B, df_W \right)$。因此我们可以使用 $F$ 分布来计算 $p$ 值。

## 8-3-15 (术语) 平方和分解

各数据（$y_{ij}$）与所有数据均值（$\bar{y}$）的差值的平方和称为总平方和，

记作$SS_T$，其中的 T 是单词 Total 的首字母，代表总计：

$$SS_T = \sum_{j=1}^{J}\sum_{i=1}^{n_j}\left(y_{ij}-\bar{y}\right)^2 \tag{8-41}$$

总平方和$SS_T$等于水平间平方和$SS_B$与水平内平方和$SS_W$之和，这称为**平方和分解**。下式与 8-2-4 节介绍决定系数时出现的式（8-25）非常相似：

$$SS_T = SS_B + SS_W \tag{8-42}$$

## 8-3-16　解释变量为分类变量的正态线性模型

下面从正态线性模型的角度解释方差分析。根据天气预测啤酒销售额的正态线性模型如下：

$$啤酒销售额 \sim \mathcal{N}\left(\beta_0 + \beta_1 \times 雨 + \beta_2 \times 晴, \sigma^2\right) \tag{8-43}$$

变量“雨”在雨天时为 1，在其余天气下为 0。变量“晴”同理。系数$\beta_1$代表雨天对销售额的影响程度，系数$\beta_2$代表晴天对销售额的影响程度。

雨天和晴天之外的情况就是阴天，当二者对应的变量为 0 时，$\beta_0$就代表阴天对销售额的影响程度。

## 8-3-17　（术语）虚拟变量

为了在建模时使用分类变量，我们引入了**虚拟变量**。在 8-3-16 节的示例中，雨天时为 1 且在其余天气下为 0 的变量“雨”就是虚拟变量。像天气这样的分类变量不能直接应用于模型中，此时就需要使用虚拟变量代替。

使用 statsmodels 建模的过程与使用一元回归模型建模的过程类似，因而我们很少会意识到虚拟变量的存在。

## 8-3-18 〔实现〕 statsmodels 中的方差分析

下面我们为之前用来进行单因素方差分析的数据建立正态线性模型。不论解释变量是连续变量还是分类变量，都可以使用 `smf.ols` 函数建立模型。

```
anova_model = smf.ols(formula='beer ~ weather',
                      data = weather_beer).fit()
```

建立模型后就可以通过 `sm.stats.anova_lm` 函数方便地进行方差分析了。参数 `typ=2` 的含义将在 8-4 节介绍。$F$ 比（16）与 $p$ 值（0.025）与 8-3-13 节中的计算结果一致。

```
print(sm.stats.anova_lm(anova_model, typ=2))

          sum_sq   df     F   PR(>F)
weather     64.0  2.0  16.0   0.025
Residual     6.0  3.0   NaN     NaN
```

另外，通过如下代码计算出的总平方和 $SS_T$（70）确实是 $SS_B$（64）与 $SS_W$（6）之和。

```
# 总平方和
np.sum((y - y_bar)**2)

70.0
```

## 8-3-19 〔术语〕 方差分析表

`sm.stats.anova_lm` 函数的输出结果就是**方差分析表**。

在方差分析表中，`sum_sq` 列中的两个值分别是组间偏差平方和与组内偏差平方和，`df` 列为自由度，另外还有 $F$ 比和 $p$ 值。从表中还可以推算出样本容量和水平个数。

## 8-3-20　模型系数的含义

首先打印估计出的模型系数。

```
anova_model.params
Intercept           7.0
weather[T.rainy]   -4.0
weather[T.sunny]    4.0
dtype: float64
```

然后把它们和模型的数学式放在一起观察：

$$啤酒销售额 \sim \mathcal{N}\left(\beta_0 + \beta_1 \times 雨 + \beta_2 \times 晴, \sigma^2\right) \tag{8-44}$$

Intercept 与 $\beta_0$ 对应，因此阴天的销售额均值为 7。雨天的销售额均值为阴天的销售额均值加上系数 weather[T.rainy]，即 $7-4=3$。同理，晴天的销售额均值为 $7+4=11$。

## 8-3-21　实现　使用模型分离效应和误差

使用估计出的模型系数可以得到训练集的拟合值。

```
fitted = anova_model.fittedvalues
fitted
0    7.0
1    7.0
2    3.0
3    3.0
4    11.0
5    11.0
dtype: float64
```

拟合值与各水平的均值相等。可见，对于解释变量为分类变量的正态线性模型，拟合值就是各水平的均值。

真实值与拟合值的差就是残差。与 8-2 节的操作方法一样，我们直接通过 resid 属性获取残差。

```
anova_model.resid
```

```
0    -1.0
1     1.0
2    -1.0
3     1.0
4    -1.0
5     1.0
dtype: float64
```

剩下的计算过程已在 8-3-11~8-3-14 节介绍，这里不再重复。总之，我们可以借助统计模型中的拟合值与残差实现方差分析。

## 8-3-22 实现 回归模型中的方差分析

方差分析广泛应用于正态线性模型。当解释变量为连续变量时，方差分析依然有效。

### 1. 估计模型

这里先重新建立 8-1 节的模型。

```
# 读入数据
beer = pd.read_csv('8-1-1-beer.csv')

# 估计模型
lm_model = smf.ols(formula='beer ~ temperature',
                   data = beer).fit()
```

与解释变量为分类变量的模型类似，我们同样可以用该模型的拟合值与残差计算 $F$ 比。

### 2. 计算 $F$ 比

在求 $F$ 比之前，要先定义好自由度。当解释变量为连续变量时，组间差异的自由度改称为**模型自由度**，组内差异的自由度改称为**残差自由度**。

当解释变量为分类变量时，组间差异的自由度等于水平个数减去

1。与此类似，模型自由度等于参与估计的参数个数减去 1。一元回归模型的参数（系数）只有截距和斜率 2 个，因此模型自由度为 1。

样本容量减去参与估计的参数个数就是残差自由度。在本例中，样本容量为 30，从中减去参数个数 2，得到残差自由度为 28。这两种自由度可以从已估计出参数的模型 lm_model 中获取。

```
print('模型自由度: ', lm_model.df_model)
print('残差自由度: ', lm_model.df_resid)

模型自由度: 1.0
残差自由度: 28.0
```

$F$ 比的计算方法如下。变量 ss_model 和变量 ss_resid 分别表示式（8-39）中的 $SS_B$ 和 $SS_W$。变量 sigma_model 和变量 sigma_resid 分别表示该式中的 $\sigma_B$ 和 $\sigma_W$。

```
# 响应变量
y = beer.beer
# 拟合值
effect = lm_model.fittedvalues
# 残差
resid = lm_model.resid
# 气温的影响的大小
y_bar = np.mean(y)
ss_model = np.sum((effect - y_bar) ** 2)
sigma_model = ss_model / lm_model.df_model
# 残差的大小
ss_resid = np.sum((resid) ** 2)
sigma_resid = ss_resid / lm_model.df_resid
# F比
f_value_lm = sigma_model / sigma_resid
round(f_value_lm, 3)

28.447
```

我们可以用这个 $F$ 比计算 $p$ 值，结果在 3 位小数内均为 0。

## 3. 方差分析

对照打印出的方差分析表可知，这样计算出的 $F$ 比与表中的 $F$ 比一致。

```
print(sm.stats.anova_lm(lm_model, typ=2))

              sum_sq   df      F       PR(>F)
temperature  1651.532  1.0   28.447   1.115e-05
Residual     1625.582  28.0   NaN        NaN
```

上述结果中的部分数据也可以通过 summary 函数获取。

```
lm_model.summary()
```

在如下输出结果中，F-statistic 就是 $F$ 比，Prob(F-statistic) 则是方差分析的 $p$ 值。

（省略部分输出内容）

| Dep.Variable: | beer | R-squared: | 0.504 |
|---|---|---|---|
| Model: | OLS | Adj.R-squared: | 0.486 |
| Method: | Least Squares | F-statistic: | 28.45 |
| Date: | Fri, 01 Oct 2021 | Prob(F-statistic): | 1.11e-05 |

另外，若只有一个解释变量，则系数的 $t$ 检验结果与方差分析的结果一致。但当存在多个解释变量时，二者一般不相等。

## 4. 平方和分解

平方和分解的数学式 $SS_T = SS_B + SS_W$ 在回归分析中也成立。下面我们来确认这一点。在下面的代码中，$SS_B$ 和 $SS_W$ 分别用变量 ss_model 和 ss_resid 表示。

```
print('总平方和       : ', round(np.sum((y - y_bar) ** 2), 3))
print('SS_B + SS_W : ', round(ss_model + ss_resid, 3))

总平方和     :  3277.115
SS_B + SS_W :  3277.115
```

相当于组间偏差平方和的 ss_model 还有另一种计算方法，即从总平方和中减去残差平方和。在方差分析表中，temperature 行在 sum_ sq 列中的值 1651.532 就是 `ss_model` 的取值。从总平方和 `np.sum((y - y_bar) ** 2)` 中减去残差平方和 `np.sum((resid) ** 2)` 可以得到相同的结果。

```
# ss_model的另一种计算方法
round(np.sum((y - y_bar)**2) - np.sum((resid) ** 2), 3)
```

```
1651.532
```

　　随着解释变量个数的增多，计算 `ss_model` 的方法会更加复杂。8-4 节介绍 Type II 检验时将进行详细说明。

# 8-4

# 含有多个解释变量的模型

本节将讨论含有多个解释变量的正态线性模型，并重点讲解用于比较两条回归直线的协方差分析，还将介绍协变量和交互作用项这两个概念及其使用方法。最后，对 statsmodels 中 formula 参数的功能进行总结，并为构建复杂模型提供辅助性技术参考。

## 8-4-1　实现　环境准备

首先导入所需的库。

```
# 用于数值计算的库
import numpy as np
import pandas as pd
from scipy import stats
# 设置浮点数打印精度
pd.set_option('display.precision', 3)
np.set_printoptions(precision=3)

# 用于绘图的库
from matplotlib import pyplot as plt
import seaborn as sns
sns.set()

# 用于估计统计模型的库
import statsmodels.formula.api as smf
import statsmodels.api as sm
```

然后读入按品牌记录的虚构的销售额数据，并将其保存到变量

brand_1 中。

```
brand_1 = pd.read_csv('8-4-1-brand-1.csv')
print(brand_1.head(n=3))

   sales brand  local_population
0  348.0    A             215.1
1  169.7    A             152.0
2  143.7    A             107.7
```

sales 列是销售额（单位为万日元），brand 列是品牌名称，local_population 列是店铺所在区域的人口数量（单位为千人）。品牌有 A 和 B 两种。

```
brand_1.brand.value_counts()

A    15
B    15
Name: brand, dtype: int64
```

## 8-4-2　实现　错误的分析：只比较均值

在介绍多解释变量模型之前，我们先来了解为什么只比较均值是一种错误的分析方法。

### 1. 比较均值

假设营销人员想比较各品牌的销售额。首先来看一种错误的分析方法——只比较各品牌均值的差异。

```
print(brand_1.groupby('brand').mean())

        sales  local_population
brand
A     283.707           268.973
B     403.927           437.933
```

从结果中的 sales 列来看，品牌 B 的销售额似乎更高。然而，

`local_population` 列的数据说明出售品牌 B 的店铺所在区域的人口数量更多。

下面绘制出这两个品牌销售额的箱形图（见图 8-4-1）。图形也反映出品牌 B 的销售额高于品牌 A 的销售额。

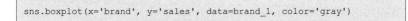

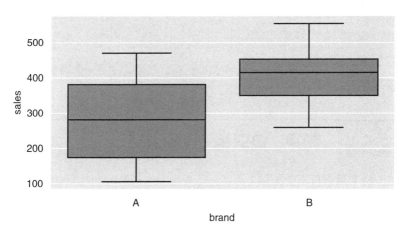

图 8-4-1　比较不同品牌销售额的箱形图

## 2. 建立只含有一个解释变量的模型

下面仅使用品牌这个解释变量建立正态线性模型。模型名称为 `lm_bad_1`，暗示这里采用了一种错误的分析方法。我们只查看包含估计出的系数和 $p$ 值的表格即可。

```
lm_bad_1 = smf.ols('sales ~ brand', brand_1).fit()
lm_bad_1.summary().tables[1]
```

|  | coef | std err | t | P>\|t\| | [0.025 | 0.975] |
|---|---|---|---|---|---|---|
| Intercept | 283.7067 | 26.602 | 10.665 | 0.000 | 229.214 | 338.199 |
| brand[T.B] | 120.2200 | 37.622 | 3.196 | 0.003 | 43.156 | 197.284 |

brand[T.B] 的系数（coef 列）说明，品牌 B 的销售额比品牌 A 的销售额平均高出约 120 万日元。$p$ 值为 0.003，小于 0.05。

方差分析结果中的 $p$ 值也接近 0，似乎也表明品牌显著影响了销售额。

```
print(sm.stats.anova_lm(lm_bad_1, typ=1).round(3))

            df      sum_sq      mean_sq        F  PR(>F)
brand      1.0  108396.363  108396.363  10.211   0.003
Residual  28.0  297230.019   10615.358     NaN     NaN
```

乍看之下，品牌 B 的销售额似乎更高。然而，这是一个明显的分析错误。

## 8-4-3　术语　协变量

**协变量**是指不受关注，但在一定程度上间接影响响应变量的变量。在上述示例中，我们只关注了品牌对销售额的影响。然而，店铺所在区域的人口数量这一协变量会间接影响销售额。

如果存在协变量，则应该在进行比较之前消除协变量的影响。例如，尽量从当地人口数量大致相同的店铺收集数据。除了想要比较的方面（在本例中为品牌），其他方面都相同，如果能在这样的条件下获取数据，就可以消除协变量的影响。

不过，有时可能无法获取不受协变量影响的数据。例如，店铺的选址事实上很难随心所欲，这就常常导致当地人口数量这一协变量存在明显差异。此时，就需要使用统计模型了。

## 8-4-4　实现　比较回归直线的截距

下面介绍如何在调整协变量影响的基础上评估品牌对销售额的影响。

### 1. 基本概念

要想评估不同品牌带来的销售额差异，就要先去除当地人口数量这一协变量的影响。为此，我们不仅要将感兴趣的变量（在本例中为品牌）放入模型，还要将协变量一同纳入模型。

下面我们通过比较两条回归直线的方法来调整协变量的影响。8-1 节曾提到，回归分析可用于预测响应变量。于是，我们先进行如下两个简单的一元回归分析。

$$品牌A的销售额 \sim \mathcal{N}\left(\beta_0 + \beta_1 \times 当地人口数量,\ \sigma^2\right) \tag{8-45}$$

$$品牌B的销售额 \sim \mathcal{N}\left(\beta_2 + \beta_1 \times 当地人口数量,\ \sigma^2\right) \tag{8-46}$$

品牌 A 的模型中的截距为 $\beta_0$，品牌 B 的模型中的截距为 $\beta_2$。假设当地人口数量的系数在这两个模型中相同，均为 $\beta_1$。

如果当地人口数量均为 400，则品牌 A 和品牌 B 的销售额均值分别为：

$$品牌A的销售额均值 = \beta_0 + \beta_1 \times 400 \tag{8-47}$$

$$品牌B的销售额均值 = \beta_2 + \beta_1 \times 400 \tag{8-48}$$

两品牌的销售额均值之差为 $\beta_2 - \beta_0$。这意味着，通过比较两个回归模型的截距，就可以评估出在当地人口数量相等的情况下销售额均值的差异。

通过比较回归直线来调整协变量的影响，这种方法很常用，请读者牢记。

## 2. 含有两个解释变量的模型

这次我们创建一个兼顾品牌影响和当地人口数量影响的模型 `lm_model_1`。只需用 "+" 号连接多个解释变量就可以将它们都放入模型中。因此在下面的代码中，`formula` 参数的值为 `'sales ~ brand + local_population'`。

既含有连续型解释变量（本例中的 `local_population`），也含有分类型解释变量（本例中的 `brand`）的模型称为协方差分析模型。不过，若使用 statsmodels 来建立正态线性模型，也就无须记住这个术语了。

```
lm_model_1 = smf.ols('sales ~ brand + local_population',
                     data=brand_1).fit()
lm_model_1.summary().tables[1]
```

|  | coef | std err | t | P>ltl | [0.025 | 0.975] |
|---|---|---|---|---|---|---|
| Intercept | 101.0946 | 31.535 | 3.206 | 0.003 | 36.389 | 165.800 |
| brand[T.B] | 5.5093 | 28.768 | 0.192 | 0.850 | −53.518 | 64.537 |
| local_population | 0.6789 | 0.100 | 6.790 | 0.000 | 0.474 | 0.884 |

上述模型数学式中的系数 $\beta_0$ 对应的是 Intercept。$\beta_2$ 由 Intercept + brand[T.B] 计算得出。要注意系数 brand[T.B] 是截距的变化量，而不是截距本身。系数 $\beta_1$ 对应的是 local_population。

从 brand[T.B] 来看，品牌 B 的销售额仅比品牌 A 的销售额平均高约 5.5 万日元。这与未包含协变量的模型有很大区别。$p$ 值为 0.850，若显著性水平为 0.05，则表明品牌并未显著影响销售额。另外，本来还应该通过残差诊断来评估模型，但限于篇幅，此处不再详细介绍。

## 3. 比较回归直线

下面针对各品牌，分别绘制当地人口数量与销售额的回归直线（见图 8-4-2）。注意，当地人口数量的系数也是按品牌分别估计的。

```
sns.lmplot(x='local_population', y='sales', data=brand_1,
           col='brand',
           scatter_kws = {'color': 'black'},
           line_kws    = {'color': 'black'},
           ci=None, height=4, aspect=1)
```

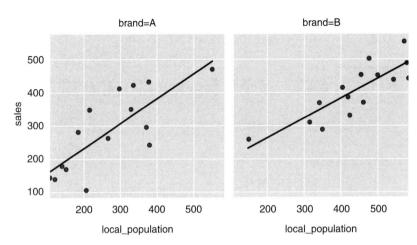

图 8-4-2　按品牌绘制出的当地人口数量与销售额的回归直线

从图 8-4-2 可以看出，品牌 A 在人口数量较少的区域开设了多家店铺，而品牌 B 在人口数量较多的区域开设了多家店铺。如果当地人口数量相同，则数据中没有证据表明品牌 A 和品牌 B 的销售额存在差异。

## 8-4-5　实现　使用普通的方差分析进行检验

当存在多个解释变量时，普通的方差分析通常会产生违反直觉的结果。尽管如此，我们还是从普通的方差分析入手。当指定 `typ=1` 时，`anova_lm` 函数会进行普通的方差分析（也称为 Type I ANOVA 或 Type I 检验）。具体细节可参考 Dobson and Barnett (2015)。

```
print(sm.stats.anova_lm(lm_model_1, typ=1).round(3))
```

|  | df | sum_sq | mean_sq | F | PR(>F) |
| --- | --- | --- | --- | --- | --- |
| brand | 1.0 | 108396.363 | 108396.363 | 26.658 | 0.0 |
| local_population | 1.0 | 187442.822 | 187442.822 | 46.098 | 0.0 |
| Residual | 27.0 | 109787.197 | 4066.192 | NaN | NaN |

从上述检验结果可知，所有解释变量似乎都是必要的。但请注意 `brand` 行 `sum_sq` 列的值为 108396.363，它与只含有一个解释变量的

错误模型 `lm_bad_1` 计算出的偏差平方和相同。这说明尽管解释变量的数量增加了，却没有进行与之相应的检验。

## 8-4-6　**实现**　多个解释变量的平方和计算

下面介绍对多解释变量模型应用 Type I 检验的计算方法。

### 1. 建立空模型

先建立一个无解释变量的空模型，并求它的残差平方和。

```
# 空模型的残差平方和
mod_null = smf.ols('sales ~ 1', brand_1).fit()
resid_sq_null = np.sum(mod_null.resid ** 2)
round(resid_sq_null, 3)
```

```
405626.382
```

### 2. 比较空模型与品牌模型

计算品牌模型 `lm_bad_1`（仅含有品牌这一个解释变量）的残差平方和。

```
# 品牌模型的残差平方和
resid_sq_brand = np.sum(lm_bad_1.resid ** 2)
round(resid_sq_brand, 3)
```

```
297230.019
```

求空模型与品牌模型的残差平方和的差。

```
round(resid_sq_null - resid_sq_brand, 3)
```

```
108396.363
```

这个差值在方差分析表中也有体现（已用粗体加下划线标示出来）。

```
print(sm.stats.anova_lm(lm_bad_1, typ=1).round(3))
```

|  | df | sum_sq | mean_sq | F | PR(>F) |
|---|---|---|---|---|---|
| brand | 1.0 | **108396.363** | 108396.363 | 10.211 | 0.003 |
| Residual | 28.0 | 297230.019 | 10615.358 | NaN | NaN |

可见，向空模型中加入品牌这一解释变量后，品牌对应的组间偏差平方和正是减小的残差平方和。

## 3. 比较品牌模型与品牌+当地人口数量模型

我们继续计算品牌 + 当地人口数量模型 lm_model_1（含有品牌和当地人口数量这两个解释变量）的残差平方和。

```
# 品牌+当地人口数量模型的残差平方和
resid_sq_all = np.sum(lm_model_1.resid ** 2)
round(resid_sq_all, 3)
```

```
109787.197
```

从品牌模型的残差平方和中减去该模型的残差平方和。

```
round(resid_sq_brand - resid_sq_all, 3)
```

```
187442.822
```

这个差值又出现在了方差分析表中。

```
print(sm.stats.anova_lm(lm_model_1, typ=1).round(3))
```

|  | df | sum_sq | mean_sq | F | PR(>F) |
|---|---|---|---|---|---|
| brand | 1.0 | 108396.363 | 108396.363 | 26.658 | 0.0 |
| local_population | 1.0 | **187442.822** | 187442.822 | 46.098 | 0.0 |
| Residual | 27.0 | 109787.197 | 4066.192 | NaN | NaN |

也就是说，Type I 检验会通过逐一增加解释变量的数量，并基于因解释变量个数的增加而减小的残差平方和来计算解释变量的效应大小（方差分析表中的 sum_sq 列）。使用此方法时，仅改变解释变量的添加顺序，就有可能使 sum_sq 列中的值增大，进而影响对解释变量必要性的判断。

后面还会介绍 Type II 检验和 Type III 检验（Dobson and Barnett (2015)），

选择使用哪种检验方法可能一时难以确定，但我们至少应该了解 Type I 检验的特点。

## 8-4-7 （术语）调整平方和

Type I 检验按如下顺序对比残差平方和。

先建立如下模型。

- 模型 0：响应变量 ~ +残差平方和
- 模型 1：响应变量 ~ 变量 $\alpha$ +残差平方和
- 模型 2：响应变量 ~ 变量 $\alpha$ + 变量 $\beta$ +残差平方和
- 模型 3：响应变量 ~ 变量 $\alpha$ + 变量 $\beta$ + 变量 $\gamma$ +残差平方和

再分别对比模型 0 与模型 1 的残差平方和、模型 1 与模型 2 的残差平方和……以此来检验各解释变量的必要性。

Type II 检验按如下顺序对比残差平方和。

先建立如下模型。

- 模型 0：响应变量 ~ 变量 $\alpha$ + 变量 $\beta$ + 变量 $\gamma$ +残差平方和
- 模型 1：响应变量 ~ 变量 $\beta$ + 变量 $\gamma$ +残差平方和
- 模型 2：响应变量 ~ 变量 $\alpha$ + 变量 $\gamma$ +残差平方和
- 模型 3：响应变量 ~ 变量 $\alpha$ + 变量 $\beta$ +残差平方和

再分别对比每个模型与模型 0 的残差平方和。

Type II 检验根据"因解释变量的减少而增加的残差平方和"来量化解释变量的效应。即使解释变量的顺序不同，检验的结果也不会改变。通过这种方法得到的组间偏差平方和叫作**调整平方和**。

## 8-4-8 （实现）Type II 检验

Type II 检验的实现方法如下。

### 1. 计算调整平方和

先计算 brand 的调整平方和，即因从品牌 + 当地人口数量模型中去除品牌这个解释变量而增加的残差平方和。为此，需要先建立一个仅包含当地人口数量的模型，并计算其残差平方和。

```
# 当地人口数量模型的残差平方和
lm_model_pop = smf.ols('sales ~ local_population',
                       data=brand_1).fit()
resid_sq_pop = np.sum(lm_model_pop.resid ** 2)
round(resid_sq_pop, 3)
```

```
109936.322
```

然后计算品牌 + 当地人口数量模型的残差平方和 resid_sq_all 与该模型的残差平方和 resid_sq_pop 之间的差值。

```
round(resid_sq_pop - resid_sq_all, 3)
```

```
149.125
```

即使去除品牌这个解释变量，残差平方和也没有增加太多。当使用调整平方和时，品牌的影响力似乎会显著降低。

## 2. 进行 Type II 检验

当指定 typ=2 时，anova_lm 函数会进行使用了调整平方和的 Type II 检验。brand 的调整平方和为 149.125。

```
print(sm.stats.anova_lm(lm_model_1, typ=2).round(3))

                      sum_sq    df       F  PR(>F)
brand                149.125   1.0   0.037    0.85
local_population  187442.822   1.0  46.098    0.00
Residual          109787.197  27.0     NaN     NaN
```

由于 $p$ 值为 0.85，因此不能认为品牌显著影响销售额。如果只有一个解释变量，则 Type I 检验与 Type II 检验的结果一致。

另外，statsmodels 库还提供了直接对比两个模型的函数。

```
np.round(lm_model_1.compare_f_test(lm_model_pop), 3)
```

```
array([0.037, 0.85 , 1.   ])
```

输出的 3 个值分别为 $F$ 比、$p$ 值与两个模型自由度的差。

## 8-4-9　实现　读入新数据

下面读入一份结构更复杂的数据。

```
brand_2 = pd.read_csv('8-4-2-brand-2.csv')
print(brand_2.head(n=3))

   sales brand  local_population
0  385.8     A             265.6
1  473.0     A             386.1
2  451.6     A             522.7
```

brand_2 与 brand_1 看似相同，但实际上，若忽略了称为交互作用的影响，就无法为 brand_2 这份数据正确建模。

## 8-4-10　术语　交互作用

当解释变量之间相互影响时，需要引入一个称为**交互作用**的项。如果情况比较复杂，仅通过解释变量的影响总和无法表示，那么通过引入交互作用项，就可以对这类情况进行建模。

无交互作用的解释变量的效应称为**主效应**。

## 8-4-11　实现　错误的分析：模型中未包含交互作用

为了对比，我们先建立一个不含交互作用的模型，并对其进行 Type II 检验。

```
lm_bad_2 = smf.ols('sales ~ brand + local_population',
                   brand_2).fit()
print(sm.stats.anova_lm(lm_bad_2, typ=2).round(3))
```

|                  | sum_sq     | df   | F       | PR(>F) |
|------------------|------------|------|---------|--------|
| brand            | 34.275     | 1.0  | 0.007   | 0.933  |
| local_population | 484195.711 | 1.0  | 100.427 | 0.000  |
| Residual         | 226604.693 | 47.0 | NaN     | NaN    |

在 brand 的方差分析结果中，$p$ 值为 0.933，这意味着品牌并未显著影响销售额。然而，若针对各品牌，分别绘制当地人口数量与销售额的回归直线（见图 8-4-3）并加以比较，应该会发现上述分析并不正确。

```
sns.lmplot(x='local_population', y='sales', data=brand_2,
        col='brand',
        scatter_kws = {'color': 'black'},
        line_kws    = {'color': 'black'},
        ci=None, height=4, aspect=1)
```

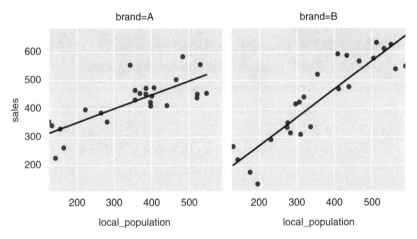

图 8-4-3　按品牌绘制出的当地人口数量与销售额的回归直线（存在交互作用）

从图 8-4-3 中可以看出，这两个品牌的回归直线的斜率并不相同。于是我们认为，在这种情况下，品牌的影响和当地人口数量的影响不能直接叠加。建立的模型要能够反映不同品牌的回归直线具有不同的斜率这一点。为此，必须引入交互作用项。

## 8-4-12　实现　建立包含交互作用的模型

下面建立一个包含交互作用的模型并检查估计出的系数。当包含交互作用时，formula 参数中的"+"需要改为"*"。

```
lm_model_2 = smf.ols('sales ~ brand * local_population',
                     data=brand_2).fit()
lm_model_2.params

Intercept                          254.524
brand[T.B]                         -182.924
local_population                     0.486
brand[T.B]:local_population          0.508
dtype: float64
```

输出结果中不仅包含截距（Intercept）、品牌的影响（brand[T.B]）和当地人口数量的影响（local_population），还输出了由":"相连的交互作用项（brand[T.B]:local_population）的系数。

另外，下面两个 formula 参数的值所产生的结果相同。

sales ~ brand * local_population

sales ~ brand + local_population + brand:local_population

brand 和 local_population 构成的交互作用项记作 brand:local_population。因此，我们可以通过先使用"+"连接解释变量，再使用"+"加入交互作用项来建立包含交互作用的模型。

## 8-4-13　实现　Type III 检验

我们通常对包含交互作用项的模型进行 Type III 检验。

### 1. 进行 Type II 检验

若对 lm_model_2 模型进行 Type II 检验，则品牌的平方和（sum_sq）的值依然是 34.275，与针对不含交互作用的模型计算出的值相同。

```
print(sm.stats.anova_lm(lm_model_2, typ=2).round(3))
```

|  | sum_sq | df | F | PR(>F) |
|---|---|---|---|---|
| brand | 34.275 | 1.0 | 0.009 | 0.924 |
| local_population | 484195.711 | 1.0 | 130.689 | 0.000 |
| brand:local_population | 56176.608 | 1.0 | 15.163 | 0.000 |
| Residual | 170428.085 | 46.0 | NaN | NaN |

这说明如果考虑交互作用，就要使用 Type III 检验。

## 2. 计算调整平方和

我们先按照 8-4-8 节的方法计算调整平方和。`lm_model_2` 模型包含交互作用项及其他因素，它的残差平方和如下。

```
resid_sq_full = np.sum(lm_model_2.resid ** 2)
round(resid_sq_full, 3)
```
```
170428.085
```

再建立一个仅去除品牌效应的模型，并计算其残差平方和。

```
mod_non_brand = smf.ols(
    'sales ~ local_population + brand:local_population',
    data=brand_2).fit()
resid_sq_non_brand = np.sum(mod_non_brand.resid ** 2)
round(resid_sq_non_brand, 3)
```
```
220745.808
```

通过比较这两个残差平方和可知，从模型中去除品牌变量会使残差平方和增加 50317.723。这正是品牌这个解释变量的调整平方和。

```
round(resid_sq_non_brand - resid_sq_full, 3)
```
```
50317.723
```

## 3. 进行 Type III 检验

当使用调整平方和对包含交互作用项的模型进行方差分析时，可使用 Type III 检验。从 Type III 检验的输出结果来看，`brand` 的 $p$ 值小于

0.05，其余解释变量的$p$值也小于 0.05。也就是说，品牌（brand）和当地人口数量（local_population）显著影响了销售额。此外，交互作用项（brand:local_population）也有显著影响，因此可以认为品牌不同，回归直线的斜率也不同。

```
print(sm.stats.anova_lm(lm_model_2, typ=3).round(3))

                          sum_sq    df       F   PR(>F)
Intercept             195523.067   1.0  52.773    0.000
brand                  50317.723   1.0  13.581    0.001
local_population      100639.827   1.0  27.164    0.000
brand:local_population 56176.608   1.0  15.163    0.000
Residual              170428.085  46.0     NaN      NaN
```

## 8-4-14　实现　使用 AIC 进行变量选择

8-1-10 节介绍过如何使用 AIC 对一元回归模型进行变量选择，该方法同样适用于含有多个解释变量的模型。只需建立含有多个解释变量的模型，然后比较其 AIC 即可。下面我们来比较不含交互作用的模型的 AIC 和包含交互作用的模型的 AIC。

```
print('不含交互作用的模型的AIC', round(lm_bad_2.aic, 3))
print('包含交互作用的模型的AIC', round(lm_model_2.aic, 3))

不含交互作用的模型的AIC 568.841
包含交互作用的模型的AIC 556.596
```

包含交互作用的模型的 AIC 较小，这说明用于预测销量的模型需要包含交互作用。原则上应该对比由所有变量的不同子集建立的各模型的 AIC，限于篇幅，此处不再详细介绍。

如果使用 AIC 进行变量选择，就无须像方差分析那样更换计算方法，直接建模并计算 AIC 即可。AIC 在现代数据分析中能够发挥重要作用得益于其易用性。本书主要使用 AIC。

然而，正如过于相信统计假设检验的$p$值一样，过于相信 AIC 也存在问题。最好进行综合评估，包括对已获取的系数进行解释、对变量选择的结果进行解释，以及对残差进行检查等。

## 8-4-15 实现 交互作用项的含义

下面来解读包含交互作用项的模型中的系数。

### 1. 获取系数

先获取系数。

```
lm_model_2.params

Intercept                        254.524
brand[T.B]                      -182.924
local_population                   0.486
brand[T.B]:local_population        0.508
dtype: float64
```

为了便于后续使用，我们把各系数分别存放到独自的变量中。

```
Intercept = lm_model_2.params[0]
coef_brand_B = lm_model_2.params[1]
coef_local_population = lm_model_2.params[2]
Interaction = lm_model_2.params[3]
```

### 2. 预测 `local_population` 为 0 时的销售额

当模型包含由品牌的影响和当地人口数量的影响形成的交互作用时，其系数的含义不太容易解读。所以，我们先计算当地人口数量（`local_population`）为 0 时的预测值。

当 `brand` 为 A 且 `local_population` 为 0 时，预测值如下。

```
lm_model_2.predict(
    pd.DataFrame({'brand':['A'], 'local_population':[0]}))

0    254.524
dtype: float64
```

这个值和截距相等。

```
pred_1 = Intercept
round(pred_1, 3)
```

```
254.524
```

再来计算当 brand 为 B 且 local_population 为 0 时的预测值。

```
lm_model_2.predict(
    pd.DataFrame({'brand':['B'], 'local_population':[0]}))
```

```
0    71.599
dtype: float64
```

该值等于截距加上表示品牌 B 的影响的系数。

```
pred_2 = Intercept + coef_brand_B
round(pred_2, 3)
```

```
71.599
```

这两个结果都比较直观易懂。

## 3. 预测 `local_population` 为 150 时的销售额

下面我们尝试计算 local_population 不为 0 时的预测值。使用系数来复现 predict 函数的结果有些烦琐，请留意相关代码。

当 brand 为 A 且 local_population 为 150 时，预测值如下。请对照图 8-4-3 中的回归直线继续阅读（图 8-4-3 中两张图的横轴 local_population 的起点都约为 150）。

```
lm_model_2.predict(
    pd.DataFrame({'brand':['A'], 'local_population':[150]}))
```

```
0    327.413
dtype: float64
```

该值可通过截距和 local_population 的系数复现。

```
pred_3 = Intercept + coef_local_population * 150
round(pred_3, 3)
```

```
327.413
```

当 brand 为 B 且 local_population 为 150 时，预测值如下。
该值复现起来比较麻烦。

```
lm_model_2.predict(
    pd.DataFrame({'brand':['B'], 'local_population':[150]}))

0    220.679
dtype: float64
```

为了复现这个结果，截距、表示品牌 B 的影响的系数、local_
population 的系数及交互作用项的系数都需要参与计算。

```
pred_4 = Intercept + coef_brand_B + \
    (coef_local_population + Interaction) * 150
round(pred_4, 3)

220.679
```

品牌 A 和品牌 B 的回归直线的斜率不同，即 local_population
产生的影响取决于品牌。因此，单凭 local_population 的系数无法表
示这种影响，需要像 coef_local_population + Interaction 这
样把交互作用项也考虑在内才能表示。

交互作用项反映了由不同品牌引起的回归直线斜率的差异。品牌 A
的回归直线的斜率是 coef_local_population，而品牌 B 的回归
直线的斜率是 coef_local_population + Interaction。

因此，如果交互作用项与 0 之间存在显著性差异，则可认为不同品
牌的回归直线的斜率存在显著性差异。

## 4. 交互作用项的一般解释

本节引入的交互作用是由分类变量和连续变量组合而成的，实际
上，多个分类变量之间或多个连续变量之间也可以形成交互作用。

一般来说，我们可以将交互作用项视作由解释变量的乘积构成的解
释变量。

在本节的示例中，品牌是分类数据，所以需要定义一个对应的虚拟
变量（见 8-3 节）。当品牌为 A 时，虚拟变量的值为 0；当品牌为 B 时，
虚拟变量的值为 1。

包含交互作用项的模型可定义为：

$$
\begin{aligned}
销售额 \sim \mathcal{N}\big(&\beta_0 + \beta_1 \times 品牌虚拟变量 + \beta_2 \times 当地人口数量 \\
&+ \beta_3 \times 品牌虚拟变量 \times 当地人口数量, \sigma^2\big)
\end{aligned}
\tag{8-49}
$$

这里的 $\beta_0$、$\beta_1$、$\beta_2$ 和 $\beta_3$ 依次对应上述 Python 代码中的 `Intercept`、`coef_brand_B`、`coef_local_population` 和 `Interaction`。

当品牌为 A 时，品牌虚拟变量的值为 0，因此销售额的期望值可以这样计算：

$$
\begin{aligned}
销售额的期望值 &= \beta_0 + \beta_1 \times 0 + \beta_2 \times 当地人口数量 + \beta_3 \times 0 \times 当地人口数量 \\
&= \beta_0 + \beta_2 \times 当地人口数量
\end{aligned}
\tag{8-50}
$$

当品牌为 B 时，品牌虚拟变量的值为 1，因此销售额的期望值计算如下：

$$
\begin{aligned}
销售额的期望值 &= \beta_0 + \beta_1 \times 1 + \beta_2 \times 当地人口数量 + \beta_3 \times 1 \times 当地人口数量 \\
&= \beta_0 + \beta_1 + \beta_2 \times 当地人口数量 + \beta_3 \times 当地人口数量 \\
&= \beta_0 + \beta_1 + (\beta_2 + \beta_3) \times 当地人口数量
\end{aligned}
\tag{8-51}
$$

上述 Python 代码正是依据式（8-51）复现了品牌 B 的销售额的预测值。

## 8-4-16　实现　`formula` 参数的功能

我们来总结一下 statsmodels 中 `formula` 参数的功能。掌握这些功能有助于我们建立多样化的模型。

### 1. 将连续型解释变量转换为分类型解释变量

先来看一个常用功能，即将连续型解释变量转换为分类型解释变量。我们读入一份新数据，并将其保存到变量 `brand_3` 中。

```
brand_3 = pd.read_csv('8-4-3-brand-3.csv')
print(brand_3.head(n=3))

   sales  brand  local_population
0  385.8    0.0             265.6
```

```
1  473.0     0.0          386.1
2  451.6     0.0          522.7
```

品牌（brand）是分类数据，应被视作虚拟变量。不过，该列不是用 0 和 1，而是用 0.0 和 99.0 来区分两种品牌的。

```
brand_3.brand.value_counts()
```
```
0.0     25
99.0    25
Name: brand, dtype: int64
```

如果我们直接为 brand_3 建立正态线性模型，在分析时就会因品牌被误认为是定量数据，而难以解释估计出的系数。

```
# 品牌被误认为是定量数据，导致系数发生变化
lm_model_3 = smf.ols(
    'sales ~ brand * local_population',
    data=brand_3).fit()
lm_model_3.params
```
```
Intercept                 254.524
brand                      -1.848
local_population            0.486
brand:local_population      0.005
dtype: float64
```

不过，只要稍微改变 formula 参数的写法，就可以将 brand 转换为分类变量。

- 转换前: sales ~ brand * local_population
- 转换后: sales ~ C(brand) * local_population

下面可以正常进行模型估计了。

```
# 将brand转换为分类变量
lm_model_3_2 = smf.ols(
    'sales ~ C(brand) * local_population',
    data=brand_3).fit()
lm_model_3_2.params
```
```
Intercept                 254.524
```

```
C(brand)[T.99.0]                      -182.924
local_population                         0.486
C(brand)[T.99.0]:local_population        0.508
dtype: float64
```

## 2. formula 用法总结

下面整理一下本节用到的 formula 参数。sales 为响应变量。

- 仅包含截距的模型（空模型）：
  ```
  sales ~ 1
  ```
- 用品牌解释销售额的模型：
  ```
  sales ~ brand
  ```
- 用品牌和当地人口数量解释销售额的模型：
  ```
  sales ~ brand + local_population
  ```
- 用品牌、当地人口数量和交互作用项解释销售额的模型：
  ```
  sales ~ brand * local_population
  ```
  ```
  sales ~ brand + local_population + brand:
  local_population
  ```
- 将品牌转换为分类变量的模型：
  ```
  sales ~ C(brand) * local_population
  ```

关于 formula 参数的详细说明可参考 patsy 函数库的手册。

## 8-4-17　实现　设计矩阵

formula 参数看起来很神奇，稍加改变就能改变模型的定义。但实际上，它所做的仅仅是创建虚拟变量和交互作用项（解释变量的乘积）。为了深入理解 formula 语法，我们创建一份被称为**设计矩阵**的用于估计模型的数据。

从 patsy 库中导入 dmatrix 函数，即可创建包含交互作用项的设计矩阵。

```
from patsy import dmatrix
dmatrix('brand * local_population', brand_2)
```

```
DesignMatrix with shape (50, 4)
  Intercept  brand[T.B]  local_population  brand[T.B]:local_population
       1          0             265.6                              0.0
       1          0             386.1                              0.0
      ...
       1          1             505.1                            505.1
       1          1             355.1                            355.1
      ...
```

设计矩阵中包含品牌对应的虚拟变量 brand[T.B]，这是一个取值非 0 即 1 的分类变量。

此外，仅当该虚拟变量的值为 1 时，交互作用项（brand[T.B]:local_population）的值才与当地人口数量（local_population）的值相同。存储"虚拟变量 × 当地人口数量"的值是为了估计交互作用项。

第 **9** 章

# 广义线性模型

# 广义线性模型概述

本节将介绍广义线性模型的基础知识，为后续章节使用 Python 进行数据分析奠定基础。

当总体为"有或无"这种二值数据或"0 个、1 个、2 个……"这种取值为自然数的计数型数据时，假设总体服从正态分布似乎不太合理。这时需要引入广义线性模型（generalized linear model，GLM）。通过广义线性模型，我们可以统一处理分类问题与回归问题，相对于传统统计处理方法，这是一大进步。

本节先介绍广义线性模型的基本术语，然后讲解参数估计等实用内容。

## 9-1-1　广义线性模型的组成

广义线性模型由以下 3 个要素组成：

- 响应变量服从的概率分布
- 线性预测算子
- 联系函数

我们可以结合数据灵活改变这 3 个组成要素，这个优点使得广义线性模型适用于多种数据。下面介绍一下这些组成要素的含义及模型选择的步骤。

## 9-1-2　本书使用的概率分布

广义线性模型可以使用正态分布以外的概率分布。除了正态分布，本书主要使用二项分布（见 4-3 节）和泊松分布。

## 9-1-3 　术语　泊松分布

**泊松分布**是"0 个、1 个、2 个……"或"0 次、1 次、2 次……"这样的**计数型数据**所服从的离散型概率分布。计数型数据全是自然数，这与正态分布中取值范围为（ −∞, ∞ ）的实数数据大不相同。

泊松分布的概率质量函数的数学式如下：

$$\text{Pois}\left(x\mid\lambda\right)=\frac{\mathrm{e}^{-\lambda}\lambda^{x}}{x!} \tag{9-1}$$

泊松分布的参数只有 1 个，即强度 $\lambda$。服从泊松分布的随机变量的期望值和方差都是 $\lambda$。

9-4 节将详细介绍泊松分布。

## 9-1-4 　术语　指数型分布族

下面的内容比较难，读者可以先略过。

广义线性模型允许总体服从正态分布之外的概率分布。这些正态分布之外的概率分布形成了**指数型分布族**。指数型分布族虽然不包含正态分布，却拥有诸多正态分布的方便特性，这些特性有助于简化模型的估计和解读，具体特性可参考 Dobson and Barnett (2015)。下面介绍一下指数型分布族的形式化定义。

指数型分布族的概率分布如下：

$$f\left(x\mid\theta\right)=\exp\left[a\left(x\right)b\left(\theta\right)+c\left(\theta\right)+d\left(x\right)\right] \tag{9-2}$$

其中，$x$ 为随机变量，$\theta$ 为概率分布的参数。

$a\left(x\right)=x$ 的概率分布为规范形式，此时 $b\left(\theta\right)$ 为自然参数。

泊松分布就属于指数型分布族，且是规范形式。泊松分布的概率质量函数的数学式为：

$$\text{Pois}\left(x \mid \lambda\right) = \frac{e^{-\lambda}\lambda^{x}}{x!} \tag{9-3}$$

式（9-3）可变形为：

$$\text{Pois}\left(x \mid \lambda\right) = \exp\left(x \log \lambda - \lambda - \log x!\right) \tag{9-4}$$

由于 $a(x) = x$，因此式（9-4）是规范形式，自然参数为 $\log \lambda$。

## 9-1-5　指数型分布族常用的概率分布

除了正态分布，本书还大量使用了二项分布和泊松分布。可用于广义线性模型的概率分布不止于此，下面再介绍两种常用的概率分布。

### 1. 伽马分布

**伽马分布**与正态分布不同，它是非负的连续随机变量服从的概率分布，方差的值会随着均值的不同而变化（异方差）。

### 2. 负二项分布

**负二项分布**与泊松分布类似，也是计数型数据服从的概率分布，但它的方差大于泊松分布的方差。例如，存在群居现象的生物个体数量的方差远超泊松分布的范围，这种现象叫作**过度离散**。使用负二项分布可以很好地对此类数据建模。

### 3. statsmodels 中的其他概率分布

对于 statsmodels 中的其他概率分布，可以参考 statsmodels 官方文档中的 Generalized Linear Model（广义线性模型）技术文档。

## 9-1-6　术语　线性预测算子

**线性预测算子**使用线性关系式来表示解释变量。例如，设解释变量为气温，响应变量为啤酒销售额，则根据解释变量预测响应变量的线性预测算子如下：

$$\beta_0 + \beta_1 \times 气温（℃） \tag{9-5}$$

又如，建立一个模型来预测考试是否合格，学习时间越长越容易合格，则线性预测算子如下：

$$\beta_0 + \beta_1 \times 学习时间（小时） \tag{9-6}$$

再如，根据气温预测啤酒**销量**（而非销售额）的线性预测算子如下：

$$\beta_0 + \beta_1 \times 气温（℃） \tag{9-7}$$

这 3 个算子的结构相似，式（9-5）和式（9-7）甚至完全相同。但是，直接使用线性预测算子进行预测存在问题。

## 9-1-7 术语 联系函数

**联系函数**作用于响应变量，用于将响应变量和线性预测算子关联在一起。

假设要根据气温预测啤酒销量，一种比较简单的形式是：

$$啤酒销量 = \beta_0 + \beta_1 \times 气温（℃） \tag{9-8}$$

式（9-8）的值有可能小于 0，但销量不应该小于 0。在解决这个矛盾时，就要用到联系函数。

当以个数等计数型数据为对象时，联系函数多采用对数函数。现将对数函数应用于响应变量：

$$\log 啤酒销量 = \beta_0 + \beta_1 \times 气温（℃） \tag{9-9}$$

两边取以 e 为底的指数，得到：

$$啤酒销量 = \exp\left[\beta_0 + \beta_1 \times 气温（℃）\right] \tag{9-10}$$

指数函数的值始终大于 0，所以通过式（9-10）预测出的啤酒销量不可能小于 0。

对响应变量应用联系函数，可以对计数型数据、取值范围为 [0,1] 的成功概率等数据进行预测。

## 9-1-8　联系函数与概率分布的关系

概率分布与联系函数的常用组合如下。

| 概率分布 | 联系函数 | 模型名称 |
|---|---|---|
| 正态分布 | 恒等函数 | 正态线性模型 |
| 二项分布 | logit 函数 | 逻辑斯谛回归 |
| 泊松分布 | 对数函数 | 泊松回归 |

$f(x)=x$ 就是**恒等函数**，即没有任何变化的函数。在广义线性模型的框架中，正态线性模型无须变形，所以它的联系函数就是恒等函数。我们将在 9-2 节介绍 logit 函数。

此外，在正态分布中，有些模型以对数函数为联系函数，从而确保响应变量永远为正值。负二项分布也常以对数函数为联系函数。伽马分布则常以对数函数、倒数函数（$f(x)=1/x$）为联系函数。

## 9-1-9　广义线性模型的参数估计

除了正态分布，广义线性模型还可以使用其他概率分布，所以要使用最大似然法进行参数估计。关于似然函数的形式，我们将在介绍具体模型时详细介绍。

常用的参数估计算法为迭代加权最小二乘法。

## 9-1-10　广义线性模型的检验方法

本书使用 AIC 进行广义线性模型的选择，因为 AIC 计算起来相对容易，只需要获取最大对数似然和参数个数即可。

作为补充，下面介绍两种广义线性模型的常用检验方法。

　　在广义线性模型中，若使用的是正态分布以外的概率分布，无法直接进行回归系数的 $t$ 检验，但可以进行 **Wald 检验**。Wald 检验利用当样本容量很大时，最大似然估计量近似服从正态分布的特点。statsmodels 的输出中也出现了这个检验的结果。

　　在广义线性模型中还可以进行**似然比检验**，该检验方法用来比较模型的契合度，既可以采用与方差分析相同的方法解读，也可以采用与 Type II 检验（见 8-4 节）相同的方法解读。

# 9-2

# 逻辑斯谛回归

本节将介绍逻辑斯谛回归。我们先讲解逻辑斯谛回归的理论基础，再结合 Python 代码介绍分析方法。

## 9-2-1　術語　逻辑斯谛回归

**逻辑斯谛回归**是指概率分布为二项分布、联系函数为 logit 函数的广义线性模型。逻辑斯谛回归的解释变量可以有多个，连续型解释变量和分类型解释变量也可以同时存在。

## 9-2-2　本节示例

下面分析学习时间长短与考试合格与否的关系。建立不同学习时间下考试合格情况的数学模型，其线性预测算子如下：

$$\beta_0 + \beta_1 \times 学习时间（小时）\tag{9-11}$$

## 9-2-3　二值分类问题

当响应变量为二值变量（合格为 1，不合格为 0）时，使用下面的数学模型预测考试合格情况显然是不正确的（学习时间的单位为小时，以下省略）：

考试合格情况（合格为 1，不合格为 0）$= \beta_0 + \beta_1 \times$ 学习时间 （9-12）

学习时间是连续变量，所以作为预测值的考试合格情况可能是小数，也可能是负数。这就导致 "$\beta_0 + \beta_1 \times$ 学习时间" 的结果不一定是 0 或 1。

若改为根据学习时间预测考试合格率，而不是考试合格情况，则数学模型如下：

$$考试合格率 = \beta_0 + \beta_1 \times 学习时间 \qquad (9-13)$$

比起使用线性预测算子预测是 0 还是 1，这种模型似乎更加恰当，但依然存在问题，因为合格率的取值范围是 $[0,1]$，而式（9-13）的值既可能是负数，也可能是大于 1 的数。将 logit 函数用作联系函数就可以解决这类问题。

## 9-2-4　术语　logit 函数

logit 函数的数学式如下，对数的底为 e：

$$f(x) = \log \frac{x}{1-x} \qquad (9-14)$$

## 9-2-5　术语　反函数

已知函数 $f(a) = b$，互换 $a$ 与 $b$ 的位置，得到 $g(b) = a$，$g(x)$ 就是 $f(x)$ 的反函数。

例如，指数函数的反函数是对数函数。

## 9-2-6　术语　logistic 函数

**logistic 函数**（逻辑斯谛函数）是 logit 函数的反函数。设 logit 函数为 $f(x)$，logistic 函数为 $g(x)$，则 $g(f(x)) = x$，即对 $\text{logit}(x)$ 函数应用

logistic 函数后得到原值 $x$。

logistic 函数的数学式如下：

$$g(y) = \frac{1}{1 + \exp(-y)} \tag{9-15}$$

## 9-2-7 logistic 函数的性质

因为指数函数 $\exp(-y)$ 的值不可能小于或等于 0，所以 logistic 函数的分母不可能小于或等于 1。$y$ 越小，$\exp(-y)$ 越大。当分母很大时，logistic 函数的值趋向于 0。

logistic 函数的性质总结如下。

当 $y \to \infty$ 时，$g(y) \to 1$。

当 $y \to -\infty$ 时，$g(y) \to 0$。

logistic 函数的值永远大于 0 且小于 1。

## 9-2-8 逻辑斯谛回归的推导

逻辑斯谛回归使用的概率分布为二项分布，联系函数为 logit 函数。下面我们确认一下这个定义。

设成功概率（本例为考试合格率）为 $p$，联系函数为 logit 函数，则考试合格率与学习时间（单位为小时）的关系如下：

$$\log \frac{p}{1-p} = \beta_0 + \beta_1 \times 学习时间 \tag{9-16}$$

对两边同时应用 logistic 函数，得到：

$$p = \frac{1}{1 + \exp\left[-\left(\beta_0 + \beta_1 \times 学习时间\right)\right]} \tag{9-17}$$

这就是用于预测合格率的数学式。

假设我们得到了一份关于考试合格情况的数据，需要利用这份数据分析学习时间是否影响考试合格率。

若 10 人的学习时间均为 5 小时，则合格人数 $m$ 应当服从成功概率为式（9-17）、试验次数为 10 的二项分布：

$$m \sim \mathrm{Bin}\left( m\,|\,10,\; \frac{1}{1+\exp\left[-\left(\beta_0+\beta_1\times 5\right)\right]} \right) \tag{9-18}$$

二项分布的概率质量函数如下（见 4-3 节）：

$$\mathrm{Bin}\left( m\,|\,n,\, p \right) = C_n^m \cdot p^m \cdot \left(1-p\right)^{n-m} \tag{9-19}$$

逻辑斯谛回归的样本服从式（9-18）所示的概率分布。

## 9-2-9 逻辑斯谛回归的似然函数

前面介绍了已知系数 $\beta_0$、$\beta_1$ 和学习时间，预测考试合格率与合格人数的分布的方法。下面将介绍如何估计系数 $\beta_0$、$\beta_1$。广义线性模型使用最大似然法进行参数估计（见 7-4 节）。

设数据如下：

- 9 人的学习时间均为 3 小时，其中 4 人考试合格；
- 8 人的学习时间均为 5 小时，其中 6 人考试合格；
- 1 人的学习时间为 8 小时，此人考试合格。

似然函数记作 $\mathcal{L}\left(\beta_0,\beta_1;n,m\right)$，分号左边为回归系数，分号右边为条件。试验次数 $n$ 与合格人数 $m$ 是已知数据，改变系数就会改变似然。

似然函数如下：

$$
\begin{aligned}
\mathcal{L}\left(\beta_0,\beta_1;n,m\right) = {}& \mathrm{Bin}\left\{ 4\,|\,9,\; \frac{1}{1+\exp\left[-\left(\beta_0+\beta_1\times 3\right)\right]} \right\} \\
& \times \mathrm{Bin}\left\{ 6\,|\,8,\; \frac{1}{1+\exp\left[-\left(\beta_0+\beta_1\times 5\right)\right]} \right\} \\
& \times \mathrm{Bin}\left\{ 1\,|\,1,\; \frac{1}{1+\exp\left[-\left(\beta_0+\beta_1\times 8\right)\right]} \right\}
\end{aligned}
\tag{9-20}
$$

参加考试的人数越多，数学式越复杂，但其结构保持不变。在广义线性模型中，我们采用使对数似然（对似然取对数）最大化的参数估计方法。

# 9-2-10 实现 环境准备

下面用 Python 实现逻辑斯谛回归。首先导入所需的库。

```python
# 用于数值计算的库
import numpy as np
import pandas as pd
from scipy import stats
# 设置浮点数打印精度
pd.set_option('display.precision', 3)
np.set_printoptions(precision=3)

# 用于绘图的库
from matplotlib import pyplot as plt
import seaborn as sns
sns.set()

# 用于估计统计模型的库
import statsmodels.formula.api as smf
import statsmodels.api as sm
```

# 9-2-11 实现 读入数据并可视化

首先，读入虚构的考试合格情况的信息。hours 为学习时间，result 为合格情况（合格为 1，不合格为 0）。

```python
# 读入数据
test_result = pd.read_csv('9-2-1-logistic-regression.csv')
print(test_result.head(3))

   hours  result
0      0       0
1      0       0
2      0       0
```

　　然后，以横轴为学习时间、纵轴为合格率，绘制出表示学习时间与合格率的关系的条形图。图中纵轴的值实际是合格情况的均值。合格为1，不合格为0，因此该均值本身可作为合格率。由图 9-2-1 可知，大体上，学习时间越长，合格率越高。

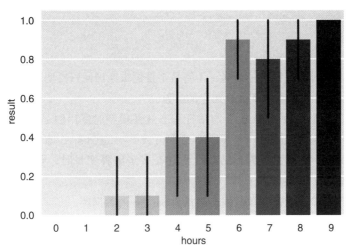

图 9-2-1　不同学习时间下考试合格率的条形图

不同学习时间下合格率的计算方法如下。

```
print(test_result.groupby('hours').mean())
        result
hours
0         0.0
1         0.0
2         0.1
3         0.1
4         0.4
5         0.4
6         0.9
7         0.8
8         0.9
9         1.0
```

可见，学习时间未超过 1 小时的人全部不合格，学习时间为 9 小时的人全部合格。

## 9-2-12 实现 逻辑斯谛回归

下面估计逻辑斯谛回归模型。

```
mod_glm = smf.glm(formula='result ~ hours',
                  data=test_result,
                  family=sm.families.Binomial()).fit()
```

在估计广义线性模型时，不管是不是逻辑斯谛回归模型，都需要使用 smf.glm 函数。下面介绍它的参数。

第 1 个参数 formula 与估计正态线性模型时所用的 smf.ols 函数中的同名参数类似。参数值为 'result ~ hours'，即响应变量为 result，解释变量为 hours。当存在多个解释变量时，要使用加号（+）连接（见 8-4 节）。

第 2 个参数是对象数据，格式为 pandas 的数据帧。

第 3 个参数是概率分布。这里使用的 sm.families.Binomial() 表示二项分布。若为 sm.families.Poisson()，则表示泊松分布。

这里没有指定联系函数。当概率分布为二项分布时，联系函数默认为 logit 函数。我们也可以通过 family=sm.families.Binomial (link=sm.families.links.logit()) 显式指定联系函数。不同概率分布默认的联系函数不同，如泊松分布默认的联系函数为对数函数。

## 9-2-13 实现 逻辑斯谛回归的结果

打印估计出的结果。

```
mod_glm.summary()
```

Generalized Linear Model Regression Results

| Dep.Variable: | result | No.Observations: | 100 |
|---|---|---|---|
| Model: | GLM | Df Residuals: | 98 |
| Model Family: | Binomial | Df Model: | 1 |
| Link Function: | logit | Scale: | 1.0000 |
| Method: | IRLS | Log–Likelihood: | –34.014 |
| Date: | Wed, 06 Oct 2021 | Deviance: | 68.028 |
| Time: | 16:17:34 | Pearson chi2: | 84.9 |
| No.Iterations: | 6 | | |
| Covariance Type: | nonrobust | | |

| | coef | std err | z | P>\|z\| | [0.025 | 0.975] |
|---|---|---|---|---|---|---|
| Intercept | –4.5587 | 0.901 | –5.061 | 0.000 | –6.324 | –2.793 |
| hours | 0.9289 | 0.174 | 5.345 | 0.000 | 0.588 | 1.270 |

有一部分结果不同于正态线性模型的估计结果，下面补充说明一下。

广义线性模型较复杂，参数估计的过程也更烦琐，需要反复进行迭代计算才能求得最大似然估计量。Method 中的 IRLS，即迭代加权最小二乘法（iterative reweighted least squares）是用于计算最大似然估计量的算法，该算法中的迭代次数为 No.Iterations。

Deviance（模型偏差）与 Pearson chi2（皮尔逊卡方统计量）也是初次出现，它们是表示模型契合度的指标，我们将在 9-3 节介绍。

对于系数的解读，除了用 Wald 检验取代了 $t$ 检验，其他与正态线性模型一致。学习时间的系数为正数。

## 9-2-14 实现 逻辑斯谛回归的模型选择

下面使用 AIC 比较空模型和包含解释变量（学习时间）的模型，看看哪个更合适。

先估计空模型。

```
mod_glm_null = smf.glm(
    'result ~ 1', data=test_result,
    family=sm.families.Binomial()).fit()
```

然后计算并对比 AIC。

```
print('空模型             : ', round(mod_glm_null.aic, 3))
print('包含解释变量的模型: ', round(mod_glm.aic, 3))
```

```
空模型             ： 139.989
包含解释变量的模型： 72.028
```

包含解释变量的模型的 AIC 更小，说明在预测合格率时需要学习时间这个解释变量。学习时间的系数为正数，说明学习时间越长，合格率越高。

## 9-2-15 实现 使用逻辑斯谛回归进行预测

我们看看如何使用逻辑斯谛回归预测合格率。

### 1. 使用 predict 函数进行预测

与使用正态线性模型进行预测一样，使用逻辑斯谛回归进行预测也是调用 predict 函数，该函数的参数是解释变量的数据帧。

```
# 公差为1的0~9的等差数列
exp_val = pd.DataFrame({
    'hours': np.arange(0, 10, 1)
})

# 合格率的预测值
pred = mod_glm.predict(exp_val)
pred
```

```
0    0.010
1    0.026
```

```
2    0.063
3    0.145
4    0.301
5    0.521
6    0.734
7    0.875
8    0.946
9    0.978
dtype: float64
```

　　如果不学习，只有 1% 的人能够合格（合格率为 1%），而如果学习 9 小时，接近 98% 的人能够合格（合格率约为 98%）。若希望预测结果为 0 或 1，只需将预测值保留至小数点后 1 位并进行四舍五入，超过 0.5 就判定为合格。

## 2. 使用估计出的系数进行预测

　　一元回归模型中的系数能够用于预测，已估计出的逻辑斯谛回归模型中的系数 $\beta_0$ 和 $\beta_1$ 同样能够用于预测。逻辑斯谛回归模型中成功概率 $p$ 的数学式如下：

$$p = \frac{1}{1 + \exp\left[-\left(\beta_0 + \beta_1 \times 学习时间\right)\right]} \tag{9-21}$$

　　下面在 Python 中通过该数学式预测学习时间为 9 小时时的合格率。

```
beta0 = mod_glm.params[0]
beta1 = mod_glm.params[1]
hour = 9

round(1 / (1 + np.exp(-(beta0 + beta1 * hour))), 3)

0.978
```

　　结果与 predict 函数的预测结果一致。

## 9-2-16 实现 逻辑斯谛回归的回归曲线

　　下面以横轴为学习时间、纵轴为合格情况（二值变量）绘制散点图，并在其上绘制由逻辑斯谛回归拟合出的理论合格率曲线。将函数 sns.lmplot 的参数 logistic 设置为 True，即可绘制出该曲线（见图 9-2-2）。

```
sns.lmplot(x='hours', y='result',
          data=test_result, logistic=True,
          scatter_kws = {'color': 'black'},
          line_kws    = {'color': 'black'},
          x_jitter=0.1, y_jitter=0.02,
          ci=None, height=4, aspect=2)
```

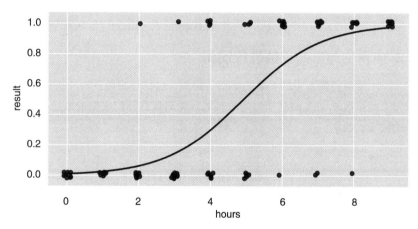

图 9-2-2　逻辑斯谛回归的回归曲线

合格情况的数据是 0 或 1，为了防止数据点重合，这里通过指定 x_jitter=0.1 与 y_jitter=0.02 稍微分散数据点。

## 9-2-17　术语　优势和对数优势

要解读逻辑斯谛回归中的参数，还需要掌握几个术语。

成功概率与失败概率的比值叫作**优势**，它表示成功概率是失败概率的多少倍，其数学式如下：

$$优势 = \frac{p}{1-p} \tag{9-22}$$

其中，$p$ 为成功概率。

当 $p = 0.5$ 时，优势为 1，表示成功概率和失败概率相等；当 $p = 0.75$ 时，优势为 3，表示成功概率是失败概率的 3 倍。

优势的对数叫作**对数优势**，logit 函数也可以看作将成功概率转换为对数优势的函数。

## 9-2-18　術語　优势比和对数优势比

优势的比值叫作**优势比**。优势比的对数叫作**对数优势比**。

## 9-2-19　实现　逻辑斯谛回归的系数与优势比的关系

既然 logit 函数与对数优势关系密切，那么不难推测，当联系函数为 logit 函数时，逻辑斯谛回归的系数应该与优势比密切相关。具体来说，当解释变量改变一个单位时的对数优势比就是回归系数。

下面用 Python 代码进行验证。先分别求出学习时间为 1 小时和 2 小时时的合格率。

```
# 学习时间为1小时时的合格率
exp_val_1 = pd.DataFrame({'hours': [1]})
pred_1 = mod_glm.predict(exp_val_1)

# 学习时间为2小时时的合格率
exp_val_2 = pd.DataFrame({'hours': [2]})
pred_2 = mod_glm.predict(exp_val_2)
```

用合格率计算对数优势比。

```
# 优势
odds_1 = pred_1 / (1 - pred_1)
odds_2 = pred_2 / (1 - pred_2)

# 对数优势比
```

```
log_odds_ratio = np.log(odds_2 / odds_1)
log_odds_ratio
```

```
0    0.929
dtype: float64
```

获取学习时间的系数，可知它恰好是对数优势比。

```
round(mod_glm.params['hours'], 3)
```

```
0.929
```

当系数为 e 的指数时，其结果就是优势比。

```
round(np.exp(mod_glm.params['hours']), 3)
```

```
2.532
```

优势比的含义是解释变量每增加一个单位时，优势的变化倍数。

# 广义线性模型的评估

在介绍正态线性模型时，我们提到在评估模型时必须计算残差。但是，当总体不服从正态分布时，残差的处理方法会有很大的不同。本节将介绍广义线性模型的残差处理方法。

残差是表示数据与模型不契合程度的重要指标。本节还将介绍如何对待模型造成的误差。

## 9-3-1 　实现　 环境准备

首先导入处理残差所需的库。

```
# 用于数值计算的库
import numpy as np
import pandas as pd
from scipy import stats
# 设置浮点数打印精度
pd.set_option('display.precision', 3)
np.set_printoptions(precision=3)

# 用于估计统计模型的库
import statsmodels.formula.api as smf
import statsmodels.api as sm
```

然后使用 9-2 节的数据估计逻辑斯谛回归模型。

```
# 读入数据
test_result = pd.read_csv('9-2-1-logistic-regression.csv')
```

```
# 建模
mod_glm = smf.glm(formula='result ~ hours',
                  data=test_result,
                  family=sm.families.Binomial()).fit()
```

下面判断该模型与数据的契合度。

## 9-3-2  术语  皮尔逊残差

我们引入在广义线性模型中经常被提及的皮尔逊残差。

### 1. 皮尔逊残差的定义

二项分布的皮尔逊残差的数学式如下：

$$\text{Pearson residual} = \frac{y - n\hat{p}}{\sqrt{n\hat{p}(1-\hat{p})}} \qquad (9\text{-}23)$$

其中，$y$ 为响应变量，$n$ 为试验次数，$\hat{p}$ 为估计出的成功概率（由 mod_glm.predict() 得到的预测值）。

在本例中，对于每个预测结果，试验次数都是 1，因此皮尔逊残差的数学式可化简为：

$$\text{Pearson residual} = \frac{y - \hat{p}}{\sqrt{\hat{p}(1-\hat{p})}} \qquad (9\text{-}24)$$

其中，$y$ 的值为 0 或 1。

### 2. 皮尔逊残差的含义

在皮尔逊残差的数学式中，分母中的 $n\hat{p}(1-\hat{p})$ 与二项分布的方差一致，它的平方根可视为二项分布的标准差。

在正态线性模型中，残差是响应变量与通过 predict 函数求得的预测值的差，即 $y - \hat{p}$。残差除以二项分布的标准差，得到的就是皮尔逊残差。

假设 $n$ 不变，那么当 $p = 0.5$ 时，二项分布的方差 $np(1-p)$ 最大。这意味着，当合格的概率与不合格的概率各占一半时，数据将非常分散，此时预测值与实际值之间的差距看起来反而更小（易于接受）。

当$p = 0.9$时，预测的结果是基本合格，方差较小，此时预测值与实际值之间的差距看起来反而更大（难以接受）。这就是皮尔逊残差的含义。

皮尔逊残差的平方和叫作**皮尔逊卡方统计量**，是评估模型契合度的指标。部分教材会反过来介绍皮尔逊残差为皮尔逊卡方统计量的有符号平方根。

## 9-3-3 实现 皮尔逊残差

下面用 Python 计算皮尔逊残差。

```
# 预测出的成功概率
pred = mod_glm.predict()
# 响应变量（合格情况）
y = test_result.result
# 皮尔逊残差
peason_resid = (y - pred) / np.sqrt(pred * (1 - pred))
peason_resid.head(3)
```

```
0    -0.102
1    -0.102
2    -0.102
Name: result, dtype: float64
```

皮尔逊残差也可以从模型中直接获取。

```
mod_glm.resid_pearson.head(3)
```

```
0    -0.102
1    -0.102
2    -0.102
dtype: float64
```

皮尔逊残差的平方和为皮尔逊卡方统计量。

```
round(np.sum(mod_glm.resid_pearson**2), 3)
```

```
84.911
```

皮尔逊卡方统计量也会出现在 `summary` 函数的结果中（见 9-2-13 节），并可以通过如下代码获取。

```
round(mod_glm.pearson_chi2, 3)
```

```
84.911
```

## 9-3-4 术语 偏差

偏差（deviance）是评估模型契合度的另一个指标。

### 1. 偏差的定义

偏差也能够评估模型的契合度，偏差越大，模型的契合度越差。

逻辑斯谛回归的对数似然函数为 $\log\mathcal{L}(\beta_0, \beta_1; n, m)$。当改变系数 $\beta_0, \beta_1$ 时，似然值就会发生变化。若将通过最大似然法估计出的系数所对应的对数似然记作 $\log\mathcal{L}(\beta_{\mathrm{glm}}; y)$，将完美预测所有考试合格情况的对数似然记作 $\log\mathcal{L}(\beta_{\max}; y)$，则偏差的数学式如下：

$$\text{deviance} = 2\left[\log\mathcal{L}(\beta_{\max}; y) - \log\mathcal{L}(\beta_{\mathrm{glm}}; y)\right] \qquad (9\text{-}25)$$

### 2. 偏差的含义

偏差用似然的方式表示残差平方和，最大似然法的结果等于使得偏差（可视作损失）最小的参数估计的结果。

$\log\mathcal{L}(\beta_{\max}; y)$ 是完美预测了响应变量时的对数似然，不存在比此时的对数似然更大的对数似然。完美预测是指如果考试合格（响应变量为 1），预测出的成功概率为 100%；如果不合格（响应变量为 0），预测出的成功概率为 0%。模型的预测能力与这个值之间的差异就是模型的偏差。

## 3. 偏差与似然比检验

在计算偏差时，取对数似然差的 2 倍是为了方便进行似然比检验。

偏差相当于广义线性模型中的残差平方和。因此，对两个偏差的差值进行检验的意义和方差分析相同。按偏差的定义可证明，在特定假设下两个偏差的差值近似服从卡方分布。

偏差的差值检验也叫似然比检验。关于偏差与似然比检验的关系，可参考马场真哉（2015）等的研究。R 语言中的 anova 函数可用于方差分析和似然比检验。

### 9-3-5 术语 偏差残差

二项分布的**偏差残差**的平方和等于偏差。偏差残差的数学式比较复杂，这里不再介绍，下面用 Python 进行计算。

### 9-3-6 实现 偏差残差

下面用 Python 计算偏差残差。

## 1. 计算偏差残差

计算偏差残差的代码如下。

```
# 预测出的成功概率
pred = mod_glm.predict()
# 响应变量（合格情况）
y = test_result.result

# 与完美预测了合格情况时的对数似然的差值
resid_tmp = 0 - np.log(stats.binom.pmf(k = y, n = 1,
                                       p = pred))
# 偏差残差
deviance_resid = np.sqrt(
    2 * resid_tmp) * np.sign(y - pred)
# 打印结果
deviance_resid.head(3)
```

```
0    -0.144
1    -0.144
2    -0.144
Name: result, dtype: float64
```

偏差残差的实际计算是从第 6 行开始的。resid_tmp 是完美预测
了合格情况时的对数似然（值为 0）与模型的预测能力的差值。前者的
值为 0 是因为当成功概率为 100% 时，合格的概率为 1；当成功概率为
0% 时，失败概率也为 1，logl = 0。

resid_tmp 的 2 倍的平方根就是偏差残差，而偏差残差的平方
和就是偏差。resid_tmp 在定义上为正数，而为了保留偏差残差的
符号，deviance_resid 的计算式中需要包含因数 np.sign(y -
pred)。np.sign 函数用于获取参数的正负号，y - pred 大于 0 返
回 1，小于 0 返回 −1，其他情况返回 0。

我们也可以从模型中直接获取偏差残差。

```
mod_glm.resid_deviance.head(3)
```
```
0    -0.144
1    -0.144
2    -0.144
dtype: float64
```

## 2. 偏差的计算

偏差残差的平方和就是偏差。偏差也出现在 summary 函数的结果
中（见 9-2-13 节）。

```
deviance = np.sum(mod_glm.resid_deviance ** 2)
round(deviance, 3)
```
```
68.028
```

## 3. 通过最大对数似然计算偏差

最后按照定义，通过最大对数似然计算偏差。使用预测值 pred、
实际的响应变量 y 及二项分布的概率质量函数计算最大对数似然的方法

如下。

```
loglik = sum(np.log(stats.binom.pmf(k=y, n=1, p=pred)))
round(loglik, 3)
```
```
-34.014
```

我们也可以从模型中直接获取最大对数似然。

```
round(mod_glm.llf, 3)
```
```
-34.014
```

对照式（9-25），由于 $\log \mathcal{L}(\boldsymbol{\beta}_{\max}; \boldsymbol{y})$ 为 0 且 $\log \mathcal{L}(\boldsymbol{\beta}_{\mathrm{glm}}; \boldsymbol{y})$ 为最大对数似然，因此偏差可以按以下方式计算。

```
round(2 * (0 - mod_glm.llf), 3)
```
```
68.028
```

偏差也可以直接从模型中获取。

```
round(mod_glm.deviance, 3)
```
```
68.028
```

## 9-3-7 **术语** 交叉熵误差

在机器学习的很多语境中，求逻辑斯谛回归就是求使得**交叉熵误差**最小的参数。下面来推导一下交叉熵误差的数学式。

二项分布的概率质量函数的数学式为：

$$\mathrm{Bin}(m \mid n, p) = C_n^m \cdot p^m \cdot (1-p)^{n-m} \qquad (9\text{-}26)$$

对于每个数据，试验次数 $n$ 都是 1，所以上式可变形为：

$$\mathrm{Bin}(m \mid 1, p) = p^m \cdot (1-p)^{1-m} \qquad (9\text{-}27)$$

注意，$m$ 只能取 0 或 1。

结合示例，合格情况（只能取 0 或 1）为 $y$，预测出的合格率为 $\hat{p}$，则

$$\text{Bin}\left(y\,|\,1,\hat{p}\right)=\hat{p}^{\,y}\cdot\left(1-\hat{p}\right)^{1-y} \tag{9-28}$$

似然函数如下：

$$\prod_{i=1}^{T}\hat{p}_i^{\,y_i}\cdot\left(1-\hat{p}_i\right)^{1-y_i} \tag{9-29}$$

其中，$T$ 为样本容量。

对数似然取负后结果如下：

$$-\sum_{i=1}^{T}\left[y_i\log\hat{p}_i+\left(1-y_i\right)\log\left(1-\hat{p}_i\right)\right] \tag{9-30}$$

通过式（9-30）计算出的指标就是交叉熵误差。当假设总体服从二项分布时，它的含义与偏差相同。让交叉熵误差最小就是让偏差最小，也就是让逻辑斯谛回归的对数似然最大。

正如 7-4 节与 7-5 节所述，似然的最大化等价于损失的最小化，反之亦然。在二项分布中，使（对数）似然最大化就是使作为损失函数的交叉熵误差最小化。虽然机器学习有时采用不同于统计学的解释方式，但学好统计学的基础知识有助于我们深入理解机器学习。

# 9-4

# 泊松回归

本节将先介绍泊松分布，再讲解泊松回归，并结合 Python 代码说明分析方法。分析步骤与逻辑斯谛回归的分析步骤基本相同。

## 9-4-1 泊松分布

**泊松分布**是"0 个、1 个、2 个……"或"0 次、1 次、2 次……"这样的**计数型数据**所服从的离散型概率分布。计数型数据的特点是全为自然数。

泊松分布的概率质量函数如下所示。泊松分布的参数只有 1 个，即强度 $\lambda$。服从泊松分布的随机变量的期望值和方差都是 $\lambda$。

$$\text{Pois}(x\,|\,\lambda) = \frac{e^{-\lambda}\lambda^x}{x!} \tag{9-31}$$

泊松分布可以用于研究不同钓具对钓到的鱼的数量的影响、区域周围环境对区域内生物数量的影响，以及不同天气对销量的影响等问题。本节假设待分析的啤酒销量数据服从泊松分布。

## 9-4-2 泊松分布与二项分布的关系

泊松分布可以由二项分布推导得出。下面简述二者的关系。

当 $p \to 0, n \to \infty$ 时，$np = \lambda$，其中 $np$ 为二项分布的均值，$\lambda$ 为泊松

分布的参数。换言之，成功概率趋近于 0，试验次数趋向无穷大的二项分布就是泊松分布。

例如，研究某日遭遇交通事故的人数会发现，所有走在路上的人都可能遭遇事故，那么 n 的值会很大，但遭遇事故的概率 p 应该很小。非常多的对象（$n \to \infty$）中发生稀有事件（$p \to 0$）的次数服从泊松分布。

钓鱼的例子也是同理。湖中的鱼非常多，但钓到鱼的概率很小，在这种条件下钓到的鱼的条数也服从泊松分布。

注意，不是所有离散型数据都服从泊松分布，只有通过上述条件得到的数据才服从泊松分布。记住这一点能降低误用统计分析方法的风险。

## 9-4-3 实现 环境准备

导入所需的库。

```
# 用于数值计算的库
import numpy as np
import pandas as pd
from scipy import stats
# 设置浮点数打印精度
pd.set_option('display.precision', 3)
np.set_printoptions(precision=3)

# 用于绘图的库
from matplotlib import pyplot as plt
import seaborn as sns
sns.set()
# 设置图表中文字的字体
from matplotlib import rcParams
rcParams['font.family'] = 'sans-serif'
rcParams['font.sans-serif'] = 'SimHei'

# 用于估计统计模型的库
import statsmodels.formula.api as smf
import statsmodels.api as sm
```

## 9-4-4 实现 泊松分布

下面通过 Python 代码加深对泊松分布的理解。

### 1. 泊松分布的概率质量函数

使用 `stats.poisson.pmf` 可以得到泊松分布的概率质量函数。例如，计算在强度 $\lambda$ 为 2 的泊松分布中样本值为 1 的概率，代码如下。

```
round(stats.poisson.pmf(k=1, mu=2), 3)

0.271
```

从强度 $\lambda$ 为 2 的泊松分布中生成 5 个随机数，这 5 个数都是非负整数，代码如下。

```
np.random.seed(1)
stats.poisson.rvs(mu=2, size=5)

array([2, 1, 0, 1, 2])
```

下面分别绘制强度 $\lambda$ 为 1、2 和 5 的泊松分布的概率质量函数的折线图（见图 9-4-1）。我们可以使用 `sns.lineplot` 函数中的 `linestyle` 参数指定曲线的样式，还可以通过 `label` 参数为图表添加图例。将用符号 "$" 括起来的算式（如 $\lambda = 1$）作为 `label` 参数的值，就可以用美观、专业的样式输出数学式。

```
# 不同强度下的泊松分布的概率质量函数
x = np.arange(0,15,1)
poisson_lambda1 = stats.poisson.pmf(mu=1, k=x)
poisson_lambda2 = stats.poisson.pmf(mu=2, k=x)
poisson_lambda5 = stats.poisson.pmf(mu=5, k=x)

# 绘制泊松分布的概率质量函数的折线图
sns.lineplot(x=x, y=poisson_lambda1, color='black',
             linestyle='dashed', label='$\lambda=1$')
sns.lineplot(x=x, y=poisson_lambda2, color='black',
             linestyle='dotted', label='$\lambda=2$')
```

```
sns.lineplot(x=x, y=poisson_lambda5, color='black',
             linestyle='solid', label='$\lambda=5$')
```

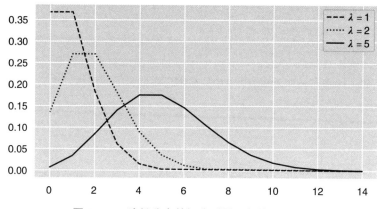

图 9-4-1　泊松分布的概率质量函数的折线图

## 2. 验证泊松分布与二项分布的关系

前面提到，泊松分布可视作成功概率趋近于 0（$p \to 0$）、试验次数趋向无穷大（$n \to \infty$）的二项分布。为了验证这一点，我们通过绘制曲线来比较二项分布（$p = 0.00000002$，$n = 100000000$）和泊松分布（$\lambda = 2$）的概率质量函数（见图 9-4-2）。

```
# p趋近于0、n趋向无穷大的二项分布
p = 0.00000002
n = 100000000
binomial = stats.binom.pmf(n=n, p=p, k=x)

# 比较泊松分布和二项分布的概率质量函数
sns.lineplot(x=x, y=binomial, color='black',
             linestyle = 'dotted',
             label='$np=2$的二项分布')
sns.lineplot(x=x, y=poisson_lambda2, color='gray',
             linestyle='solid',
             label='$\lambda=2$的泊松分布')
```

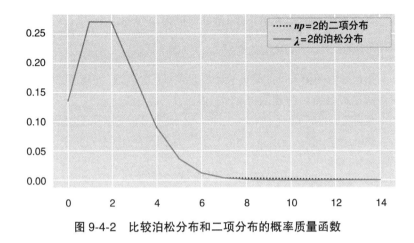

图 9-4-2　比较泊松分布和二项分布的概率质量函数

## 9-4-5　**术语** 泊松回归

**泊松回归**是指概率分布为泊松分布、联系函数为对数函数的广义线性模型。在泊松回归中，解释变量可以有多个，连续型解释变量和分类型解释变量可以同时存在。

## 9-4-6　本节示例

为了探究气温与啤酒销量的关系，我们需建立不同气温下销量的数学模型，其线性预测算子如下：

$$\beta_0 + \beta_1 \times 气温（℃） \tag{9-32}$$

## 9-4-7　泊松回归的推导

如果联系函数为对数函数，则啤酒销量与气温（单位为℃）的关系如下：

$$\log 啤酒销量 = \beta_0 + \beta_1 \times 气温 \tag{9-33}$$

对两边取 exp（以自然常数 e 为底的指数），变形如下：

$$啤酒销量 = \exp\left(\beta_0 + \beta_1 \times 气温\right) \quad (9\text{-}34)$$

指数函数的值不可能是负数，因此非常适合处理计数型数据。下面我们通过式（9-34）来预测销量的均值。

假设我们得到了一份啤酒销量的数据，需要分析气温是否会影响销量。啤酒销量 $y$ 服从强度 $\lambda$（均值）为式（9-34）的泊松分布：

$$y \sim \text{Pois}\left[y \,|\, \exp\left(\beta_0 + \beta_1 \times 气温\right)\right] \quad (9\text{-}35)$$

泊松分布的概率质量函数如下所示：

$$\text{Pois}\left(y \,|\, \lambda\right) = \frac{e^{-\lambda}\lambda^y}{y!} \quad (9\text{-}36)$$

泊松回归的样本分布服从式（9-35）所示的概率分布。

## 9-4-8 实现 读入数据

读入要应用泊松回归的数据。

```
beer = pd.read_csv('9-4-1-poisson-regression.csv')
print(beer.head(3))

   beer_number  temperature
0            6         17.5
1           11         26.6
2            2          5.0
```

## 9-4-9 实现 泊松回归

我们对泊松回归模型进行估计。

```
mod_pois = smf.glm('beer_number ~ temperature', beer,
                   family=sm.families.Poisson()).fit()
mod_pois.summary()
```

气温的系数是正数，说明气温越高，销量就越高。

**Generalized Linear Model Regression Results**

| Dep.Variable: | beer_number | No.Observations: | 30 |
|---|---|---|---|
| Model: | GLM | Df Residuals: | 28 |
| Model Family: | Poisson | Df Model: | 1 |
| Link Function: | log | Scale: | 1.0000 |
| Method: | IRLS | Log–Likelihood: | −57.672 |
| Date: | Tue, 15 Feb 2022 | Deviance: | 5.1373 |
| Time: | 14:38:06 | Pearson Chi2: | 5.40 |
| No.Iterations: | 4 | | |
| Covariance Type: | nonrobust | | |

| | coef | std err | z | P>\|z\| | [0.025 | 0.975] |
|---|---|---|---|---|---|---|
| Intercept | 0.4476 | 0.199 | 2.253 | 0.024 | 0.058 | 0.837 |
| temperature | 0.0761 | 0.008 | 9.784 | 0.000 | 0.061 | 0.091 |

## 9-4-10 实现 泊松回归的模型选择

下面使用 AIC 进行模型选择。首先估计空模型。

```
mod_pois_null = smf.glm(
    'beer_number ~ 1', data=beer,
    family=sm.families.Poisson()).fit()
```

然后计算并对比 AIC。

```
print('空模型        : ', round(mod_pois_null.aic, 3))
print('包含解释变量的模型: ', round(mod_pois.aic, 3))
```

```
空模型        : 223.363
```

```
包含解释变量的模型：119.343
```

　　包含解释变量（气温）的模型的 AIC 更小，说明气温这个解释变量
是必要的。

# 9-4-11　实现　使用泊松回归进行预测

　　下面来看看如何使用泊松回归预测销量。

## 1. 使用 predict 函数进行预测

　　与利用正态线性模型预测相同，这里也采用 predict 函数进行预
测，该函数的参数是解释变量的数据帧。

```
# 解释变量
exp_val_20 = pd.DataFrame({'temperature': [20]})
# 销量的预测值
mod_pois.predict(exp_val_20)
```

```
0    7.164
dtype: float64
```

## 2. 使用估计出的系数进行预测

　　一元回归模型的系数能够用于预测，已估计出的泊松回归模型的系数
$\beta_0$ 和 $\beta_1$ 同样能够用于预测。例如，预测气温为 20℃时的啤酒销量。请注
意，由于联系函数是对数函数，因此这里需用其反函数，即指数函数。

```
beta0 = mod_pois.params[0]
beta1 = mod_pois.params[1]
temperature = 20

round(np.exp(beta0 + beta1 * temperature), 3)
```

```
7.164
```

　　计算结果与 predict 函数的预测结果一致。

## 9-4-12 实现 泊松回归的回归曲线

下面绘制泊松回归的回归曲线。seaborn 中的函数无法直接将该回归曲线绘制在散点图上，因此这里额外绘制了一条模型的预测值曲线（见图 9-4-3）。

```python
# 计算预测值
x_plot = np.arange(0, 37)
pred = mod_pois.predict(pd.DataFrame({'temperature': x_plot}))

# 散点图
sns.scatterplot(x='temperature', y='beer_number',
                data=beer, color='black')
# 添加回归曲线
sns.lineplot(x=x_plot, y=pred, color='black')
```

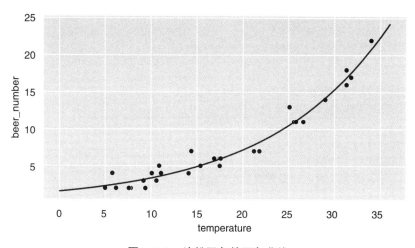

图 9-4-3 泊松回归的回归曲线

## 9-4-13 实现 回归系数的含义

当联系函数不是恒等函数时，回归系数的含义稍显复杂。下面介绍联系函数为对数函数时回归系数的含义。

## 1. 直观的解释

对数的性质之一是加法运算变乘法运算。在正态线性模型中，回归系数的含义是"气温每升高 1℃，啤酒销售额就增加●日元"。当联系函数为对数函数时，回归系数的含义则变为"气温每升高 1℃，啤酒销量就变为之前的▼倍"。

## 2. 使用 Python 代码验证

下面用 Python 代码来计算气温升高 1℃ 后，销量变为之前的多少倍。先分别计算气温为 1℃ 和 2℃ 时的销量的预测值，再计算这两个预测值的比值。

```
# 气温为1℃时的销量的预测值
exp_val_1 = pd.DataFrame({'temperature': [1]})
pred_1 = mod_pois.predict(exp_val_1)

# 气温为2℃时的销量的预测值
exp_val_2 = pd.DataFrame({'temperature': [2]})
pred_2 = mod_pois.predict(exp_val_2)

# 气温升高1℃后，销量变为之前的多少倍
round(pred_2 / pred_1, 3)
```
```
0    1.079
dtype: float64
```

该值等于对回归系数取 exp 的结果。

```
round(np.exp(mod_pois.params['temperature']), 3)
```
```
1.079
```

在泊松回归中，解释变量产生的影响以乘法的形式体现，这一点非常重要，请读者牢记。

# 第 10 章

# 统计学与机器学习

# 机器学习基础

本节将引入机器学习，并介绍其与统计学的关系。关于二者的关系，目前尚无公认的观点，本节仅大致介绍它们的异同，部分内容可能会受笔者的立场和背景的影响。

## 10-1-1　术语　机器学习

**机器学习**是以让计算机拥有学习能力为目的的研究领域。计算机基于数据进行学习，并找出数据中的规律，再根据这些规律预测未知的数据。

## 10-1-2　术语　监督学习

机器学习主要分为监督学习和无监督学习。
**监督学习**研究的问题存在正确答案。
例如，在预测销售额时，根据销售额数据，我们可以判断预测的结果是否合理。处理这类问题的机器学习方法就是监督学习。正态线性模型和广义线性模型所解决的问题都可视作监督学习的问题。本书只介绍监督学习。

## 10-1-3　术语　无监督学习

**无监督学习**研究的问题不存在正确答案。

例如，通过各种鱼的 DNA 可以将鱼分类为近缘种与非近缘种，但如果提前知道是否为近缘种就没必要进行分析了。既然问题没有正确答案，那就要选择最好的分类结果。

## 10-1-4 术语 强化学习

**强化学习**解决的问题是在给定条件下寻找回报最大的行为。与监督学习不同的是，强化学习研究的问题不存在正确答案。

## 10-1-5 术语 基于规则的机器学习

按人们预先给定的规则输出预测结果的方法叫作**基于规则的机器学习**，也可简称为基于规则的方法。虽然名字中有"机器学习"，但它和上文介绍的机器学习不是同一个概念。

规则不应该过于复杂。例如，像"当气温为 20℃时销售额为 100 万日元，当气温为 25℃并打折时销售额为 ……"这样针对复杂现象逐个指定规则的做法就非常低效，也很难结合数据给出灵活的预测。如果问题能够以简单的规则解决，那么基于规则的方法可能比机器学习的成本低。

本书只介绍基于数据学习规律或规则的机器学习。

## 10-1-6 统计学与机器学习无法彻底分离

我们很难明确逻辑斯谛回归等特定方法究竟属于统计学领域还是机器学习领域。例如，很多机器学习的入门教材也会介绍这些方法。

## 10-1-7 统计学注重过程，机器学习注重结果

统计学与机器学习都通过建模来分析数据，但二者的目的略有不同。

统计学建模的目的是理解获得数据的过程。

机器学习建模的目的是通过计算得到未知数据。

统计学注重获得数据的过程，理解了过程就能预测未知数据。我们确实也可以使用统计模型进行预测，但理解获得数据的过程是首要的，预测是次要的。

机器学习注重下一步会得到什么样的结果，因此也经常使用内部机制不明的模型。

不过，仅凭目的上的差异并不能明确区分二者，这只是一种参考标准。提升统计模型的预测精度有时也很重要，机器学习方法有时也用于理解现象。近年来，随着人们不断致力于提升机器学习方法的可解释性，机器学习与统计学的界线越来越模糊。

统计学教材与机器学习教材都会介绍广义线性模型等分类／回归模型。

了解回归系数有助于更深入地理解现象（比如气温和啤酒销售额之间的关系），所以统计学教材通常会介绍回归模型。回归模型可以用于预测销量、考试合格情况等，所以在机器学习领域中也会使用回归模型（或称为分类模型）。

# 10-2

# 正则化、Ridge 回归与 Lasso 回归

Ridge 回归（岭回归）与 Lasso 回归（套索回归）将统计学和机器学习联系在一起。这两个模型不仅是优秀的预测模型，还很好地诠释了各机器学习方法中常用的正则化。

## 10-2-1 术语 正则化

在参数估计中，向损失函数引入惩罚指标以防止系数过大的措施叫作**正则化**，惩罚指标叫作正则化项。在统计学中也将其叫作参数的**收缩估计**。

## 10-2-2 术语 Ridge 回归

Ridge 回归将系数的平方和作为正则化项，这类正则化也叫 **L2 正则化**。本节仅对正态线性模型应用 L2 正则化，逻辑斯谛回归等模型可以同理扩展。

下面通过数学式介绍 Ridge 回归。设样本容量为 $I$，第 $i$ 个响应变量为 $y_i$（$i \leqslant I$）。

解释变量共有 $J$ 类，各类解释变量均有 $I$ 个。第 $i$ 个数据的第 $j$ 类解释变量记作 $x_{ij}$。第 $j$ 类解释变量对应的回归系数记作 $\beta_j$。

数据关系如下表所示。

| | 响应变量<br>（销售额） | 解释变量 1<br>（气温） | 解释变量 2<br>（湿度） | ... | 解释变量 $j$<br>（价格） | ... | 解释变量 $J$<br>（天气） |
|---|---|---|---|---|---|---|---|
| 1 | $y_1$ | $x_{11}$ | $x_{12}$ | | $x_{1j}$ | | $x_{1J}$ |
| 2 | $y_2$ | $x_{21}$ | $x_{22}$ | | $x_{2j}$ | | $x_{2J}$ |
| ⋮ | | | | | | | |
| $i$ | $y_i$ | $x_{i1}$ | $x_{i2}$ | | $x_{ij}$ | | $x_{iJ}$ |
| ⋮ | | | | | | | |
| $I$ | $y_I$ | $x_{I1}$ | $x_{I2}$ | | $x_{Ij}$ | | $x_{IJ}$ |

普通最小二乘法在估计系数时会使以下残差平方和最小：

$$\sum_{i=1}^{I}\left(y_i - \sum_{j=1}^{J}\beta_j x_{ij}\right)^2 \qquad (10\text{-}1)$$

从表面上看，式（10-1）不存在截距，但如果某解释变量永远为 1，那么这个解释变量对应的系数就相当于截距，因此式（10-1）也适用于存在截距的模型。

Ridge 回归在估计系数时会使以下带有惩罚指标的残差平方和最小：

$$\sum_{i=1}^{I}\left(y_i - \sum_{j=1}^{J}\beta_j x_{ij}\right)^2 + \alpha\sum_{j=1}^{J}\beta_j^2 \qquad (10\text{-}2)$$

我们希望残差平方和足够小，但不希望惩罚指标过大，因而最终估计的系数的绝对值会比较小，故这种估计方法叫作收缩估计。式（10-2）中的参数 $\alpha$ 表示正则化的强度，$\alpha$ 越大，惩罚指标的影响越大，系数的绝对值越小。

## 10-2-3 （术语）Lasso 回归

**Lasso 回归**将系数的绝对值之和作为正则化项，这类正则化也叫 **L1 正则化**。

Lasso 回归在估计系数时会使以下带有惩罚指标的残差平方和最小。

与 Ridge 回归的区别在于，Lasso 回归使用系数的绝对值之和作为惩罚指标。

$$\sum_{i=1}^{I}\left(y_i - \sum_{j=1}^{J}\beta_j x_{ij}\right)^2 + \alpha \sum_{j=1}^{J}\left|\beta_j\right| \qquad (10\text{-}3)$$

另外，还有一种结合了 L1 正则化和 L2 正则化的优点的 **elastic net 回归**（弹性网络回归）。

## 10-2-4　确定正则化强度

下面介绍如何确定正则化项中的 $\alpha$。

我们可使用交叉验证法评估不同 $\alpha$ 值对测试集的预测精度，然后选取使预测精度最高的 $\alpha$ 值。具体操作方法详见 10-3 节。

$\alpha$ 值不能通过常规的方法来确定，如果把 $\alpha$ 值看作最优化对象，那么我们必然会在 $\alpha = 0$ 的条件下求得最小的残差平方和，这就变回普通最小二乘法了。因此我们需要采用稍显烦琐的交叉验证法。

## 10-2-5　将解释变量标准化

在执行 Ridge 回归或 Lasso 回归之前，应当将解释变量标准化，即让解释变量的均值为 0，标准差为 1。

若解释变量使用了不同的单位（如 kg 和 g），回归系数的绝对值也会不同。回归系数的绝对值越大，惩罚指标的影响越大。要想避免单位造成的影响，应当先将解释变量标准化。

## 10-2-6　Ridge 回归与 Lasso 回归的差异

Ridge 回归倾向于所有回归系数的绝对值都比较小，Lasso 回归倾向于大部分回归系数为 0，小部分回归系数不为 0。

我们可以从 10-3 节的实现中清晰地看到这一点。因为 Lasso 回归会得到稀疏的解，所以也叫作稀疏建模。

这里先用简单的数字来介绍二者在惩罚指标上的差异。

假设只有两个解释变量，其系数分别为 $\beta_1$ 和 $\beta_2$，且惩罚指标中的 $\alpha = 1$。此时，我们考虑一下 Ridge 回归和 Lasso 回归中的惩罚指标都为 1 的条件。

显然，当 $\beta_1 = 1$，$\beta_2 = 0$ 时，Ridge 回归和 Lasso 回归中的惩罚指标都为 1。

当 $\beta_1 = 0.5$，$\beta_2 = 0.5$ 时，Lasso 回归的惩罚指标为 1，Ridge 回归的惩罚指标为 $0.5^2 + 0.5^2 = 0.5$，可见 Ridge 回归的惩罚指标更小。因为 $0.7^2 + 0.7^2 \approx 1$，所以在达到和 Lasso 回归的惩罚指标大小一样之前，Ridge 回归的系数还可以更大一些（见图 10-2-1）。

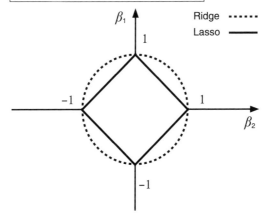

图 10-2-1　Ridge 回归与 Lasso 回归的惩罚指标的对比

## 10-2-7　变量选择与正则化的对比

正如 7-6 节所述，变量选择（如 AIC 最小准则）会从模型中去除不必要的解释变量，从而减少需要估计的参数个数，以简化模型，并有效避免出现过拟合问题。

另一种避免过拟合问题的方法是正则化。引入惩罚指标可以避免所估计的系数的绝对值过大，并最终减小解释变量对响应变量的影响。在 Lasso 回归中，如果得到的系数大多是 0，就会得到与变量选择非常相似的结果。

## 10-2-8　正则化的意义

当解释变量的种类数比样本容量大时，我们难以应用普通最小二乘法、最大似然法等方法进行参数估计，也很难进行 AIC 变量选择，但可以充分利用稀疏模型的优点，使用 Lasso 回归来处理。

正则化还可以缓解机器学习中的过拟合问题。机器学习很少使用 AIC 进行变量选择，许多模型使用正则化来抑制拟合问题。

然而，Lasso 回归并不是万能的。虽然它在处理 10-3 节中的简单样本数据时表现良好，但对于某些复杂的数据，估计结果可能不稳定。使用结合了 L1 正则化和 L2 正则化的优点的 elastic net 回归，通常可以获得稳定结果。

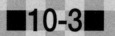

# Python 中的 Ridge 回归与 Lasso 回归

本节将介绍如何使用 Python 对 Ridge 回归与 Lasso 回归进行估计。这里用到了机器学习中重要的库——scikit-learn。另外，使用 statsmodels 库中的工具也可以完成相应的任务。

## 10-3-1  术语  scikit-learn

scikit-learn 是 Python 中常用的机器学习库，简称为 sklearn。Anaconda 中包含这个库。

很多人就是为了使用 sklearn 才使用 Python 的。除了 Ridge 回归和 Lasso 回归，sklearn 还支持神经网络、支持向量机等多种算法。

## 10-3-2  实现  环境准备

首先导入所需的库。这里从 sklearn 中导入了用于估计线性模型的 `linear_model`。

```
# 用于数值计算的库
import numpy as np
import pandas as pd
from scipy import stats
# 设置浮点数打印精度
pd.set_option('display.precision', 3)
np.set_printoptions(precision=3)
```

```
# 用于绘图的库
from matplotlib import pyplot as plt
import seaborn as sns
sns.set()

# 用于估计统计模型的库
import statsmodels.formula.api as smf
import statsmodels.api as sm

# 用于机器学习的库
from sklearn import linear_model
```

然后读入示例数据。这份数据较复杂，它的样本容量为 150，从 X_1 到 X_100 共 100 列。数据中没有响应变量，我们将在稍后定义。

```
X = pd.read_csv('10-3-1-large-data.csv')
print(X.head(3))

     X_1    X_2    X_3    X_4    X_5    X_6    X_7    X_8  \
0  1.000  0.500  0.333  0.250  0.200  0.167  0.143  0.125
1  0.500  0.333  0.250  0.200  0.167  0.143  0.125  0.111
2  0.333  0.250  0.200  0.167  0.143  0.125  0.111  0.100

     X_9   X_10  ...   X_91   X_92   X_93   X_94   X_95  \
0  0.111  0.100  ...  0.011  0.011  0.011  0.011  0.011
1  0.100  0.091  ...  0.011  0.011  0.011  0.011  0.010
2  0.091  0.083  ...  0.011  0.011  0.011  0.010  0.010

   X_96  X_97  X_98  X_99  X_100
0  0.01  0.01  0.01  0.01   0.01
1  0.01  0.01  0.01  0.01   0.01
2  0.01  0.01  0.01  0.01   0.01

[3 rows x 100 columns]
```

## 10-3-3 实现 解释变量的标准化

下面对解释变量进行标准化处理。标准化处理是将各解释变量分别减去均值并除以标准差，以使均值为 0，标准差为 1。

首先计算 X_1 的均值。

```
round(np.mean(X.X_1), 3)
```
```
0.037
```

但是，采用这种方法计算 100 列数据的均值很麻烦，所以这里使用 axis=0 参数一次性按列计算均值。

```
np.mean(X, axis=0).head(3)
```
```
X_1    0.037
X_2    0.031
X_3    0.027
dtype: float64
```

使用如下代码即可完成标准化处理。

```
X -= np.mean(X, axis=0)
X /= np.std(X, ddof=1, axis=0)
```

检查一下各解释变量的均值是否为 0（可能存在微小的误差）。

```
np.mean(X, axis=0).head(3).round(3)
```
```
X_1     0.0
X_2    -0.0
X_3    -0.0
dtype: float64
```

标准差也变成了 1。

```
np.std(X, ddof=1, axis=0).head(3).round(3)
```
```
X_1    1.0
X_2    1.0
```

```
X_3     1.0
dtype: float64
```

## 10-3-4  实现  定义响应变量

读入的数据里没有响应变量，现在我们来定义。不妨设定一个正确的系数，考察其是否能够被准确估计。

设正确的系数为 5，基于 X_1 定义响应变量，并在响应变量中加入服从正态分布的噪声。

```
# 服从正态分布的噪声
np.random.seed(1)
noise = stats.norm.rvs(loc=0, scale=1, size=X.shape[0])

# 设正确的系数为5，基于X_1定义响应变量
y = X.X_1 * 5 + noise
```

绘制出响应变量与 X_1 的关系图（见图 10-3-1）。sns.jointplot 是一个图级函数，能够将这两个变量的散点图和直方图绘制在一张图中。

```
# 把响应变量和解释变量放在一起
large_data = pd.concat([pd.DataFrame({'y':y}), X], axis=1)
# 绘制散点图
sns.jointplot(y='y', x='X_1', data=large_data,
              color='black')
```

示例数据中的解释变量是参考 sklearn 的示例文档创建的，人工构造的痕迹较明显，其中大部分数据接近 0，小部分数据较大。

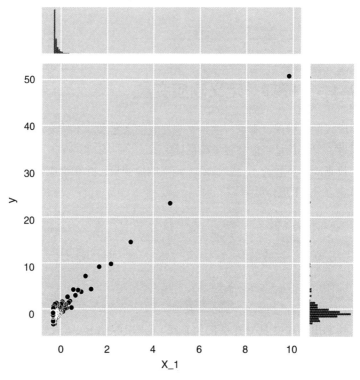

图 10-3-1　响应变量与 X_1 的关系

## 10-3-5　实现　普通最小二乘法

　　下面使用普通最小二乘法进行系数估计。当解释变量较多时，在 formula 参数中逐一列出它们比较麻烦，我们可以通过下列代码对解释变量与响应变量建模。

```
lm_statsmodels = sm.OLS(endog=y, exog=X).fit()
lm_statsmodels.params.head(3)

X_1     14.755
X_2    -87.463
X_3    211.743
```

```
dtype: float64
```

原本 X_1 的系数应为 5，其他解释变量的系数应为 0。然而，普通最小二乘法却估计出了错误的系数。

## 10-3-6　实现　使用 sklearn 实现线性回归

为了熟悉 sklearn 的用法，在学习如何正则化模型之前，我们不妨先了解一下使用 sklearn 通过普通最小二乘法对正态线性模型进行估计的方法。

使用 sklearn 时，要先指定模型的结构，再向 fit 函数传入数据作为其参数。估计出的系数存放在 coef_ 属性中。

```
# 指定模型的结构
lm_sklearn = linear_model.LinearRegression()
# 指定数据来源并估计模型（内部使用了普通最小二乘法）
lm_sklearn.fit(X, y)
# 估计出的系数（数组型）
lm_sklearn.coef_
```

```
array([ 1.476e+01, -8.746e+01,  2.117e+02, -9.415e+01,
       -6.817e+01, -9.284e+01,  1.761e+00,  8.170e+01,
        6.680e+01,  2.788e+01, -3.288e+01,  6.818e+01,
        ...
```

我们又遇到了与使用 statsmodels 时类似的问题——估计出的系数的绝对值太大。

## 10-3-7　实现　Ridge 回归：惩罚指标的影响

既然普通最小二乘法的效果不理想，那我们就改用正则化方法试一试。先来看看 Ridge 回归。正则化的核心是确定正则化强度 $\alpha$，所以这里先研究正则化强度 $\alpha$ 带来的影响。

首先生成 50 个 $\alpha$ 值。

```
n_alphas = 50
ridge_alphas = np.logspace(-2, 0.7, n_alphas)
```

这里首次使用了 `np.logspace` 函数。该函数的功能和 `np.arange` 函数的功能相似，对结果取以 10 为底的对数后，得到的也是等差数列。

```
np.log10(ridge_alphas)
```
```
array([-2.   , -1.945, -1.89 , -1.835, -1.78 , -1.724,
       -1.669, -1.614, -1.559, -1.504, -1.449, -1.394,
        ...
        0.645,  0.7  ])
```

然后遍历这 50 个 $\alpha$，对 Ridge 回归进行 50 次估计。使用 `linear_model.Ridge` 函数可以估计 Ridge 回归，其参数分别为 $\alpha$ 和 "是否估计截距"。

```
# 存放估计出的回归系数的列表
ridge_coefs = []
# 使用for循环多次估计Ridge回归
for a in ridge_alphas:
    ridge = linear_model.Ridge(alpha=a, fit_intercept=False)
    ridge.fit(X, y)
    ridge_coefs.append(ridge.coef_)
```

再把估计出的系数转换为 numpy 数组。

```
ridge_coefs = np.array(ridge_coefs)
ridge_coefs.shape
```
```
(50, 100)
```

结果为 50 行 100 列的数组数据。行数为 $\alpha$ 的个数，列数为解释变量的个数。使用 `plt.plot(ridge_alphas, ridge_coefs[::,i])` 语句可以绘制出横轴为 $\alpha$、纵轴为第 $i$ 个系数的图形。这里无须重复执行 100 次，把二维数组作为参数传入 `plt.plot` 函数，即可绘制出多条曲线。

为了让图形更清晰，我们将横轴变为 $-\log_{10}\alpha$（见图 10-3-2），这样的图形叫作解路径（solution path）图。

```
# 对α取对数
log_alphas = -np.log10(ridge_alphas)
# 绘制曲线图，横轴为-log₁₀α，纵轴为系数
plt.plot(log_alphas, ridge_coefs, color='black')
# 标出解释变量X_1的系数
plt.text(max(log_alphas) + 0.1, ridge_coefs[0,0], 'X_1')
# 横轴的范围
plt.xlim([min(log_alphas) - 0.1, max(log_alphas) + 0.3])
# 轴标签
plt.title('Ridge')
plt.xlabel('-log10(alpha)')
plt.ylabel('Coefficients')
```

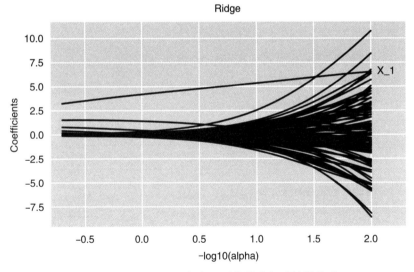

图 10-3-2　Ridge 回归中正则化强度与系数的关系

横轴为$-\log_{10}\alpha$，越向左，$\alpha$值越大，即正则化强度越强。左边的系数的绝对值较小，而右边的惩罚较弱，因此系数的绝对值往往较大。

当$-\log_{10}\alpha$在 0 附近时，解释变量 X_1 的系数的绝对值远大于其他解释变量的系数的绝对值。另外，系数的值会因$\alpha$值的不同而有很大区别。

## 10-3-8　实现　Ridge 回归：确定最佳正则化强度

下面确定 $\alpha$ 的大小。首先通过交叉验证法评估模型的预测精度，然后选取使预测精度最高的 $\alpha$ 值，最后重建模型。

这里使用 RidgeCV 函数执行上述操作。cv=10 表示函数通过 10 折交叉验证评估预测精度。

```
# 通过交叉验证法求最佳α
ridge_best = linear_model.RidgeCV(
    cv=10, alphas=ridge_alphas, fit_intercept=False)
ridge_best.fit(X, y)

# 最佳的-log₁₀α
round(-np.log10(ridge_best.alpha_), 3)
```

```
0.237
```

从图 10-3-2 可以看出，在 $-\log_{10}\alpha = 0.237$ 处，除了 X_1，其他解释变量的系数的绝对值都约等于 0。

最佳的 $\alpha$ 值如下。

```
round(ridge_best.alpha_, 3)
```

```
0.58
```

估计出的系数如下。

```
ridge_best.coef_.round(2)
```

```
array([ 4.46,  1.29,  0.29, -0.09, -0.2 , -0.23, -0.22,
       -0.21, -0.14, -0.14, -0.15, -0.05, -0.1 , -0.02,
       -0.11, -0.01, -0.09,  0.01, -0.02, -0.03,  0.02,
       -0.03,  0.04, -0.09,  0.13,  0.02,  0.06, -0.08,
        0.14, -0.01,  0.1 ,  0.12, -0.04,  0.04, -0.03,
        0.02,  0.12, -0.17, -0.01, -0.18,  0.09,  0.22,
        0.04, -0.03, -0.01,  0.03,  0.34, -0.19, -0.11,
        0.21, -0.13, -0.25,  0.25,  0.13, -0.16,  0.27,
        0.03, -0.17, -0.18,  0.16, -0.01,  0.01,  0.19,
        0.13, -0.16, -0.02,  0.26,  0.22, -0.18,  0.01,
        0.53,  0.18, -0.35, -0.12,  0.23, -0.04, -0.12,
```

```
      -0.05,  0.21,  0.19, -0.04, -0.2 , -0.1 ,  0.06,
      -0.22,  0.15, -0.04, -0.11,  0.21,  0.01,  0.13,
      -0.03, -0.02, -0.23, -0.2 ,  0.24, -0.31, -0.4 ,
      -0.16,  0.16])
```

解释变量 X_1 的系数是 4.46，非常接近正确值 5，这体现了 Ridge
回归的效果。其他解释变量的系数的绝对值虽然都很小，但依然有一定
的影响。

## 10-3-9  实现  Lasso 回归：惩罚指标的影响

首先看一下解路径和 Ridge 回归的区别。我们可以仿照前面的内容
进行多次模型估计，也可以直接向 lasso_path 函数传入数据作为其
参数，得到不同 $\alpha$ 对应的结果。

```
lasso_alphas, lasso_coefs, _ = linear_model.lasso_path(
    X, y, fit_intercept=False)
```

绘制 Lasso 回归的解路径图的代码如下。由于矩阵 lasso_coefs
的排列顺序和 Ridge 回归中不同，因此需要对矩阵进行转置（lasso_
coefs.T）或调整数组索引，但整体代码结构大致相同。

```
# 对 α 取对数
log_alphas = -np.log10(lasso_alphas)
# 绘制曲线图，横轴为 -log₁₀α，纵轴为系数
plt.plot(log_alphas, lasso_coefs.T, color='black')
# 标出解释变量 X_1 的系数
plt.text(max(log_alphas) + 0.1, lasso_coefs[0, -1], 'X_1')
# x 轴的范围
plt.xlim([min(log_alphas) - 0.1, max(log_alphas) + 0.3])
# 轴标签
plt.title('Lasso')
plt.xlabel('-log10(alpha)')
plt.ylabel('Coefficients')
```

除了 X_1 的系数，其余解释变量的系数基本为 0（见图 10-3-3），
这体现了 L1 正则化的效果。

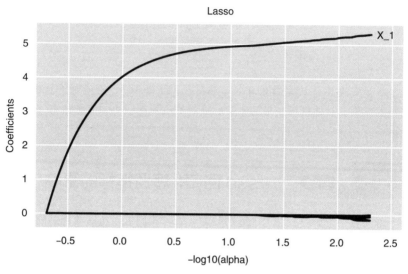

图 10-3-3 Lasso 回归中正则化强度与系数的关系

## 10-3-10 实现 Lasso 回归: 确定最佳正则化强度

下面使用交叉验证法确定 $\alpha$ 的值。

```
# 通过交叉验证法求最佳的α
lasso_best = linear_model.LassoCV(
    cv=10, alphas=lasso_alphas, fit_intercept=False)
lasso_best.fit(X, y)

# 最佳的-log₁₀α
round(-np.log10(lasso_best.alpha_), 3)
```

```
2.301
```

最佳的 $\alpha$ 值如下。

```
round(lasso_best.alpha_, 3)
```

```
0.005
```

估计出的系数如下，大多数系数的值是 0。X_1 的系数约为正确值 5，相较于普通最小二乘法，预测精度得到了显著提升。

```
lasso_best.coef_.round(2)

array([ 5.34, -0.  , -0.  , -0.3 , -0.04, -0.  , -0.  ,
       -0.  , -0.  , -0.  , -0.  , -0.  , -0.  , -0.  ,
       -0.  , -0.  , -0.  , -0.  , -0.  , -0.  , -0.  ,
       -0.  , -0.  , -0.  , -0.  , -0.  , -0.  , -0.  ,
        0.  , -0.  ,  0.  ,  0.  , -0.  ,  0.  ,  0.  ,
        0.  ,  0.  , -0.  ,  0.  ,  0.  ,  0.  ,  0.  ,
        0.  ,  0.  ,  0.  ,  0.  ,  0.  ,  0.  ,  0.  ,
        0.  ,  0.  ,  0.  ,  0.  ,  0.  ,  0.  ,  0.  ,
        0.  ,  0.  ,  0.  ,  0.  ,  0.  ,  0.  ,  0.  ,
        0.  ,  0.  ,  0.  ,  0.  ,  0.  ,  0.  ,  0.  ,
        0.01,  0.  ,  0.  ,  0.  ,  0.  ,  0.  ,  0.  ,
        0.  ,  0.  ,  0.  ,  0.  ,  0.  ,  0.  ,  0.  ,
        0.  ,  0.  ,  0.  ,  0.  ,  0.  ,  0.  ,  0.  ,
        0.  ,  0.  ,  0.  ,  0.  ,  0.  ,  0.  ,  0.  ,
        0.  ,  0.  ])
```

## 10-3-11 （实现） 使用 Lasso 回归进行预测

最后看一看如何使用已确定最佳 $\alpha$ 值的 Lasso 回归来进行预测。我们先来计算单个训练数据的拟合值。取出一个训练数据样本，其中包含从 X_1 到 X_100 共计 100 个解释变量，所以数据有 100 列。

```
print(X.iloc[0:1, ])

      X_1    X_2    X_3    X_4    X_5    X_6    X_7    X_8  \
0   9.828  8.123  7.108  6.429  5.937  5.561  5.261  5.013
      X_9   X_10  ...   X_91   X_92   X_93   X_94   X_95  \
0   4.805  4.628  ...  2.396  2.401  2.405  2.354  2.354
     X_96   X_97  X_98   X_99  X_100
0   2.354  2.353  2.35  2.346  2.342
[1 rows x 100 columns]
```

在预测时，调用的是已估计出系数的最佳模型 lasso_best 的

predict 函数。

```
lasso_best.predict(X=X.iloc[0:1, ])
```

```
array([50.263])
```

　　若要获取所有训练数据的拟合值，可通过 lasso_best.predict (X=X) 实现。

# 10-4

# 线性模型与神经网络

本节将介绍神经网络的基本原理，并通过 Python 实现比较线性模型与复杂的机器学习方法。为了便于理解 sklearn 库的特性，我们将使用该库和 statsmodels 库提供的函数分析相同的数据。

本节首先讲解神经网络的基础知识。然后，通过分析简单的数据，比较线性模型和神经网络在处理回归问题和分类问题上的异同。最后，比较线性模型和神经网络处理复杂分类问题的能力。

## 10-4-1 （术语） 输入向量、目标向量、权重、偏置

为了理解神经网络，我们先介绍必要的术语。在统计模型与机器学习中，表示同一概念的术语可能不同。

在机器学习中，解释变量叫作**输入向量**；响应变量叫作**目标向量**；系数叫作**权重**；截距叫作**偏置**，可视作值恒为 1 的解释变量。

## 10-4-2 （术语） 单层感知机

如图 10-4-1 所示，单层感知机的输出是输入向量的加权和。对比输出向量和目标向量可计算出损失，而权重估计就是找到一组使损失最小的权重。

对于分类问题，单层感知机的输出一般为两个值（如 −1 或 1）。对于回归问题，输出为定量数据。

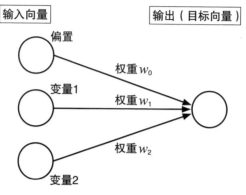

图 10-4-1　单层感知机的概念图

## 10-4-3　术语　激活函数

**激活函数**用于将输入向量的加权和转换为输出。我们可以将激活函数理解为广义线性模型中联系函数的反函数。输入向量的加权和就相当于线性预测算子。

处理分类问题的单层感知机的激活函数是阶跃函数（step function）。阶跃函数根据输入返回 $-1$ 或 $1$，其数学式如下：

$$h(x) = \begin{cases} -1 & (x \leqslant 0) \\ 1 & (x > 0) \end{cases} \tag{10-4}$$

通过阶跃函数可以把上述单层感知机记为：

$$y = h(w_0 + w_1 \cdot x_1 + w_2 \cdot x_2) \tag{10-5}$$

其中，$y$ 为输出，$x_1$ 和 $x_2$ 为输入。

改变激活函数可以扩展单层感知机的功能。logistic 函数、恒等函数等都可以作为激活函数使用。

常用的激活函数是线性整流函数，通常叫作 ReLU（rectified linear unit）函数。当输入不大于 0 时，函数值等于 0；当输入大于 0 时，函数值等于自变量（见图 10-4-2）。ReLU 函数的数学式如下：

$$h(x) = \begin{cases} x \ (x > 0) \\ 0 \ (x \leqslant 0) \end{cases} \quad\quad (10\text{-}6)$$

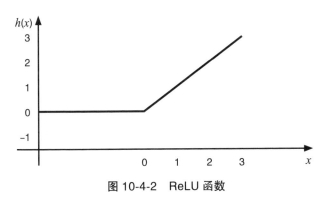

图 10-4-2　ReLU 函数

## 10-4-4　从线性模型到神经网络

在估计感知机的权重时应当使损失最小。在二值分类问题中多采用交叉熵误差作为损失，在连续值回归问题中多采用残差平方和作为损失。

激活函数为 logistic 函数、损失为交叉熵误差的二层感知机可视作逻辑斯谛回归模型。

激活函数为恒等函数、损失为残差平方和的二层感知机与正态线性模型（多元回归模型）等价。

简单的神经网络可以用广义线性模型来解释。稍后我们将通过 Python 来探讨两者之间的关系。

## 10-4-5　术语　隐藏层

下面再来介绍几个神经网络中特有的术语。

输入向量进入的地方叫作**输入层**。

输出预测值的地方叫作**输出层**。

输入层与输出层中间的部分叫作**隐藏层**，也叫**中间层**。构建隐藏层可以处理更加复杂的关系。

## 10-4-6  术语  神经网络

由**多层感知机**（multi-layer perceptron，MLP）组成的模型叫作前馈神经网络，一般叫作神经网络。

含有多个隐藏层的模型也叫**深度学习**（deep learning）模型。有些深度学习模型不仅含有多个隐藏层，还包含池化层（pooling layer）等特殊层，这样的模型叫作卷积神经网络。

神经网络有多个变种，本书只介绍由简单的多层感知机组成的神经网络。

## 10-4-7  神经网络的结构

如图 10-4-3 所示，神经网络由连接在一起的多层感知机构成。图中用圆形表示的部分有时也被称作神经元，箭头代表权重，所有权重都需要进行估计。神经网络有时无须大量参数就可以解释较为复杂的现象。

估计复杂模型的权重很困难。神经网络中的参数估计多使用随机梯度下降（SDG）、Adam 等算法。不过，本书主要介绍结构简单的模型，不会使用这些复杂的算法。

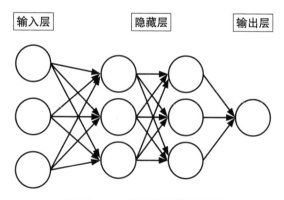

图 10-4-3  神经网络的概念图

## 10-4-8 神经网络中的 L2 正则化

模型复杂化可能引发过拟合问题，因而通常需要使用 L2 正则化（详见 10-2-2 节）缓解这个问题。

在深度学习中经常需要对权重估计方法、隐藏层的层数及结构、损失的定义、激活函数的选择、L2 正则化的强度等因素进行调整，这些因素也叫作**超参数**。在估计模型之前，必须确定超参数。

然而，找出最优的模型结构和超参数往往需要花费大量精力。与 Ridge 回归类似，为了提升神经网络的预测精度，也可以采用交叉验证法确定模型结构与超参数。

## 10-4-9 实现 环境准备

下面将使用 Python 中的 sklearn 来估计神经网络。sklearn 的功能足以估计简单的多层感知机，但要估计更复杂的模型，最好使用 TensorFlow、Keras 等更强大的工具。

导入所需的库。

```
# 用于数值计算的库
import numpy as np
import pandas as pd
# 设置浮点数打印精度
pd.set_option('display.precision', 3)
np.set_printoptions(precision=3)

# 用于估计统计模型的库
import statsmodels.formula.api as smf
import statsmodels.api as sm

# 用于绘图的库
from matplotlib import pyplot as plt
import seaborn as sns
sns.set()

# 用于机器学习的库
```

```
from sklearn.neural_network import MLPRegressor, \
                                   MLPClassifier
from sklearn.linear_model import LinearRegression, \
                                 LogisticRegression

# 生成示例数据
from sklearn.datasets import make_circles

# 将数据分为训练集与测试集
from sklearn.model_selection import train_test_split
```

## 10-4-10 实现 一元回归分析

为了对比回归模型与神经网络，下面将再次使用 8-1 节的示例进行一元回归分析。

### 1. 读入数据

读入虚构的啤酒销售额数据并加以分析，根据气温（temperature）预测啤酒销售额（beer）。

```
beer = pd.read_csv('8-1-1-beer.csv')
print(beer.head(n=3))

   beer  temperature
0  45.3         20.5
1  59.3         25.0
2  40.4         10.0
```

### 2. 使用 statsmodels 建模

我们按照 8-1 节介绍的方法，使用 statsmodels 进行一元回归分析并检查估计出的系数。

```
lm_stats = smf.ols(formula='beer ~ temperature',
                   data=beer).fit()
lm_stats.params
```

```
Intercept        34.610
temperature       0.765
dtype: float64
```

预测气温为 20℃时的啤酒销售额。

```
lm_stats.predict(pd.DataFrame({'temperature' : [20]}))
```

```
0     49.919
dtype: float64
```

## 3. 使用 sklearn 建模

我们再使用 sklearn 进行一次一元回归分析。为此,需要先将数据转换为 numpy 数组。

```
# 输入向量
# 通过reshape(-1, 列数)改变其形状
X_beer = beer['temperature'].to_numpy().reshape(-1, 1)
# 目标向量
y_beer = beer['beer'].to_numpy()
```

执行 reshape(-1, 1) 的目的是将输入向量转换为单列的二维数组。

```
X_beer
```

```
array([[20.5],
       [25. ],
       [10. ],
       ...
```

然后使用 LinearRegression 函数进行一元回归分析并检查估计出的系数。不出所料,系数与使用 statsmodels 时得到的系数一致。

```
lm_sk = LinearRegression().fit(X_beer, y_beer)
print(np.round(lm_sk.intercept_, 3))
print(np.round(lm_sk.coef_, 3))
```

```
34.61
[0.765]
```

再次预测气温为 20℃时的啤酒销售额。

```
lm_sk.predict(np.array(20).reshape(-1, 1))
```
```
array([49.919])
```

## 4. 模型评估

回归模型经常使用 8-2 节介绍的决定系数 $R^2$ 作为评估指标。下面计算 $R^2$。

```
pred_lm_all = lm_sk.predict(X_beer)
resid = pred_lm_all - y_beer
ss_t = np.sum((y_beer - np.mean(y_beer))**2)
r2 = 1 - np.sum(resid**2) / ss_t
round(r2, 3)
```
```
0.504
```

直接调用 score 函数也可以计算 $R^2$。

```
round(lm_sk.score(X_beer, y_beer), 3)
```
```
0.504
```

## 10-4-11　实现　使用神经网络实现回归

下面将使用一个结构简单的神经网络对啤酒销售额进行分析。请留意神经网络与回归模型的异同。

## 1. 模型估计

我们使用 MLPRegressor 函数来估计用于回归问题的神经网络并检查其系数。

```
nnet_reg = MLPRegressor(random_state=1,
                        hidden_layer_sizes=(1, ),
                        activation='identity', alpha=0,
```

```
                    solver='lbfgs', max_iter=500,
                    ).fit(X_beer, y_beer)
print('截距', nnet_reg.intercepts_)
print('系数', nnet_reg.coefs_)
```

```
截距 [array([-42.901]), array([25.803])]
系数 [array([[-3.728]]), array([[-0.205]])]
```

该函数中各参数的含义如下。

- `random_state`: 神经网络往往具有复杂的结构,每次运行所估计出的模型的系数都可能发生变化。设置 `random_state` 参数可以保证估计出的系数可复现。
- `hidden_layer_sizes`: 用于设置隐藏层的层数及各隐藏层中神经元的数量。(1, ) 表示只有一个隐藏层,其中仅包含一个神经元。
- `activation`: 用于设置激活函数。`'identity'` 表示恒等函数。
- `alpha`: 用于设置正则化强度。
- `solver, max_iter`: 用于设置优化方法和迭代计算的次数。这里使用的是名为 `lbfgs` 的优化方法,并在其内部最多迭代计算 500 次。

## 2. 系数的含义

估计出的系数的含义如图 10-4-4 所示(对小数点后第 2 位进行四舍五入处理)。

因为只有一个隐藏层,所以此模型包含两个可视作截距的系数(`intercepts_`)和两个与气温相关的系数(`coefs_`)。

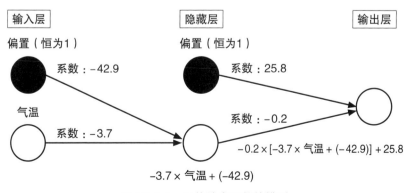

图 10-4-4 已估计出系数的模型

在输入层中，输入是偏置（恒为 1，其系数对应于回归分析中的截距）和气温。intercepts_ 中的第 1 个估计值约为 −42.9，coefs_ 中的第 1 个估计值约为 −3.7，因此隐藏层中神经元的值可通过 "−3.7 × 气温 + (−42.9)" 计算。

隐藏层又引入了一个偏置，也对应一个待估计的系数。intercepts_ 中的第 2 个估计值约为 25.8，coefs_ 中的第 2 个估计值约为 −0.2，因此输出层中神经元的值可通过 "−0.2 × 隐藏层中神经元的值 + 25.8" 计算。代入隐藏层的算式可得：

$$\begin{aligned}
\text{输出层中神经元的值} &= -0.2 \times \text{隐藏层中神经元的值} + 25.8 \\
&= -0.2 \times \left[ -3.7 \times \text{气温} + (-42.9) \right] + 25.8
\end{aligned} \quad (10\text{-}7)$$

对该算式进行变形：

$$\begin{aligned}
\text{输出层中神经元的值} &= -0.2 \times \left[ -3.7 \times \text{气温} + (-42.9) \right] + 25.8 \\
&= \left[ -0.2 \times (-42.9) + 25.8 \right] - \left[ 0.2 \times (-3.7) \right] \times \text{气温} \quad (10\text{-}8) \\
&\approx 34.4 + 0.7 \times \text{气温}
\end{aligned}$$

由于对小数点后第 2 位进行了四舍五入，因此结果略有偏差，但与一元回归分析得到的截距和回归系数基本一致。

我们再用 Python 验算一下截距和气温的系数。截距如下。

```
nnet_reg.intercepts_[0] * nnet_reg.coefs_[1] + \
    nnet_reg.intercepts_[1]
```

```
array([[34.61]])
```

气温的系数如下。

```
nnet_reg.coefs_[0] * nnet_reg.coefs_[1]
```

```
array([[0.765]])
```

这个神经网络只有一个隐藏层（仅包含一个神经元），且激活函数是可以忽略的恒等函数，其结构非常简单，却可以获得与一元回归模型几乎相同的结果。

## 3. 计算预测值

下面用这个简单的神经网络来预测一下气温为 20℃时的啤酒销售额。

```
nnet_reg.predict(np.array(20).reshape(-1, 1))
```
```
array([49.919])
```

使用估计出的系数也能得到相同的结果。

```
(nnet_reg.intercepts_[0] + nnet_reg.coefs_[0] * 20) * \
    nnet_reg.coefs_[1] + nnet_reg.intercepts_[1]
```
```
array([[49.919]])
```

## 4. 模型评估

模型的评估指标 $R^2$ 与一元回归分析的相同。

```
round(nnet_reg.score(X_beer, y_beer), 3)
```
```
0.504
```

## 10-4-12　实现　逻辑斯谛回归

为了对比分类模型与神经网络，下面将再次使用 9-2 节的示例进行逻辑斯谛回归分析。

### 1. 读入数据

为了解决学习时间（hours）与考试合格情况（result）的分类问题，首先要读入虚构的考试合格情况数据并加以分析。result 列中的 1 表示合格，0 表示不合格。

```
test_result = pd.read_csv('9-2-1-logistic-regression.csv')
print(test_result.head(3))
```

```
     hours   result
0        0        0
1        0        0
2        0        0
```

## 2. 使用 statsmodels 建模

　　我们按照 9-2 节介绍的方法，使用 statsmodels 进行逻辑斯谛回归分析并检查估计出的系数。

```
glm_stats = smf.glm(formula = 'result ~ hours',
                    data = test_result,
                    family=sm.families.Binomial()).fit()
glm_stats.params

Intercept   -4.559
hours        0.929
dtype: float64
```

　　预测学习时间为 3 小时时的合格率。

```
glm_stats.predict(pd.DataFrame({'hours': [3]}))

0    0.145
dtype: float64
```

## 3. 使用 sklearn 建模

　　我们再使用 sklearn 进行一次逻辑斯谛回归分析。为此，需要先将数据转换为 numpy 数组。

```
# 输入向量
# 通过reshape(-1, 列数)改变其形状
X_bin = test_result['hours'].to_numpy().reshape(-1, 1)
# 目标向量
y_bin = test_result['result'].to_numpy()
```

　　然后使用 LogisticRegression 函数进行逻辑斯谛回归分析并检查估计出的系数。penalty = 'none' 表示使用未正则化的纯逻辑斯

谛回归模型。

```
glm_sk = LogisticRegression(random_state=1, penalty='none'
                            ).fit(X_bin, y_bin)
print(np.round(glm_sk.intercept_, 3))
print(np.round(glm_sk.coef_, 3))
```

```
[-4.559]
[[0.929]]
```

再次预测学习时间为 3 小时时的合格率。predict_proba 函数将以概率的形式输出预测值。

```
glm_sk.predict_proba(np.array(3).reshape(-1, 1))
```

```
array([[0.855, 0.145]])
```

第 1 个元素是不合格的概率，第 2 个元素是合格的概率。

predict 函数用于直接计算合格情况的预测值，若合格率不低于 0.5 则返回 1，否则返回 0。

```
glm_sk.predict(np.array(3).reshape(-1, 1))
```

```
array([0], dtype=int64)
```

## 4. 模型评估

分类模型经常使用命中率作为评估指标。下面计算命中率，计算方法为用预测值（glm_sk.predict(X_bin)）与实际值（y_bin）相等的次数除以样本容量。

```
np.sum(glm_sk.predict(X_bin) == y_bin) / len(y_bin)
```

```
0.84
```

直接调用 score 函数也可以计算命中率。

```
glm_sk.score(X_bin, y_bin)
```

```
0.84
```

## 10-4-13 实现 使用神经网络实现分类

下面将使用另一个结构简单的神经网络对考试合格情况进行分析，请留意它与分类模型的异同。

### 1. 模型估计

我们使用 `MLPClassifier` 函数来估计用于分类问题的神经网络并检查其系数。

```
nnet_clf = MLPClassifier(random_state=1,
                         hidden_layer_sizes=(1, ),
                         activation='identity', alpha=0,
                         solver='lbfgs', max_iter=500,
                         ).fit(X_bin, y_bin)
print('截距', nnet_clf.intercepts_)
print('系数', nnet_clf.coefs_)
```

```
截距 [array([1.595]), array([-1.195])]
系数 [array([[-0.441]]), array([[-2.109]])]
```

### 2. 系数的含义

这个神经网络的结构与 10-4-11 节用于回归问题的神经网络的结构相同，都只有一个隐藏层，里面仅包含一个神经元。

逻辑斯谛回归模型的截距可以如下计算。

```
nnet_clf.intercepts_[0] * nnet_clf.coefs_[1] + \
    nnet_clf.intercepts_[1]
```

```
array([[-4.559]])
```

学习时间的系数可以如下计算。

```
nnet_clf.coefs_[0] * nnet_clf.coefs_[1]
```

```
array([[0.929]])
```

可见，结构简单的神经网络也能得到与逻辑斯谛回归模型相同的结果。

## 3. 计算预测值

下面用这个简单的神经网络来预测一下学习时间为 3 小时时的考试合格率。即使 `MLPClassifier` 函数中设置了 `activation='identity'`，logistic 函数也会参与从隐藏层到输出层的计算。因此，输出层的预测值可以视为取值范围为 0~1 的概率。

```
nnet_clf.predict_proba(np.array(3).reshape(-1, 1))

array([[0.855, 0.145]])
```

若不关注合格率和不合格率的具体数值，可使用 `predict` 函数直接计算合格情况的预测值。

```
nnet_clf.predict(np.array(3).reshape(-1, 1))

array([0], dtype=int64)
```

使用估计出的系数也能计算出相同的结果。首先，按照神经网络加权和的计算规则算出一个中间结果 `tmp`。

```
tmp = (nnet_clf.intercepts_[0] + nnet_clf.coefs_[0] * 3) * \
    nnet_clf.coefs_[1] + nnet_clf.intercepts_[1]
```

然后，对该结果应用 logistic 函数，即可复现 `predict_proba` 函数返回的合格率。

```
1 / (1 + np.exp(-tmp))

array([[0.145]])
```

## 4. 模型评估

评估时可调用 `score` 函数计算命中率。

```
nnet_clf.score(X_bin, y_bin)

0.84
```

命中率也与使用逻辑斯谛回归所得的结果相同。

# 10-4-14　实现　生成用于复杂分类问题的数据

当分析简单数据时，结构简单的神经网络的输出结果几乎与线性模型的输出结果相同。

为了体现神经网络的特性，我们需要生成一些复杂的数据加以分析。这里使用 sklearn 提供的 make_circles 函数生成用于分类问题的数据。执行如下代码，即可得到输入向量 X 和目标向量 y。

```
X, y = make_circles(
    n_samples=100, noise=0.2, factor=0.5, random_state=1)
```

n_samples=100 表示生成样本容量为 100 的数据，noise 是噪声的大小，factor 是比例因子（本例中两种类别各占 50%），random_state 是用于复现结果的随机数种子。

先检查一下生成的数据，X 和 y 都是便于 sklearn 分析的 numpy 数组。

```
# 输入向量
print('行数和列数', X.shape)
print('前3行数据')
print(X[0:3, ::])
```

```
行数和列数  (100, 2)
前3行数据
[[-0.383 -0.091]
 [-0.021 -0.478]
 [-0.396 -1.289]]
```

再检查一下目标向量。

```
# 目标向量
print('行数和列数', y.shape)
print('前3个数据')
print(y[0:3])
```

```
行数和列数  (100,)
前3个数据
[1 1 0]
```

make_circles 函数生成的输入向量 X 中的每一对值都对应平面上一点，这些点散布在一大一小两个环状图形的边缘，目标向量 y 中的 0 和 1 分别表示对应的点是在外环上还是在内环上。我们可以通过散点图绘制出这些点（见图 10-4-5）。

```
sns.scatterplot(x=X[:, 0], y=X[:, 1], hue=y, palette='gray', style=y)
```

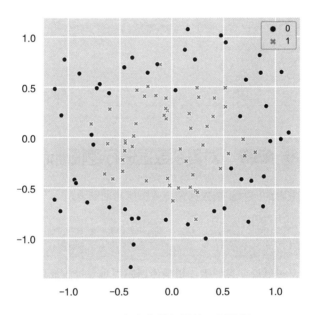

图 10-4-5　复杂分类问题的示例数据

## 10-4-15 实现 将数据分割为训练集与测试集

为了在训练集上估计模型，在测试集上评估其预测精度，需要先将生成的数据（包括输入向量和目标向量）分割为训练集与测试集。

使用 sklearn.model_selection 中的 train_test_split 函数可以随机分割数据。在默认情况下，训练数据占 75%，测试数据占 25%。另外，使用参数 random_state 设置随机数种子，可以保证结果的可复现性。

```
# 把数据分为训练集与测试集
X_train, X_test, y_train, y_test = train_test_split(
    X, y, stratify=y, random_state=1)
```

检查各部分的行数与列数。

```
print('行数与列数X_train：', X_train.shape)
print('行数与列数X_test ：', X_test.shape)
print('行数与列数y_train：', y_train.shape)
print('行数与列数y_test ：', y_test.shape)
```

```
行数与列数X_train：(75, 2)
行数与列数X_test ：(25, 2)
行数与列数y_train：(75,)
行数与列数y_test ：(25,)
```

## 10-4-16　实现　对复杂数据进行逻辑斯谛回归分析

下面来看如何对复杂数据进行逻辑斯谛回归分析。

```
circle_glm = LogisticRegression(random_state=0, penalty='none'
                                ).fit(X_train, y_train)
```

命中率过低说明只凭借逻辑斯谛回归很难对排布成环状等非线性形状的点进行分类。对于这类问题，确实有一些技巧可以在一定程度上提高逻辑斯谛回归的精度，不过，这不在本书的讨论范围之内。

```
print('训练集：', round(circle_glm.score(X_train, y_train), 3))
print('测试集：', round(circle_glm.score(X_test, y_test), 3))
```

```
训练集：0.467
测试集：0.36
```

## 10-4-17　实现　使用神经网络对复杂数据进行分类

我们看看如何使用神经网络对复杂数据进行分类。这里隐藏层中神经元的数量增加至 100 个，并采用 ReLU 作为激活函数，还进行了正则化。

```
circle_nnet = MLPClassifier(random_state=1,
                            hidden_layer_sizes=(100, ),
                            activation='relu', alpha=0.5,
                            solver='lbfgs', max_iter=5000
                            ).fit(X_train, y_train)
```

可以看到，无论是训练集还是测试集，命中率都有了显著提升。这说明神经网络能够对排布成环状等非线性形状的点进行清晰的分类。

```
print('训练集: ', round(circle_nnet.score(X_train, y_train), 3))
print('测试集: ', round(circle_nnet.score(X_test, y_test), 3))
```

```
训练集: 0.96
测试集: 0.88
```

感兴趣的读者可以尝试增减隐藏层的层数（`hidden_layer_sizes`）或更改激活函数（`activation`）并观察命中率的变化。若隐藏层只有 1 个神经元，且激活函数是恒等函数，那么预测精度会骤降为逻辑斯谛回归模型的水平。

如果通过调整 `MLPClassifier` 的参数来改变模型结构，那么预测精度可能仍有提升空间。

## 10-4-18　线性模型与神经网络各自的优点

我们可以认为神经网络是线性模型的一种复杂扩展。对于许多线性模型无法表达的复杂数据，神经网络也可以很好地建模。

但是，复杂的模型存在过拟合训练数据的风险，这并不是我们希望的结果。另外，从解读系数含义的角度来看，正态线性模型和逻辑斯谛回归往往更容易理解。

这里并不是说广义线性模型比神经网络更优秀。我们在选择分析方法时必须考虑数据特征和分析目的，不能随意选取。

现实中不存在万能的模型，神经网络和广义线性模型有各自的优缺点。我们不能死记硬背这些优缺点，而是应该掌握各模型的基本原理，在此基础上站在更高的角度寻找真正的捷径。

本书的初衷是阐释统计学和统计模型的基础理论。理解这些基础理论可能具有挑战性，但掌握基础理论比直接使用库实现复杂的机器学习方法更重要。

库的使用方法可能会经常改变，基础理论却往往可以保持多年不变。只有掌握基础理论的人，才能在新方法问世时率先学会应用，也只有充分理解基础理论的人，才能提出新方法。从长远来看，基础理论才是最有用的工具。

希望本书能够为读者学习统计学和应用数据带来帮助。